生物学教育丛书

生物学课程论

丛书主编◎刘恩山 崔 鸿
主 编◎张秀红 谢 群 薛 松

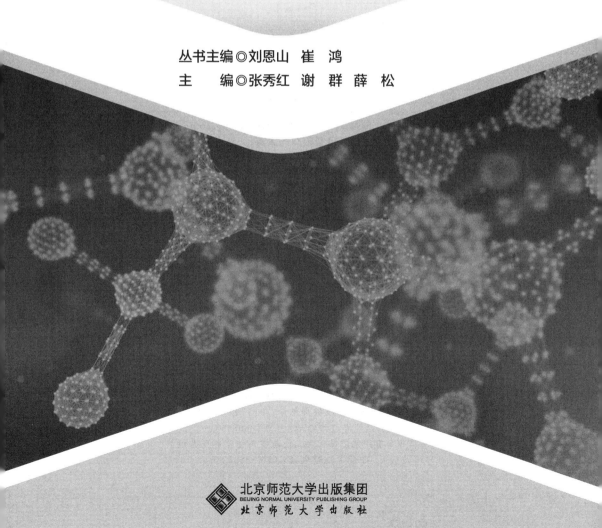

北京师范大学出版集团
BEIJING NORMAL UNIVERSITY PUBLISHING GROUP
北京师范大学出版社

图书在版编目(CIP)数据

生物学课程论/张秀红，谢群，薛松主编. —北京：北京师范大学出版社，2021.5

（生物学教育丛书/刘恩山，崔鸿主编）

ISBN 978-7-303-26420-9

Ⅰ. ①生… Ⅱ. ①张… ②谢… ③薛… Ⅲ. ①生物课—教学研究—中学 Ⅳ. ①G633.912

中国版本图书馆 CIP 数据核字(2020)第 203384 号

营 销 中 心 电 话	010-58802181 58805532
北师大出版社科技与经管分社	www.jswsbook.com
电 子 信 箱	jswsbook@163.com

出版发行：北京师范大学出版社　www.bnupg.com
　　　　　北京市西城区新街口外大街 12-3 号
　　　　　邮政编码：100088

印　　刷：保定市中画美凯印刷有限公司
经　　销：全国新华书店
开　　本：787 mm×1092 mm　1/16
印　　张：18.5
字　　数：339 千字
版　　次：2021 年 5 月第 1 版
印　　次：2021 年 5 月第 1 次印刷
定　　价：39.80 元

策划编辑：刘风娟	责任编辑：刘风娟
美术编辑：李向昕	装帧设计：李向昕
责任校对：段立超	责任印制：赵非非

京师 E 课资源扫一扫用户操作说明

1. 扫码登录。已注册过京师 E 课的用户直接登录，未注册的用户用手机号注册后登录。

2. 登录成功后，弹出激活弹框，输入激活码（4JewG7un）进行激活。

3. 激活后，即可使用。

4. 说明

①每本书只需要激活一次。

②如果是已激活商品，登录后扫码即可查看。

③在登录不过期时，再次扫描不需要重新登录。

扫码查看资源

总 序

　　为落实"立德树人"的根本任务，核心素养成为我国基础教育课程改革深化的主要环节，我国基础教育也迈入了"核心素养时代"。在生物学教育界，生物学学科核心素养也是当前的讨论焦点。一直以来，人们把学科教学理解为知识教育，导致了学科育人功能的结构性沉默。生物学学科核心素养是生物学学科育人价值的集中体现，是学生通过学科学习而逐步形成的正确价值观、必备品格和关键能力。然而，在这个核心素养体系中，"知识"被摆放在了哪里？许多学者和教师曾一度疑惑，无论在曾经的"双基"中还是在"三维目标"中，"知识"都是制订学习目标的基本维度，而在当前的"核心素养"中却隐匿不显。是"知识"不再重要了吗？那么生物学教学教什么？学生学什么？考试考什么？

　　近两年来，以"指向生物学学科核心素养的课程与教学"为主题的教师培训活动屡见不鲜，相关的学术成果也时常见诸各级各类刊物。广大一线教师逐渐接受并开始实施以核心素养为导向的教与学。大家逐渐意识到，"知识"在核心素养体系中仍然占据至关重要的地位，知识、能力、品格、价值观在核心素养体系中得以彼此关联、融合。核心素养时代的生物学教学，不仅仅关注知识教学本身，更在于关注"知识之后是什么"，教学不是单纯的知识授受，而是通过知识的学习来发展学生的核心素养。

　　可是，知道或理解学科核心素养是什么，仍不代表教师就能在教学中真正实施基于学科核心素养的教学。许多教师似乎有这样一种认识：只要知识教学还是重要的、必要的，那么传统的教学似乎不会发生什么实质性的变化。于是，我们在广泛的教研活动中发现，教师在备课、上课的过程中，还常常抱残守缺，执着于过去"三维目标"的教学。或者"旧瓶装新酒"，在教学设计、教学过程中，在形式上披上几件核心素养的"外衣"，似乎也可以"瞒天过海"。我们还看到：生命观念的教学多停留在概念讲解的层面；科学思维与科学探究犹如隔靴搔痒，不够深入；社会责任的培育浮于表面，流于形式……此时，我们意识到，必须要立足于对生物学学科核心素养的时代审视，以及国际科学教育的前沿动向，为广大一线教师提供系统而适切的教学指导参考，以理论更新观念，以案例引领实践，推动生物学学科核心素养在教学中落地。

于是，我们便萌生了编写本套丛书的念头。

2018 年 9 月，我们召集了本套丛书的编写团队，在风景秀丽的长阳清江河畔，在这座"天然古生物博物馆"中，以"核心素养时代的生物学教学"为主题进行了一次大讨论。围绕着落实生物学学科核心素养，大家再一次交流并梳理了教师教什么、怎么教、怎么发展，以及学生怎么学习、怎么评价等基本问题。与会者一致认为，在贯彻落实以核心素养为宗旨的生物学课程理念下，重新认识和审视这些课程与教学的基本问题是必要的、迫切的。在讨论中，我们凝练形成八个有待深入研究的课题，并分别组建小组，围绕八个课题进行了思考、写作和整理。这八个课题即为本套丛书的八本分册：《生物学课程论》《生物学教学设计》《生物学教育评价与测量》《生物学课程资源与案例(精选)》《课外科学教育的理论与实践》《生物学实验教学论》《生物学教育科学研究方法》《生物学教师专业发展概论》。

丛书分册彼此联系，形成了一个内容整体，关注到了生物学教学的各个方面：既回应了课程教学中，教师教什么、怎么教、如何发展、如何开展研究活动，以及学生怎么学、怎么评价等基本问题；还关注到生物学作为一门实验科学，实验课程如何开设的问题；更把视野从课堂移到课外，从生物学教育领域聚焦到科学教育领域，探讨了课外科学教育环节的理论与实践。

在编写伊始，我们还作出了两条原则性的规定：第一，每本书稿在写作中必须要充分阅读国际文献，确保内容的权威性和代表性；第二，每本书稿必须以丰富的、经过实践检验的教学案例为引领，确保内容的实用性、适切性，保证本书能为教师开展教学带来具体参考。

历时两年多的磨砺，本套丛书得以问世。值得一提的是，一批年轻、刻苦的生物学教育研究者成为了本套丛书编写的主力军，这不仅是一种传承，似乎也在昭示着生物学教学研究新时代的到来。对此，我们十分欣慰。书中颇多内容，有的是在博士学位论文基础上修改完成的，有的是课题研究的成果，整体达到了较高水平。然而丛书内容牵涉广泛，难免挂一漏万，我们恳请广大读者批评指正，并将组织各册作者继续深化完善有关内容，为新时代生物学教育做出更大的贡献。

本套丛书得到了广大同人以及社会各界人士的关心和帮助，此处不再具名，一并致谢！此外，还要感谢北京师范大学出版社给予的大力支持，谨在此表示衷心感谢！

刘恩山　崔　鸿

2021 年 3 月

目　录

绪论　课程含义的发展经历了
一个不断科学化的过程

【学习目标】

学习本章内容后，你应该能够：

• 阐明课程的含义、定义课程并明确定义课程的挑战，知道人们对课程含义的认识经历了一个不断科学化的过程；

• 从课程方法的角度来看待课程，找出并区分六种课程方法，讨论你所倾向采用的课程方法；

• 从全球化视野来审视课程和课程实践，评论将课程理论转化为实践所面临的挑战；

• 思考并尝试描述在发展学生核心素养及生物学学科核心素养背景下生物学课程的发展趋势。

【内容概要】

本章内容主要从宏观层面和大教育学视角介绍"课程"和"课程论"的基本研究成果和发展历程，同时引入最新的学术前沿，如从课程方法的角度来看待课程，在发展学生核心素养及生物学学科核心素养背景下生物学课程所面临的挑战等。

【学法指引】

本章内容主要是对课程的产生与发展以及古今中外有关课程的认识和阐述进行概述。学习该部分内容需要阅读大量的文献资料，通过比较分析、综合归纳，形成有关课程内涵的整体把握与多维阐释。

"冰冻三尺，非一日之寒。"人类行为的一些重大改变，绝非一日之功。任何单一的学习经验都不能对学习者产生极其深远的影响。比如在思维方式、基本习惯、起主导作用的观念和态度、长久的兴趣或喜好等方面的改变，都是极其缓慢的。只有历经长年累月的积累后，我们才可能看到一些主要的教育目标呈现出显著的、具体的变化。在某些方面，教育经验产生效果的过程，正如水滴石穿。在一日、一周或一月之内，石头上并没有可以觉察到的变化，但经过

1

数年时间，就能注意到有明显的侵蚀。相应地，随着教育经验的累积，学习者才会产生深刻的变化。为了使教育经验产生累积效应，就必须将它们组织起来，使之相互强化……①

【问题聚焦】

国内外有关课程的历史演进经历了一个怎样的过程？在这个过程中课程的含义发生了哪些变化？产生了哪些影响？

【案例研讨】

美国著名学者约翰·D. 麦克尼尔(John D. McNeil)在其著作《课程导论(第六版)》[*Contemporary Curriculum：In Thought and Action*(6th *Edition*)]第一部分"课程的概念"中有这样的描述：

学生们惊奇地发现，他们一辈子所使用的诗歌、散文原来比他们自己想象的还要多。同样，当阅读本书的第一部分时，读者发现，关注课程的两难问题，使其对以前的那些理所当然的课程经验进行重新认识，并且开始质疑这些不同的类别，以更好地解释这些经验。

课程是提高学生学业水平的关键性要素……我建议读者在阅读第一部分之前，就着力思考课程如何去缩小学业差距这一问题。如果可能的话，请把你的想法与别人一起分享。在读完具体的章节之后，重新审视课程的两难问题，看看我所阐述的课程概念，是否已经改变你对问题的看法。以下关于课程的一些概念，将有助于你思考课程是如何促进学生的学习的。

人文主义课程。人文主义课程被认为是一门这样的课程，即帮助学生成为他们自己想要成为的人。它着实是一门与人有关、探讨情感和成功的课程。

社会重构主义课程。社会重构主义课程影响社会改良的措施，它揭露了某些机构(如学校)是如何顽固地保留其等级特权的。

系统课程。系统课程调整目标、标准、计划、教学材料，使其与考试一致，更好地评估学生的学习效果。一个严谨的课程设计有助于检验一所学校及其教师，是否有效地促进了所有学生的发展，以及来自不同社会群体的学生是否都能够获得知识和技能。

学术性课程。在学术性课程中，每一门学科的知识都是以最好的形式组织

---

① 拉尔夫·泰勒. 课程与教学的基本原理[M]. 罗康，张阅，译. 北京：中国轻工业出版社，2016.

起来的，以便于学生学习和引导学生思考问题，使他们在学科领域内自由地探索，熟悉重要的概念及相应的教学法是其主要的关注点。

问题：

在约翰·D. 麦克尼尔的《课程导论（第六版）》中重点介绍了人文主义课程、社会重构主义课程、系统课程和学术性课程，分别从相关课程的特点、定位、心理学基础、历史渊源及有关批判等方面展开论述。我们在学习生物学课程论的过程中，首先应该对课程与课程论有一个基础的认识，这样能够帮助我们从宏观层面把握生物学课程的来龙去脉和前世今生。因此，我们先自我叩问：关于"课程"和"课程论"，我们能谈论些什么呢？

一、国内外有关课程的认识是不断变化的

在我国，"课程"一词最早出现并使用于唐宋年间。唐朝孔颖达为《诗经·小雅·巧言》中"奕奕寝庙，君子作之"一句作疏："维护课程，必君子监之，乃依法制"。但该"课程"与现在的"课程"在含义上差异较大。宋代朱熹在《朱子全书·论学》中多次使用"课程"，如"宽着期限，紧着课程""小立课程，大作工夫"等，虽然他只提及课程，并没有明确界定，但其所指的意思应该是功课及其进程。①

【核心概念】

> 课程，关于课程的含义，目前还没有形成一个世界范围内统一认可的定论，请带着有关课程含义的思考和疑问学习本部分内容。

在英语，课程（curriculum）一词最早出现于教育家斯宾塞（H. Spencer）的《什么知识最有价值？》中。curriculum 是从拉丁语 currere 一词派生出来的，意为"跑道"（race-course）。根据这个词源，最常见的课程含义是"学习的进程"（course of study），简称学程，这一解释在各种英文字典中很普遍。②

对课程含义的理解，在广义上，有人理解为学生在学校所经历的所有影响的总和，如赫尔巴特（J. F. Herbart）认为教学内容不应当按照学科分支

---

① 陈侠. 课程论[M]. 北京：人民教育出版社，1989.
② 施良方. 课程理论——课程的基础、原理与问题[M]. 北京：教育科学出版社，2017.

割开来①，怀特海(A. N. Whitehead)说："我所极力倡导的解决途径就是消除各学科知识之间致命的孤立状态，注重孤立状态扼杀了我们当代课程应有的活力。"②在狭义上，有人理解为某一学科内容甚至某一类型的课或某一节课，也有人理解为功课的进程、顺序和过程，还有人理解为学生实际达到的学习结果等。

【知识链接】

《教育大词典》(顾明远主编)中，课程是指"为实现学校教育目标而选择的教育内容的称谓"。

《教育技术用语词汇》(联合国教科文组织)中，指出"课程即指在某一特定学科或层次的学习的组织。"

世界经合组织把课程定义为"囊括儿童在校学习期间应具备的全部经验，并包含教育目标、教育目的、课程、教学活动、师生关系、人力物力资源以及所有影响学校师生关系的调查"。

课程在各级各类教育活动中处于基础和核心的地位，但是对于课程含义的认识和理解还没有形成一个公认的结果。我国学者施良方归纳了国内有关研究中比较有代表性的表述，例如，课程是教学内容及进程的综合；按照一般的理解，课程一词指的是学校教学内容等。几乎每个课程工作者都有自己的界定。把上述各种课程含义的理解加以归类，大致可以分为以下6种类型。

(1)课程即教学科目。强调向学生传授学科的知识体系，但容易忽视学生的情感陶冶、个性培养和师生的相互作用。

(2)课程即有计划的教学活动。即把教学的范围、序列和进程，甚至教学方法和教学计划等作为课程。这种理解会把课程的重点放在有计划的教学活动安排上，容易忽视教学活动对学生学习过程和个性品质的影响。

(3)课程即预期的学习结果。强调课程不是指向活动，而应该直接关注预期的学习结果或目标。该理解把课程的重点放在预期的学习结果上，往往会忽

---

① 约翰·弗里德里希·赫尔巴特. 教育学讲授纲要[M]. 盛群力，赵卫平，译. 北京：中国轻工业出版社，2017.

② 阿尔弗雷德·诺斯·怀特海. 教育的目的[M]. 靳玉乐，刘富利，译. 北京：中国轻工业出版社，2017.

略非预期的学习结果和学生之间所存在的差异。

(4)课程即学习经验。强调课程应关注学生实际学习到了什么而不是教师教了什么。例如，美国教育家杜威(Dewey)在其论著《经验与教育》①中详细阐述了经验与教育、教育与生活等之间的关系。这种理解把课程的重点从教材转向个人，但因为现实中存在学生独特性和统一要求的矛盾，难以真正实施。

(5)课程即社会文化的再生产。强调课程应反映社会需要，使学生顺应现实的社会。这种理解把课程的重点从教材、学生转向社会，而社会文化本身并不是完善的，也需要不断地变化。

(6)课程即社会改造。强调课程不是要使学生适应社会文化，而是要帮助学生摆脱现存社会制度的束缚。这种理解过于激进，存在着片面夸大教育在社会变革中作用的倾向。②

而丛立新认为课程多样性的根本原因在于课程自身的复杂性，直接原因在于研究者的出发点和研究角度不同。课程既非纯粹的客观事物，也不是彻底的观念形态；既有被制约的性质，也存在相当的自主和能动特点。在人类的各种活动中，课程是客观与主观统一、物质和精神结合的复杂对象。课程定义的多样性从根本上正是来自这种复杂性，对课程所进行的各种不同层次和角度的研究，都有可能揭示课程的特征，都可能反映课程的规律，都可能有助于了解和把握课程的复杂性。简单归纳，理解课程含义通常从以下 4 个方面出发。

【共同探讨】

> 对课程含义的认识表现为多视角和多维度等特点，请深入思考这些视角和维度，探讨其含义焦点和缺点。

(1)从探讨课程的本质属性出发，如课程即学习经验，课程是学校指导的所有活动等。

(2)从确定课程所具有的功能出发，如课程是社会文化的再生产，是预期的学习结果等。

(3)从课程存在的物质形态出发，如课程是教育工作计划的范围和安排的书面文件，是活动的教学大纲，学程设置，单元、课程和内容的编目等。

---

① 约翰·杜威. 经验与教育[M]. 盛群力，译. 北京：中国轻工业出版社，2016.
② 施良方. 课程理论——课程的基础、原理与问题[M]. 北京：教育科学出版社，2017.

（4）从课程实施和管理的需要出发，如为学习者制订的学习计划，学习者在学校里实际学习的东西等。

国外学者对课程的理解首先明确如下问题：什么是课程？它的目的是什么？它对学生和教师有什么影响？总的来说，定义课程的方式反映了人们对课程的态度。另外，还应明确课程的基本问题是什么，在此基础上才能更有针对性地解决课程问题。艾伦·C. 奥恩斯坦（Allan C. Ornstein）指出了课程的基本问题，如表 0-1 所示。

表 0-1　课程的基本问题

序号	基本问题
1	课程是如何定义的
2	在我们的课程中，我们有意或无意地交流哪些哲学和理论
3	哪些社会和政治力量影响课程？哪些是最贴切的？哪些是强加的限制
4	学习是如何进行的？什么样的学习活动最能满足学习者的需求？如何最好地组织这些活动
5	课程知识的领域是什么？什么样的课程知识是必不可少的
6	什么是课程的重要组成部分
7	为什么课程会发生变化？变革如何影响课程
8	课程专家的角色和职责是什么
9	课程怎样组织是最好的
10	教师和学生在组织课程中的角色和职责是什么
11	我们的目标是什么？我们如何将它们转化为教学目标
12	我们如何定义我们的教育需求？谁的需要？我们如何确定这些需求的优先次序
13	什么题材最值得？什么是最好的内容形式？我们如何组织它们
14	我们如何测量或验证我们所要达到的目标？谁负责？为了什么？为了谁
15	课程与教学的恰当关系是什么？课程与督导、课程与评价的关系怎样

施瓦布（Joseph J. Schwab）曾指出课程领域的原理危机，主要表现在六种逃避：一是位移（translocation），逃避自己研究领域本身；二是上浮（upward），从关于本领域的研究对象的论述转向本领域论述的论述，即模式、元理论和元元理论等；三是下沉（downward），试图回到研究对象的原始状态；四是旁观（to the sidelines），使自己站到旁观者、评论者、史学者以及专门批

评别人在本领域研究工作的批评者的位置上；五是老调重弹（preservation），用新的语言复述过去的知识；六是为争论而争论（debate for debate），许多争论明显是为了辩论的胜利而不甘罢休，或者是从个人的偏见出发的。①

迈克尔·杨（Michael Young）认为："课程理论的一项主要任务是找出限制课程选择的限制因素，并探讨这些限制因素对教学的影响，课程理论的作用与'获取知识'的问题有关，在我看来，由于各种原因，这一作用在很大程度上被忽视了，这种忽视导致了课程理论危机。"②

针对迈克尔·杨的观点，卢德格伦（U P. Lundgren）认为课程研究和课程理论仍然需要变革，课程研究应该从国际和历史的角度进行探讨，重点关注经济和生产方式的变化如何影响课程建设。课程研究和课程理论应该对这些课程建设条件和教育政治的变化进行质疑和分析。卢德格伦表示，"我的论点是教育制度是受不断变化的经济和生产条件所支配的，其结果是管理教育的政治工具全球化。鉴于课程是主要的管理工具，发展课程理论，使这些不断变化的结果具有问题性和启发性是很重要的。这不是课程理论的危机，接受更广泛的社会、文化和经济视角是课程研究面临的挑战。我们正在见证经济和生产的彻底转变——有了新技术和全球市场。我们的经历是在一个正在消失的世界里创造出来的。按照这一思路，我要问，今天课程中所选择和组织的知识形式是否与形成一个受过教育的个人有关。我们需要讨论什么是形成教化。"③

课程定义表现为多样性。首先，课程可以被定义为实现目标的计划。这一立场，由泰勒（Taylor）和塔巴（Taba）推广，体现了一个线性的课程观。这个计划包括一系列步骤。今天，大多数行为和管理系统的人都同意这个定义。例如，加伦·塞勒（J. Galen Saylor）、威廉·亚历山大（William Alexander）和亚瑟·刘易斯（Arthur Lewis）将课程定义为"为受教育者提供一套学习机会的计划"。大卫·普拉特（David Pratt）写道："课程是一套有组织的正式教育或培训意图。"乔恩·威尔斯（Jon Wiles）和约瑟夫·邦迪（Joseph Bondi）把课程观视为一

---

① WESTBURY L，WILKOF N J．科学、课程与通识教育——施瓦布选集[M]．郭元祥，乔翠兰，译．北京：中国轻工业出版社，2008．

② YOUNG M．Overcoming the crisis in curriculum theory：a knowledge-based approach[J]．Curriculum Studies，2013，45(2)：101-118．

③ LUNDGREN U P. What's in a name? That which we call a crisis? A commentary on Michael Young's article "overcoming the crisis in curriculum theory"[J]．Curriculum Studies，2015，47(6)：787-801．

个发展过程：①确定了哲学；②评估学生的能力；③考虑可能的教学方法；
④实施策略；⑤选择评估装置；⑥不断调整。

其次，课程可以广泛地定义为处理学习者的经验。根据这个定义，学校里
或学校之外的任何计划都是课程的一部分。这一定义源于杜威对经验和教育的
定义，以及霍利斯·卡斯韦尔(Hollis Caswell)和多克·坎贝尔(Doak Camp-
bell)在 20 世纪 30 年代的观点，即课程是"儿童在教师指导下的所有经验"。人
文主义课程学派和小学课程主义者认同这一定义，多年来教科书作者对此进行
了更为广泛的阐释。艾略特·艾斯纳(Elliot Eisner)把课程描述为学校"给学生
提供"的一个"程序"，一个"预先计划好的一系列教育障碍和一个孩子在学校里
的全部经验"。马什(Marsh)和威利斯(Willis)把课程视为"课堂上的所有经
验"。

再次，课程可以被定义为一个研究领域，有其自身的基础、知识领域、研
究、理论、原则和专家。采用这一定义的人倾向于从理论上而不是实践上讨论
课程。他们关心的是广泛的历史、哲学或社会问题。

最后，课程可以根据主题(数学、科学、英语、历史等)或内容(我们组织
和吸收信息的方式)来定义。我们也可以谈论主题或内容的等级水平。采用这
种定义的人强调特定学科领域的事实和概念。大多数美国学区根据国家语言艺
术和数学水平的重点来明确该定义。然而，小学和中学课程很少是学科特定
的，如数学或生物学课程；如果不是所有的科目，他们强调一般原则的课程，
跨越和涵盖大多数。①

二、从课程方法视角来审视课程

美国学者艾伦·C. 奥恩斯坦和弗兰西斯·P. 亨金斯(Francis P. Hunkins)
在《课程：基础、原理和问题》一书中提出："我们的课程方法反映了我们的
感知、价值和知识。课程方法反映了一个整体的立场或原取向，包括课程的
基础(一个人的哲学、历史观，心理学观和学习理论，以及社会问题的观
点)、课程领域(共同的，重要的领域内的知识)，以及课程理论与实践；提
出了课程开发与设计的观点，学习者、教师、课程专家在规划课程中的作
用，课程目标以及必须研究的重要问题。课程方法反映了我们对学校和社会
的看法。通过理解我们的课程方法和我们的学校或学区，有可能得出我们的
专业观点是否与正式组织观点冲突的结论。"在书中他们介绍了行为方法、管

---

① ORNSTEIN A C, HUNKINS F P. Curriculum：foundations，principles，and is-
sues[M]. 7th ed. Edinburgh Gate：Pearson Education Limited，2018.

理方法、系统方法、学院方法、人本主义方法和后现代主义方法 6 种课程方法，具体见表 0-2。

表 0-2　课程方法简介

名称	类别	源起	代表	应用
行为方法	技术/科学方法	源起于芝加哥大学的行为主义是现今最古老的且仍然占主导地位的课程方法。它依赖于技术和科学原则，包括范式、模型和逐步制订课程的策略。这一课程方法自 20 世纪 20 年代初开始应用于所有学科，构成了对课程其他方法进行比较的参考框架。这种方法也被称为逻辑的、经验主义的、理性科学的和技术官僚的课程方法	博比特、泰勒	20 世纪 20 年代初，博比特曾组织了一门研究小学课程的课程。在制订课程的过程中发展了自己的方法，列出了超过 800 个目标和相关活动，以符合学生的需求。这些活动包括牙齿和眼睛护理，保持家用电器的良好状态，拼写和语法等。随后，泰勒在芝加哥大学选修了部分博比特的课程，认识到对行为目标的需求不是那么小，也不是一成不变的。他把课程、教学和评价的基本技术结合成一个简单的计划。泰勒主张用学校（或学区）的哲学来"决定目标"。他的方法将行为主义（目标是重要的）与进步主义（强调学习者的需要）结合起来。泰勒在制订课程标准前受到爱德华·桑代克、杜威和"科学课程运动"的影响。 现在，大多数行为主义教育者认为学习者是在社会情境中发挥作用的认知个体。个别学生以不同的方式体验和响应同一课程，这取决于他们的文化解释和先前的生活活动。课程的行为方法，依赖于选择和组织课程的技术手段，很有可能在将来继续为我们服务

续表

名称	类别	源起	代表	应用
管理方法	技术/科学方法	源起于20世纪初的组织和行政学校模式，这一时期将一系列涉及课程和教学的创新计划结合起来，以个体化、部门化、非分级、课堂分组为中心。在这个时代，督学引入学区计划来修改学校的横向和纵向组织。该计划的名称通常反映了学区的名称或组织概念，如巴塔维亚（纽约）计划、丹佛计划、波特兰计划。督学和副主任参与课程领导，经常在一个学区制订计划并在另一个学区实施	威廉·亚历山大、安德森(Andersen)、莱斯利·毕肖普(Lellis Bishop)、杰拉尔德·弗斯(Gerald Firth)、亚瑟·刘易斯、约翰·D.麦克尼尔和劳埃德·特朗普（J. Lloyd Trump)等	管理方法成为20世纪50年代和60年代占主导地位的课程方法。在此期间，校长被视为课程领导者、教学领导者和管理者。中西部地区的学校管理者和有行政背景的教授在制订政策、确立变革方向、规划和组织课程、实施教学指导等方面占据了课程的主导地位。 现如今许多关于学校改革和改组的想法来自20世纪50年代和60年代，目前对标准和高风险测试的重视反映了先前对国家控制学校的重视。许多与校本管理和授权相关的计划是基于前一代的职业阶梯、团队教学以及不同的人员配置模式确定的。许多新的立法和行政支持，是以改善课程和教学为基础的
系统方法	技术/科学方法	在系统的课程方法中，学校或学区的部分在相互关联性方面进行检查。计划部门、人员、设备和计划将改变人们的行为。信息通常传达给管理者，方便他们考虑选择。学区的组织代表一种系统的方法，显示人员与人员之间的关系，以及如	乔治·波强普(George Beauchamp)	乔治·波强普描述了第一系统课程理论。他假设了5个同样重要的教育成分：管理、辅导、课程、指导、评价。许多教育领域的教授(不在课程之外)不接受这种平等的概念，他们认为自己的领域是最重要的。例如，学校管理者经常委派监督者来处理课程问题，尤其是当管理者认为他们的领导角色

续表

名称	类别	源起	代表	应用
系统方法	技术/科学方法	何制订关于特定领域（即课程、教学、测试和评估、人员和预算）的决定。 兰德公司开发了一种系统方法的应用。它迅速从政府扩展到商业机构，这个应用被称为"计划、规划、预算系统（PPBS）"。它将计划、编程和预算集成到系统的结构、功能和能力中。在我们的例子中，系统是课程		主要是管理的时候。课程专家通常将课程视为主要组成部分，将相关的领域，如教学和监督作为子系统，帮助实现课程。 在任何情况下，从业者都应该使用最有帮助和适用于现实世界的程序。重视系统方法的课程专家广泛地看待课程，关心与整个学校或学校系统有关的课程问题，而不仅仅是特定的学科或等级
学院方法	技术/科学方法	这种方法源起于杜威、亨利·莫里森（Henry Morrison）和博伊·德博德（Boyd Bode）的作品中，在20世纪30年代流行起来，并延续到了20世纪50年代。在此期间，与课程有关的新课题的涌入扩大了这一领域，包括许多趋势和问题，并导致各种教学、学习、指导、评价、监督和行政程序的整合。 20世纪50年代以后，课程的兴趣集中在学科结构和定性方法上。学院方法失去了一些魅力	杜威、亨利·莫里森和博伊·德博德	学院方法有时被称为传统的、百科式的、概要的、智力的或以知识为导向的方法。学院方法试图分析和综合课程的主要位置、趋势和概念。课程开发的讨论通常是学术性的、理论性的，涉及教育的许多方面，包括教育的研究。在当前的课程论者从后现代学术的角度来探讨课程的过程中，学院方法已经部分回归到当前对知识的性质和结构的关注中。现在该方法关注的是如何理解知识可以被构造、解构和重建

名称	类别	源起	代表	应用
人本主义方法	非技术/非科学方法	一些课程领导人争辩说，前面的方法过于技术化和僵化。他们认为，追求科学理性的课程者忽视课程和教学的个人和社会方面；忽视学科的艺术、物理和文化方面；很少考虑学习者的自我反思和自我实现的需要；忽视课堂和学校的社会心理动力学。这一观点源于进步哲学和20世纪早期的以儿童为中心的运动，首先是在芝加哥大学，当时约翰·杜威、查尔斯·贾德（Charles Judd）和弗朗西斯·帕克（Francis Parker）基于学生的自然发展和好奇心发展了渐进式的教学方法。 20世纪二三十年代，进步运动东移，由哥伦比亚大学师范学院博伊·德博德、弗雷德里克·博斯纳（Frederick Bosner）、霍利斯·卡斯韦尔、托马斯·霍普金斯（Thomas Hopkins）、威廉·基尔帕特里克（William Kilpatrick）、哈罗德·拉格（Harold Rugg）、杜威等主导。20世纪四五十年代，随着儿童心理学和人文心理学（价值观、自我同一性、心理健康、学习自由和个人成就感）的发展，这一方法得到了进一步推动	杜威、查尔斯·贾德和弗朗西斯·帕克	在小学阶段，课程活动应运而生，包括基于生活经验、小组游戏、小组项目、艺术努力、戏剧化、实地考察、社会企业、学习和兴趣中心、家庭作业和辅导站的课程等。这些活动包括创造性的问题解决和积极的学生参与。他们强调学生的社会化和生活适应，以及较强的家庭纽带和学校与社会的联系。他们以弗朗西斯·帕克、杜威、威廉·基尔帕特里克、卡尔顿·沃什伯恩（Carleton Washburne）的理想学校以及他们付诸实践的各种课程活动为代表。 20世纪70年代，随着相关、激进的学校改革，开放教育和另类教育成为教育改革运动的一部分，人本主义方法再次流行起来。然而，今天对教育卓越和学术生产力的要求导致了人们对认知而非人文主义的强调，以及对科学和数学等学科的重视，而不是艺术和音乐。尽管如此，随着越来越多的人认识到认知和情感的相互依赖，以及27个具体的非认知和社会情感技能（如专注、勇气和理解他人），人文主义的方法可能会获得更多的拥护者。诺丁斯（Noddings）认为，任何21世纪的课程方法都必须整合人类生活的三大领域：家庭和个人生活、职业生活、公民生活。可以肯定的是，学生的自我概念、自尊和个人身份是学习的重要因素，它涉及社会和道德，而不仅仅是认知方面

续表

名称	类别	源起	代表	应用
后现代主义方法	非技术/非科学方法	对一些课程学者来说，后现代主义或重构概念主义的课程观在很大程度上延伸了人本主义的方法。另一些人则认为后现代主义主要关注变化和改革。还有一些人认为，概念重构主义者缺乏一种方法，因为他们缺乏开发和设计课程的模型	派纳（Pinar）、乔治·康茨（George Counts）、哈罗德·拉格、哈洛德·本杰明（Harold Benjamin)等	后现代课程理论者关注教育的更大的意识形态问题。他们调查和影响社会的经济和政治制度。后现代主义者对理论更感兴趣，而不是实际应用。派纳指出，课程开发的时代已经过去了。一些与后现代主义阵营相联系的课程者争辩说，没有一种精确的、特定的方式来创建课程；课程开发更像是一种公共对话；课程开发不是封闭的系统，而是开放的。 后现代主义者对课程与政治、经济、社会、道德和艺术力量的互动感兴趣。他们认为学校是社会的延伸，学生有能力改变社会。许多后现代主义者认为当前的课程过于控制和设计，以维护现存的社会秩序及其不平等。后现代主义为课程对话带来了更大的多样性。例如，亨利·吉鲁（Henry Giroux)认为，美国的青年已经被专制和道德上恶意的政策和行为所限制。只有通过一种新的教育学和一种从头开始的方法才能恢复真正的民主

说明：课程方法可以从技术/科学或非技术/非科学的角度来看待。技术/科学方法与传统的教育理论和模型相一致，反映了人为的、常规的教育方法。非技术/非科学方法作为先锋派与实验哲学和政治学的一部分而发展，倾向于挑战既定的、正规化的教育实践，从而使其更加流畅和自然。

三、课程正一步步走向全球化

"全球化"指的是一系列复杂的技术和经济因素，包括通信技术网络的全球传播、产品和劳动力市场的全球一体化。[①] 课程全球化是世界各国依据当今时代的全球化趋势，改革与建构本国中小学的课程体系，以应对全球化挑战的过程。面对全球化的挑战，尽管世界各国的课程都不同程度地做出了相应的调整，但改革的目的却不尽相同。有的以提升本国在相互依存世界中的国际竞争力为目的，有的则以保护本国的文化传统免遭强势文化殖民为宗旨，还有的以拯救人的心灵、救治全球问题为目标。不同的目的，导致不同变革集团所持的课程价值观念也各不相同。

课程的全球化可能吗？回答此问题关键在于如何理解全球化。对全球化的理解一直有两个难点：一是全球化的主体是谁；二是全球化的内涵为何。谁是全球化的主体？学术界普遍认为国际化（internationalization）的主体是民族国家，它注重的是国与国之间的关系；而全球化（globalization）的主体是地球和人类，但由于它缺少必要的制度建构，所以全球化的主体是虚拟的或者说是无主体的。在全球教育发展不均衡的态势下，全球化为教育的霸权主义提供了可乘的空间。也正因如此，课程全球化的后现代主义和反全球主义哲学才应运而生。

何为全球化的内涵？在许多人看来，全球化的逻辑就是同质化、一体化。其实，全球化的逻辑是一个悖论，一个合理的悖论，它是普遍性与特殊性、一体化与分裂化、国际化与本土化的辩证统一。正因为全球化有普遍性的方面，所以才有"最低限度共识"的普世伦理诉求和"科学理性原则"的普遍效率认同，才有新全球主义和新自由主义的课程哲学。

正因为全球化有特殊性的一面，才有民族认同和本土生长的主张。走出课程全球化哲学观的片面性，使人类课程全球化有了可能，并在全球化的主体之间和逻辑之间保持必要的张力，"文化自觉""平等对话"和"多元互竞"是唯一的选择。[②] 1983 年，在《国家处于危险之中：教育改革势在必行》中，美国国家委员会提出了卓越的教育，在国际上产生了深刻影响。经济合作与发展组织等非政府组织也在增加影响力。教育领域的新自由主义解决方案形成了一种扩张

---

① LEONARD J W. How globalization can cause fundamental curriculum change：an American perspective [J]. Journal of Educational Change. 2003，4(4)：383-418.

② 邬志辉. 课程全球化的四种哲学观评析[J]. 东北师范大学（哲学社会科学版），2003(6)：115-121.

教育市场，提出了一种基于"增加目标和绩效管理"的管理模式。学校一直是目标和结果驱动的，教学是实现对课程设置和教学成果进行反馈的过程。如果把课程理论看作选择和组织知识以解决教学所面临的问题以及教和学的过程，那么课程理论在 20 世纪 80 年代呈现两种发展趋势：一种是专注于如何教授特定的知识，后来转向基于证据的研究；另一种是把国家教育政策变成其中的组成部分。换句话说，正在进行的课程及其变化结果对课程研究和课程理论都有很大的影响，这些变化与生产有关，经济和知识的变化选择并组织了教育工作。为课程研究辩护，面向教学实践和以教师为本的选拔与组织没有看到教学的框架和教学的内容是从狭隘的观点来看待的。①

四、有关课程论的研究呈现多元分化的特点

课程论是研究课程的专门理论，其研究对象主要聚焦课程问题。② 从内容上课程论可以分为两个层面。一是关于课程基本理论问题的探讨，是人们对于课程的最根本的认识，通常由一些思辨性较强的命题，以及相应比较概括化和抽象化的理论性观点及其说明论证构成。例如，课程的最终目标是什么、课程的基本价值是什么、课程的实质是什么、课程的内容包括什么、课程与学习者的关系是怎样的，等等。二是关于课程设计或编制方面的探讨，通常由一些操作性很强的要求、步骤、原则、方法等的说明和规定构成。例如：课程的具体目标怎样建立；课程的结构如何确定；课程的内容怎样规划；课程的实施如何开展；课程的结果如何评价；等等。上述两个层面之间相互联系而又保持相对独立，例如：关于课程的基本理念决定着课程的具体性质，并且需要通过具体的手段和方法转化为具体的课程形态，两者紧密联系；而具体到研究者和研究群体，相对独立性比较突出，两部分的分离比较明显，这既有研究者本人兴趣方面的原因，也有研究者和研究群体所处的实际地位以及所面临的实际问题方面的原因。③

课程理论主要是研究学校应该教什么、为什么教、怎样选择教材、怎样组织和安排教学内容等。课程理论的各家流派对这些问题的看法存有分歧，各个课程理论流派的主张也有所不同。课程流派可以从纵向和横向两个方向进行分

---

①　LUNDGREN U P. What's in a name? That which we call a crisis? A commentary on Michael Young's article overcoming the crisis in curriculum theory[J]. Journal of Curriculum Studies，2015，47(6)：787-801.

②　钟启泉. 课程论[M]. 北京：教育科学出版社，2014.

③　丛立新. 课程论问题[M]. 北京：教育科学出版社，2000.

类：一是从课程发展的历史来分类；二是从学校课程类型的差异来分类。从课程发展的历史来看，影响较大的课程理论包括人文主义课程论、泛智主义课程论、感觉主义课程论、自然主义课程论、主知主义课程论、功利主义课程论、实用主义课程论、改造主义课程论、要素主义课程论、结构主义课程论、科学人文主义课程论、发展主义课程论等。从学校课程类型的差异来看，课程理论又可以分为知识中心论、儿童中心论和社会中心论三大流派。①

根据课程理论与课程实践之间的关系，可以将 20 世纪世界各国纷繁复杂的课程流派划归为常规性课程理论（conventional theory of curriculum）、描述性课程理论（descriptive theory of curriculum）、实践性课程理论（practical theory of curriculum）、纯粹课程理论（pure theory of curriculum）四大类，表 0-3 对 4 种课程理论的基本特征、主要观点与基本范式、理论自省等进行了总结分析。②

表 0-3　20 世纪主要课程流派简介

课程理论	基本特征	主要观点与基本范式	理论自省
常规性课程理论	直接依附于实践	这种理论关注的焦点是学校课程实践中的日常观察事实。通过对某个或某些学校课程实践中所存在的实际问题的探究解决，归纳出课程开发的一般模式和原则，在此基础上形成各种各样的课程文件（如各种课程法规、教材、教师指导用书、各种教学资料和手段等），然后将这些一般模式、原则、课程文件类推于其他学校的课程实践之中，这是常规性课程理论的基本思维方式。由此看来，这种课程理论所运用的是课程的"常规智慧"，它是日常经验取向和"改良定向"（amborative orientation）的，其基本口号是"为实践者服务"。 从课程理论的发展史看，常规性课程理论是最早出现的，即使今天，该理论	第一，常规性课程理论由于直接依附于课程实践，很容易沉溺于各种烦琐事物并可能被日常经验所局限。这样，课程理论的独立功能消失了，从而使该课程理论具有了"非理论的"（atheoretical）性格。须知，实践的超越性很大程度上依赖于理论对现实的反思精神，当理论消失了其相对独立性之后，表面上看是在联系实践，但本质上很有可能已背离了实践的要求。第二，常规性课程理论在课

①　崔鸿. 生物课程与教学论［M］. 武汉：华中师范大学出版社，2011.

②　张华，石伟平，马庆发. 课程流派研究［M］. 济南：山东教育出版社，2000.

续表

课程理论	基本特征	主要观点与基本范式	理论自省
常规性课程理论		在课程领域中依然占有重要地位。在美国，以泰勒为核心的"主导的课程范式"（dominant curriculum paradigm）以及泰勒之前由博比特和查特斯（W. W. Carters）所创立的课程编制模式均属于常规性课程理论。泰勒"主导的课程范式"（即泰勒原理）确立以后对课程理论与实践产生了深远影响，由此产生了形形色色与泰勒原理相类似的课程开发模式，这些模式被统称为"工艺学模式"（technological model）或"目标模式"（objective model）	程开发过程中所推行的主要是"工艺学模式"或"目标模式"，这种模式是受"技术理性"（technical rationality）所支配的，它追求的是"效率"和"控制"，这就很有可能导致课程开发过程的机械化和"非人性化"（dehumanization）
描述性课程理论	采用自然科学和典型社会科学的研究范式，从而试图建立一门"课程科学"（a science of curriculum）	该理论认为对包括课程在内的人类行为进行科学认识、揭示其"客观规律"是可能的，课程事实像自然科学事实一样是"价值中立"的，因此，课程研究可能并应当建立一门"纯科学"。课程研究的基本范式也应当是提出假设、对假设进行经验证实或证伪，由此而归纳出课程领域中具有普遍性的"客观规律"。通过运用这种"客观规律"，对课程行为进行正确解释和预测，最终实现对课程实践的有效控制。 描述性课程理论在理论与实践之间关系的认识上比常规性课程理论有了实质性进步。它通过采用成熟科学的研究范式大大提高了课程领域的理性化水平，使课程理论最终从日常经验的束缚中摆脱出来，具有了相对独立性，课程研究也由"常规智慧"水平跃进到"科学智慧"水平。因此，描述性课程理论的诞生使课程领域的科学化水平发展到新的阶段。这种理论在当今的课程研究领域占有极其重要的地位，是课程研究的"显学"。像美国以布鲁纳（J. Bruner）、施瓦	第一，它信奉逻辑实证主义的科学合理观，认为课程事实"价值中立"，可以通过同样"价值中立"的科学方法探究其规律。描述性课程理论虽然进行了长期的艰苦探索，但并没有建立起理想的"课程科学"。第二，描述性课程理论同样追求"技术理性"，同样致力于有效控制课程行为、课程实践。同样是"为实践者服务"，在这一点上它与常规性课程理论是同质的，只不过它更侧重用科学范式研究实践问题。因此，描述性课程理论同样有可能把课程开发过程变成一个机械的、非人性化的过程

续表

课程理论	基本特征	主要观点与基本范式	理论自省
描述性课程理论		布(J. Schwab)等为代表的"结构主义课程范式"(structural curriculum paradigm)，以及英国的"知识课程论"均属于描述性课程理论	
实践性课程理论	绝对回归实践	实践性课程理论自20世纪70年代诞生以来就广泛流行于西方世界的"走向实践的运动"(movement towards the practical)和"教师-研究者运动"(teacher-researcher movement)中。这些运动产生了以美国施瓦布为代表的"实践的课程范式"(practical curriculum paradigm)和以英国斯坦豪斯(L. Stenhouse)为代表的课程开发的"过程模式"(process model)。这些都是实践性课程理论的典范。 它赋予每一具体实践情境的特殊性以绝对意义，倡导对具体实践情境的理解与相互作用。由于每一所学校的实践情境都是特殊的，因此，没有任何一种课程理论可以直接运用于实践之中，再优秀的理论也必须经过实践的选择和再造。在实践性课程理论看来，实践过程与理论创造过程是直接统一的，实践者同时就是研究者，实践者不仅能够创造理论而且最有资格创造理论。课程不是静态的物(教材、教具等)，而是教师、学生、教材、环境(milieu)之间动态交互作用的"完整文化"(entire culture)，是一个动态平衡的"生态系统"，教师与学生是课程意义的创造者和主体。课程开发的过程不是一种普遍模式的演绎过程，而是一个创造性的"集体审议"(group deliberation)过程。由此看来，实践性课程理论所追求的是"实践理性"(practical rationality)	实践性课程理论与常规性课程理论有本质区别。常规性课程理论对课程实践是表面依附的，这种依附很有可能貌合神离。而且，常规性课程理论最终也把课程开发过程视为普遍模式或原则的演绎过程。实践性课程理论由于绝对尊重实践情境的特殊性，实际上也就把课程实践过程变成了课程理论的创造过程，因而从实践的维度真正把理论与实践统一起来。实践性课程理论对常规性课程理论、描述性课程理论的实质性超越表现在对"实践理性"的追求上。"实践理性"的核心理念是"理解"(understanding)，它充分尊重主体之间的交互作用，这与"技术理性"的"控制"是迥异的

续表

课程理论	基本特征	主要观点与基本范式	理论自省
纯粹课程理论	通过中止与课程实践的联系而直接面对课程事实本身	纯粹课程理论兴起于20世纪70年代中期以后的西方世界。美国以派纳、吉鲁、阿普尔（M. W. Apple）等为代表的"概念重建主义课程范式"（reconceptualist curriculum paradigm）（尤其是其中以派纳为核心的"存在现象"课程论）是纯粹课程理论的典范。英国以迈克尔·杨、伯恩斯坦（R. J. Bernstein）为代表的"社会课程论"，以及德国"闵斯特学派"创立的"结构格子"课程编制模式也具有这种理论的属性。 　　这种理论认为沉溺于课程实践之中一味追求"为实践者服务"会蒙蔽课程学者"反思"的眼睛，使其沉醉于各种纷繁杂陈的课程开发的模式、原则、规则，等等。这是一种"自然的思想态度"，这种态度不可能建立真正的课程理论，最终也于实践无补。要寻找课程的本质、获知课程的真知必须变"自然的感想态度"为"现象学的思想态度"——"面对课程事实本身"！这要求执行现象学的"悬置"（德文：epoche，又译"中止判断""暂缓判断""存而不论""存疑"等），即把课程实践中的各种常规、各种课程模式、课程观点等统统从意识中排除出去，将之"括起来"（bracket off），存而不论。在此基础上就可以用不带任何偏见的"纯粹意识"直接面对课程事实本身，通过"纯粹意识"对课程事实的直接"体验"（德文：erlebnis）而洞悉课程的本质，获得课程的意义。由此不难看出，纯粹课程理论深受现象学、存在主义、哲学解释学等思潮的影响。这种理论把课程视为个体	如果说实践性课程理论是通过绝对回归实践而实现了课程理论与课程实践的统一，那么纯粹课程理论则通过彻底中止与实践的联系、绝对回归观念世界而实现了这种统一。从这个意义上看，这两种理论是殊途同归的。而且，在对主体价值的尊重方面二者也有共同旨趣。从两种理论的区别看，纯粹课程理论集中体现了理论的"反思"（reflexion）品格，而实践性课程理论则少了些"反思"精神。纯粹课程理论对常规性课程理论和描述性课程理论所做出的实质性超越是自明的，正是在对"技术理性"的批判中纯粹课程理论树起了其"解放理性"的旗帜

课程理论	基本特征	主要观点与基本范式	理论自省
纯粹课程理论		的"存在经验"，学生也应当用"现象学的思想态度"对待外在的课程教材，将课程教材视为其自身经历的一部分，并将之化约为自身的"生活体验"（lived experience），这样，课程最终指向于个体自我意识的提升和存在经验的开发。由此看来，纯粹课程理论的终极追求是"解放理性"（emancipatory rationality）	

五、生物学课程论是综合性、实践性很强的教育科学

生物学课程论是一门教育科学，指向基础教育中学生物学课程，具有综合性和实践性，重视科学主义和人文主义，在新时期学科育人的背景下，发挥着非常重要的示范作用。[①]

1. 生物学课程论的研究对象和内容是中学生物学课程

要认识生物学课程论，我们首先要厘清课程与教学的关系，课程与教学的关系主要有两种情况，一种是课程包括教学或"大课程论说"，相关研究者认为教学的研究是课程理论的重要组成部分，从而认同把教学作为课程一部分的"大课程论"观点，"真正的"课程只有在与教学紧密相连的学习活动中才能看到。另一种是教学包括课程或"大教学论说"，认为课程理论是教学理论的一部分。实际上，课程理论和教学理论是一个整体，我们应该树立"课程与教学"是同一件事情的观念，将其运用于具体的"课程与教学"的教育理论研究，并指导实践活动。[②]

综上所述，我们认为生物学课程论是一门关于生物学课程和相关校本课程建设以及实施评价的教育科学[③]，它是以现代教育学、心理学为理论基础，涉及哲学和社会学等领域，基于生命科学的基本知识和技能，重点研讨中学生物学课程与教学的规律的科学。

---

① 余自强. 生物课程论[M]. 北京：教育科学出版社，2006.

② 王重力. 生物课程与教学论[D]. 长春：东北师范大学，2007.

③ 崔鸿. 中学生物学课程标准与教材分析[M]. 北京：科学出版社，2012.

生物学课程论的研究对象是中学生物学课程，主要包括以下几方面的内容：①中学生物学课程与课程标准；②中学生物学课程理念与目标；③中学生物学课程结构与内容；④中学生物学课程实施与评价；⑤中学生物学校本课程的设计与开发。① 此外，还有一个非常重要的研究内容，即生物学学科核心素养的研究，如可以通过生物学大概念设计课程，最终指向核心素养的落地培养②。

2. 现代生物学课程观重视科学主义和人文主义的融合

在现代生物学课程改革和发展过程中，科学主义和人文主义是影响最大的两种哲学观，在这两种观念的影响和作用下，形成了以科学结构主义和科学人文主义为代表的现代生物学课程观，其形成背景和主要观点见表0-4。

表0-4　科学结构主义与科学人文主义课程观

项目	科学结构主义课程观	科学人文主义课程观
形成背景	20世纪60年代在西方国家兴起，在科学教育现代化改革中形成	20世纪80年代后，国际科学课程的发展强调科学与人文的平衡，科学主义和人文主义交织影响的结果导致新学科主义的复兴
基本观点	①学习一门科学课程首先是学习这门学科的基本结构，掌握知识的基本结构是获取知识的最好途径。从课程编制来说，学科基本结构也是构建一门学科内容体系的最简捷方式。 ②学科基本结构，就是指那些反映学科学术规律的基本观念、概念、原理、技能和方法。掌握它们就能形成对这门学科本质特性及其应用规律的理解，从而促进学习者运用这些结构性的知识、技能和方法去发现问题和解决问题。	①学校科学教育的中心理念是提高学生的科学文化素质，即科学素养。它既包括对科学知识、科学过程与方法的理解，也包括对科学、技术、社会三者关系的理解，还包括科学精神、科学态度、科学道德、科学情感等人文品质的培养。 ②为了达到提高科学素养的目的，必须扩展科学课程的内容选择范围，构建新的科学教育领域。例如，把社会现实中需要认识的科学问题和学习者生活中经常接触到的科学事例作为课程资源加以开发，使科学课程体现科学的社会应用性和人文性。

---

① 崔鸿. 生物课程与教学论[M]. 武汉：华中师范大学出版社，2011.

② 李刚，吕立杰. 大概念课程设计：指向学科核心素养落实的课程架构[J]. 教育发展研究，2018，38(Z2)：35-42.

项目	科学结构主义课程观	科学人文主义课程观
基本观点	③课程编制要发挥理论知识的指导作用，以此作为设计内容体系结构及其学习过程的基本依据。因此，要尽量使理论知识的学习提前进行，并贯穿在课程学习的全过程之中，从而能对其他知识的学习起到指导作用。同时，要通过探究来学习科学过程的程序和方法。因此，课程编制也可以以探究的方式构建学习体系。 ④课程体系是一个由基本学习单元构成的多级分层发展体系，下一级结构是上一级结构的基础，下一级结构的形成要以上一级结构为先导。整个学习过程呈现螺旋式发展的特征。 科学结构主义课程观在提倡课程内容结构化的同时，关注课程结构的平衡，包括课程计划中分科课程与综合课程的平衡，学科课程中知识与过程方法的平衡等	③科学学习要注重历史与逻辑、探究与建构之间的相互联系。例如，重视科学发现的历史范例，注重描述科学的历史情景，让学习者通过有历史情景的学习，认识科学发展的过程，理解科学逻辑发展特性与社会认同之间的关系。 科学人文主义课程观把课程视为文化传承和文化传播的载体，是社会文化的组成部分，追求科学与人文并举的国民科学素养的提高

　　科学结构主义和科学人文主义对课程的认识具有各自的侧重点，进而影响课程的整体架构和设置，但是受到经济全球化、社会一体化以及人的全面发展和素养发展为先的冲击，仅仅重视科学结构主义或科学人文主义已经不能满足当代社会发展的新要求，因此科学结构主义和科学人文主义的融合势在必行。我们在审视课程的过程中，不能只着眼于某一个或某几个目的，不能只聚焦短时期或阶段性的功利性产出，而应放眼于人的终身学习和全面发展，使人成长为人，而不是某一特定职业的专业技术人员。

　　例如，我国普通高中课程标准修订的基本原则之一——"坚持正确的政治方向"，很明确地展现了科学结构主义和人文主义相统一的指导思想。具体内容如下："坚持党的领导，坚持社会主义办学方向，充分体现马克思主义的指导地位和基本立场，充分反映习近平新时代中国特色社会主义思想，有机融入坚持和发展中国特色社会主义、培育和践行社会主义核心价值观的基本内容和要求，继承和弘扬中华优秀传统文化、革命文化，发展社会主义先进文化，加强法治意识、国家安全、民族团结、生态文明和海洋权益等方面的教育，培养良好政治素质、道德品质和健全人格，使学生坚定中国特色社会主义道路自信、理论自信、制度自信和文化自信，引导学生形成正确的世界观、人生观、价值观。"这一原则是课程设置遵循新时期中国特色社会主义为谁培养人、培养什么人和如何培养人的有力阐释。

【学以致用】

阅读并综述有关课程的文献资料，从自己对课程的认识角度出发，给出一个属于自己的课程含义。

【拓展延伸】

1. 选择具有代表性的课程流派，尝试比较分析其异同。

2. 试分析当代课程研究的特色与趋势及其对我国课程发展的启示。

3. 在发展学生核心素养及生物学学科核心素养的背景下，我们该如何审视生物学课程？

第一章　中学生物学课程的历史演进和发展趋势

【学习目标】

学习本章内容后，你应该能够：

- 简述国内外科学/生物学课程的发展历程及各阶段的特点；
- 从课程设置、课程标准、课程评价等方面比较国内外科学/生物学课程体系的异同。

【内容概要】

本章介绍了生物学课程的源起与发展，论述了 20 世纪 3 次科学课程改革浪潮对科学/生物学课程的影响，重点介绍了我国中学生物学学科地位、课程设置、内容标准的变化。

【学法指引】

本章主要探讨中学生物学课程的历史演进和发展趋势，学习本部分内容需关注社会背景对课程发展的影响。关注同一时期各国课程设置的异同，进行横向的对比分析，厘清课程发展的脉络。

第一节　国外生物学课程的历史演进

【问题聚焦】

1. 美国生物学课程发展经历了哪几个阶段？
2. 三次科学课程改革浪潮对英国生物学课程发展有什么影响？

【案例研讨】

图 1-1 显示了英国课程发展史上几次重大的历史事件，包含法案的颁布、项目的建立。

《1944 年教育法》的颁布：
①确保每个儿童获得免费的中等教育；
②把义务教育的年龄提高到 15 岁，并在适当时候提高到 16 岁；
③建立三种类型的中学：文法学校、现代学校、技术学校；
④现代中学提供"家庭科学"和"日常生活中的科学"课程。

纳菲尔德科学教学项目的建立：

　　1962 年纳菲尔德基金会提供 25 万英镑，用于一项长期发展计划，以改善学校科学和数学的教学，见证了课程开发时代的开启。项目强调"边做边学"，并试图让学生参与所谓的"引导发现"。

《1988 年教育改革法》的颁布：
①规定实施全国统一课程，分为核心课程、基础课程和国家课程，其中核心课程包括科学、数学和英语；
②5～16 岁儿童学习年限划分为四个阶段：5～7 岁为关键阶段 1（KS1）、8～11 岁为关键阶段 2（KS2）、12～14 岁为关键阶段 3（KS3）、15～16 岁为关键阶段 4（KS4）；
③改革考试制度：在每一个关键阶段末，即 7 岁、11 岁、14 岁、16 岁举行全国性统一考试，共四次，前三次只针对三门核心课程，KS4 学段则参与普通中等教育证书考试（GCSE）；
④改革学校管理体制，加强中央对教育的控制。

2014 版《英国国家课程标准》：
①裁减了大量非基础性知识；
②采用新的评价方式：英国学士学位资格证书考试；
③规定法定课程与参考课程，学校享有校本课程开发权利。

图 1-1　英国课程发展史

问题：

1. 图 1-1 所示内容中，哪些举措可能会对英国科学课程产生直接或间接的影响？

2. 你认为除了资料中这些与课程设置密切相关的文件和项目外，课程的发展还会受到哪些因素的影响？

一、引领时代的美国生物学课程发展史

美国生物学课程的演进经历了植物学、动物学和生理学等分科开设到逐渐融合成生物学的过程。在这一演进过程中，课程的价值取向从"注重平等"或"追求卓越"逐渐走向"平等"与"卓越"兼得，培养目标从"升学"走向"升学、就业和生活"的融合，课程结构也从"学术性"与"非学术性"的消长走向两者的均衡。①

(一)19 世纪末至第二次世界大战前：生物学课程的开端

1. 初具雏形的生物学课程

自 1890 年起，随着工业化和城市化的推进、大众教育的需求不断增加，渴望接受大学教育的学生人数开始不断下降，单纯为大学入学做准备的课程变得不再适用，非大学导向、普通公民的课程得到越来越多人的认可。但此时的中小学教育却缺乏统一的课程内容和标准。国家教育协会的中学研究委员会(National Education Association's Committee on Secondary School Studies)认为必须为基础教育阶段的学生制定一套全国性的中学科学课程。为了完成这个任务，委员会成立了自然历史、植物学、动物学和生理学等小组委员会，研究从小学一年级到十二年级相关学科的教学。经过数年的调研和分析，委员会在 1899 年发布了相关报告。报告指出，当前高中虽然在生物学的标题下已经开设了一批课程，但这些课程不是围绕生物学组织的。他们认为高中生物学需要更统一的内容，应从高一年级开始持续提供生物学课程，开设生物学必修课，学生在大学入学之前必须学习一年的生物学知识。②

受以上报告的影响，在 1900 年至 1910 年的十年间，美国各地方和国家委员会考虑进一步开设一门统一的生物学课程。1907 年，中央科学和数学教师协会(The Central Association of Science and Mathematics Teachers)任命了一个委员会，让其准备一份生物学教义说明，用来指导生物学课程的发展。1909 年 3 月，委员会发布结果指出，生物学科能很好地满足大众的需求，因为"他们为生命的

---

① 石鸥. 美国中小学课程与教学[M]. 长沙：湖南师范大学出版社，2010.

② HURD P D. Biological education in American secondary schools 1890－1960[M]. Washington, D. C.：American Institute of Biological Sciences，1961：36-40.

研究带去了光明"。例如，通过对植物和动物的研究，学生可以获得与生命过程有关的知识，并从中得到自己在自然界中所处地位的解释。因此，高中生物课程被认为对所有学生都具有普遍的文化价值。同时，委员会还提到应该均衡地学习生物学各领域，而不是只关注植物学、动物学和生理学等某一方面的课程。在这 10 年里，生物学的高中课程诞生了，虽然截至 1910 年只有 1.1％的高中学生注册了这门课程，但越来越多的人致力于学习高中普通生物学的统一课程。①

2. 日益成熟的生物学课程

1910 年至 1920 年，工业大扩张使越来越多的美国人开始认识到科学的重要性。植物学、动物学和生理学等学科的开课率持续下降，普通生物学在高中越来越受到学生的欢迎。在这一时期科学课程的另一大变化是将科学引入九年级，最早的科学课程包含生理-卫生学、地理学、天体学、地质学、气象学、化学、物理学、植物学和动物学等若干学科。科学的引入为生物学的开展提供了更加充分的准备。科学和生物学都打破了传统的课程结构，目的是提供更全面的科学"图景"(picture)以满足中学生在科学方面的教育需求。② 从 1920 年到 1930 年的 10 年间，生物教育的发展不论是在课程内容还是课程实施方面并没有大的突破，可以说这 10 年是生物学教育发展相对平稳的 10 年，但是此时，高中生物课程的选课人数持续激增，生物课程在中学课程中的地位日益突出。

1929 年资本主义历史上最深刻、破坏性最大的经济危机爆发，美国社会步入萧条时期。在萧条年代，人们通常会对教育实践提出质疑。在这一时期，美国进步教育协会于 1933 年开始进行了一项历时 8 年的课程改革实验（又称"八年研究"），研究结果显示中学课程背景对大学生的学习没有直接影响，为这一时期中学课程的变革提供了事实依据，中学教育开始尝试新的课程，逐渐脱离学术性的藩篱，更加注重与社会生活的联系，注重实用性与多样化。③ 同年，美国内政部教育办公室出版了一份关于科学教学实践的调查报告，该报告显示在被调查的 45 门中学生物学课程中，有 40 门课程的内容被分为植物学、

---

① HURD P D. Biological education in American secondary schools 1890－1960［M］. Washington，D. C. ：American Institute of Biological Sciences，1961：47.

② 同①.

③ 汪霞. 国外中小学课程演进［M］. 济南：山东教育出版社，2001.

动物学和生理学三大类。①

(二)第二次世界大战期间：生物学课程的发展

1. 战时平稳发展的生物学课程

第二次世界大战期间，为了适应战时的紧急情况，生物学教学内容更重视卫生、食品和疾病，但是总体而言这些变化对生物学教学的影响不大。1941年美国成立了国家合作课程规划委员会(The National Commission on Cooperative Curriculum Planning)，其成员是高中各学科领域的杰出代表，这是一种将中学课程发展作为一个整体来看待的模式，有别于以往分别考虑每门课程的模式，增加了科学教学对青少年全面教育的贡献的思考。委员会指出，当下的自然科学课程往往是科学研究成果的百科全书，科学教学被分配给那些在大学里只把科学作为次要学科学习的教师。他们认为有必要加强基础科学的教学，因此建议提高理科教师的数学与科学基础，对不打算参加职业技术课程的学生进行科学教学，建立一个统一的、得到适当支持的职业技术教育项目，并鼓励为高中毕业生提供一种有别于工科类学校专业课程的技术学院类型的培训。同时，学生的需求在课程开发中被重视并成为课程开发的基础和导向。基于此，归纳了高中生物学课程应强调以下几方面：人体的结构、功能、护理、急救和营养；细菌和疾病；个人和公共健康；使用植物产品；食品、住房、药品、服装等；遗传学；动植物育种、保护；土壤、森林、草原、野生动物和防洪；应用生态学②。生物学课程在包含各分支学科内容的同时，更贴近发展的需求和学生的生活。值得一提的是，在此阶段生物学课程的实施中，实地研究占据了一定的比重。实地研究作为一种强有力的经验，对于培养学生的创造性，提高学生的环境素养与社会责任具有重要意义。③

2. 战后适应发展的生物学课程

随着第二次世界大战接近尾声，1944年美国教育政策委员会发表了《为所有美国青年的教育》的报告，该报告把"职业训练"摆在"青年必需的教育需要"十条概要的第一位，"生活适应"成为战后初期美国中等教育改革的主题。因此，以"生活适应教育"为口号的运动应运而生。所谓生活适应教育，就是"更

---

① HURD P D. Biological education in American secondary schools 1890－1960［M］. Washington，D. C.：American Institute of Biological Sciences，1961：63.

② 同①，69.

③ FLEISCHNER T L，ESPINOZA R E，GERRISH G A，et al. Teaching biology in the field：importance，challenges，and solutions［J］. BioScience，2017，67(6)：558-567.

好地装备所有美国青年，使之作为家庭成员、劳动者以及公民，过自身满意和对社会有益的生活"①。这一时期，美国中学的课程仍以多样化和实用性为主要特征，科学以及生物学课程没有得到足够的重视。

(三)第二次世界大战后至 20 世纪 90 年代：三次科学课程改革浪潮中的生物学课程

第二次世界大战结束后，以生物学、电子显微镜、原子融合和航天探测器为标志的科学技术的突破，以及过去一百年来科学知识的爆发式增长，引发了对科学教育性质的新思考。② 在多种思潮的影响下，美国的科学教育在大众教育与精英教育之间摇摆，科学课程的地位也随之上下摆动，而此时的生物学课程则在科学课程的发展潮流中随之波动。

1. 第一次科学课程改革浪潮：精英科学课程的崛起

1957 年，随着苏联第一颗人造卫星的升空，美国掀起了第一次科学课程改革的浪潮。这一次改革以培养科学家为目标，重点聚焦学科知识的现代化及其结构，被称为"作为学科知识的科学时代"。③ 一年后，《国防教育法》(National Defense Education Act，NDEA)颁布，进一步推动了科学课程的改革，自然科学、数学和现代外语成为学校必设的核心课程，即'新三艺'，这三门课程的地位及教学质量得到提高，以培养高精尖人才。④ 在改革中，国家科学基金会资助约 20 亿美元发展现代理科课程，如物理(PSSC)、化学(CHEMS)、地理(ESCP)、生物(BSCS)等。BSCS 是生物科学课程研究所(Biological Science Curriculum Study)的缩写，该机构最突出的贡献就是编写了一系列高中生物学教材，全部教材共三个版本：绿皮书侧重于生态学内容；蓝皮书侧重于分子水平的生物化学内容；黄皮书侧重于个体水平的发育和遗传。这一时期美国科学教育的主要特征是重视高端学术人才的培养，强调纪律性和严谨性，将科学教育与技术进步、经济发展以及美国人民的福祉紧密联系起来，真正意义上的综合科学课程开始出现，生物课程成为科学课程中的重要内容。与科学课程发展相似，培养尖端生物学方面的人才也成为生物学课程的重要目标，同时，在课程实施方面注重知识传递的高效性，实地研究在课程教学中的比重逐

① 郑文. 美国家政教育的发展及其启示[J]. 课程·教材·教法，1999(11)：58.

② HURD P D. Biological education in American secondary schools (1890－1960)[M]. Washington，D. C. ：American Institute of Biological Sciences，1961：163.

③ 蔡铁权. 新编科学教学论[M]. 上海：华东师范大学出版社，2008.

④ 汪霞. 国外中小学课程演进[M]. 济南：山东教育出版社，2001.

渐降低。①

2. 第二次科学课程改革浪潮：大众科学课程的发展

以《国防教育法》为代表的课程改革立足于国家的教育和科技事业，教材的编写由科学家、大学教授主导完成，教材的学科结构过于严格，内容艰涩难懂，同时由于缺乏一线教师、学校和家长等方面的建议，忽视传统基础知识和应用知识，导致社会对中学教育的不满与日俱增；再加上美越战争胜利无望，美国人民深感失望，由此带来的贫穷、失业、辍学、反战浪潮、经济危机等因素使美国社会矛盾加剧，人们厌倦了国家对精英教育的关注，认为这是有缺陷的。②

在这样的社会背景下，第二次科学课程改革应运而生，这一次的改革被称为"作为相关知识的科学时期"，科学教育不再以培养科学家为目标，更多地被作为改善个人和社会生活的工具，改革的重点是理解科学与社会之间的关系。美国联邦政府将教育战略从培养尖端科技人才调整到促进教育机会均等上，生计教育的主张应运而生。1971 年美国教育总署署长西德尼·马兰提出"所有中小学，甚至大专院校的所有年级都应该开设职业课程，以保证学生毕业后能够顺利就业"。③ 在这一时期，科学教育从以高深的学术为主的精英课程转向以提高学生的生存能力为主要目标的大众化科学课程。在这一教育目标的指导下，课程结构发生了重大变化：第一，必修课程和其中的学术课程的比例大幅下降，与生活密切相关的实用课程所占比例大幅上升；第二，选修课比例上升；第三，职业课程大幅度增加。④ 1974 年，美国国会颁布《生计教育法》(Career Education Act)，自此生计教育成为全国的重点实施项目，这在一定程度上解决了 20 世纪 50 年代课程过分学术化、学校教育与社会生活脱节、学生厌学、教师难以胜任，以及教育质量下降的倾向，但由于生计教育无限制地增加非学术课程，最终导致学术教育水平下降，中学课程又走向另一个极端。

为应对 20 世纪 60 年代至 70 年代中期的课程改革导致的学生基本科学知

① LEOPOLD A. Natural history，the forgotten science［M］//MEINE C. A sand county almanac and other writings on ecology and conservation. Library of America，2013.

② YAGER R E. A vision for what science education should be like for the first 25 years of a new millennium[J]. School Science and Mathematics，2000(100)：327-341.

③ 石鸥. 美国中小学课程与教学[M]. 长沙：湖南师范大学出版社，2010.

④ 王定华. 美国中小学课程考察[J]. 课程·教材·教法，2003(12)：60.

识和基本技能的匮乏，改变教学质量严重下降的状况，自 20 世纪 70 年代中开始，美国发起了"回归基础"(Back To Basics)运动。在这场运动中，非学术内容的社会性服务开始减少，升学考试受到关注。科学成为基础教育中的重要学科，教学中更多地关注基本事实、概念和原理的学习。① 该运动对于加强基础知识教学和基本技能训练，进一步提高学生的学术能力起到了一定的作用，但它具有过分的复古色彩和强烈的偏激性，且运动缺乏有效组织，对什么是基础、判定基础的标准是什么等问题缺乏统一的认识，因此也没能从根本上解决美国公立学校教育质量下降的问题。② 同时，由于关注基本事实、概念和原理，生物学课程的实施进一步远离了实地研究。

3. 第三次科学课程改革浪潮：人本主义科学课程的凸显

"回归基础"运动之后，教育质量仍没有得到质的提升，美国再一次掀起了"高质量教育"运动。在此期间，政府和各种教育团体发布了一系列的报告，其中最受瞩目的是美国高质量教育委员会(The National Commission on Excellence in Education)于 1983 年颁布的报告《国家在危机中：教育改革势在必行》，该报告指出了美国中学课程中存在的问题：第一，缺乏学术性的中心目标；第二，选修课比例过大；第三，学术性课程比例下降；第四，课程内容过于浅显；等等。③ 由此兴起了第三次科学课程改革的浪潮，此次改革将科学作为"不完善的知识"，改革的重点落在个人、社会和文化对科学知识的形成所产生的影响上，力求将计划课程与实施课程之间的差距最小化。在这样的背景下，美国教育改革思想从学会生存走向学会关心，它要求把教育改革的着眼点放在与人的需要和发展密切相关的内容上，关注受教育者的需求，引导他们去关心他人，关心自然，关心全球生态危机。高技术与高情感的平衡成为现代社会发展的必然趋势，人本主义在美国教育中的影响日渐凸显。在科学课程方面，另一份重要的报告——《高中：关于美国中等教育的报告》要求所有的学生都学习科学，包括生物学、化学、物理、环境等，学生主要应掌握科学的过程(观察、实验、因果关系分析等)和科学知识在现实生活中的应用。这一运动在一定程度上改善了中学毕业生科学知识匮乏、科学素养低下的状况，学生的成绩得到一定的提高，但是由于改革方案自身

---

① 王定华. 美国中小学课程考察[J]. 课程·教材·教法，2003(12)：60-61.

② 汪霞. 国外中小学课程演进[M]. 济南：山东教育出版社，2000.

③ 国家教育发展与政策研究中心. 发达国家教育改革的动向和趋势(第一集)[M]. 北京：人民教育出版社，1986.

的缺陷性，这一次的改革仍旧未能达到预期的效果，科学教育改革仍在不断进行。①

这一时期，另一重大事件是美国"2061计划"的提出。"2061计划"于1985年提出，是美国科学进步协会（American Association for the Advancement of Science，AAAS）的一项长期倡议，旨在帮助所有美国人获得科学、数学和技术方面的素养。为了实现这一目标，"2061计划"进行了细致的研究，开发教育工作者、研究人员和决策者可以使用的工具和服务，以便对国家教育系统进行重大和持久的改进。②

（四）20世纪90年代至今：《国家科学教育标准》下科学课程的新发展

伴随"2061计划"的颁布，美国还出版了一大批颇具价值的文献，例如《面向全体美国人科学》（*Science for all Americans*，1989）、《科学素养基准》（*Benchmarks for science literacy*，1993）、《改革蓝本》（*Blueprints for reform*，1998）等。但在当时并没有给美国中学课程带来立竿见影的改变。在20世纪80年代后期，美国中学科学教育的发展仍面临困境，为改变这一状况，美国于1996年颁布了历史上第一部科学教育标准，即《国家科学教育标准》（National Science Education Standards，NSES）。该标准对学生从幼儿园到12年级（K-12）在自然科学方面应该知道、理解和做到的内容做了概括，并将幼儿园到12年级划分为幼儿园～4年级、5～8年级、9～12年级三个阶段，每个阶段的内容都包含7个主题，分别是作为探究的科学、物质科学、生命科学、地球和空间科学、科学与技术、从个人和社会角度所见的科学以及科学的历史和本质。③《国家科学教育标准》的颁布，在美国科学课程发展史上具有里程碑式的意义，它使美国科学课程的制定有章可循、有据可依，极大地促进了美国科学课程的发展。

在2010年，为应对自然科学领域的发展，改善美国学生在国际评价测试中的不佳表现，进一步实现提高公民素养的期望，美国开始了新一轮科学课程标准的制定工作，并于2011年7月颁布了《K-12美国科学教育框架》，对美国

① 王保艳. "二战"后美国中学科学课程发展研究[D]. 济南：山东师范大学，2015.

② American Association for the Advancement of Science. Project 2061：science literacy for a changing future[M]. Washington，D.C.：American Association for the Advancement of Science，1998.

③ 美国国家研究理事会. 美国国家科学教育标准[M]. 北京：科学技术文献出版社，1999.

高中毕业生应掌握的科学教育方面的核心概念和实践知识作了总体的规定。①
以此为基础，2013 年 4 月，美国《新一代科学教育标准》(Next Generation Science Standards，NGSS)正式颁布，这标志着从 2010 年开始的新一轮科学教育标准的开发工作基本完成。新标准以"表现期望"(performance expectation)为核心内容，横向上，通过主题的设置和故事线的引入来实现 3 个层次的横向整合，这 3 个层次包括：以大概念(big ideas)为核心的科学概念体系的构建；在此基础上理解与实践(practice)的互相促进；最后渗透对科学本质的理解以及 STEM、STSE 的跨领域整合。纵向上，基于学习进阶设计了适合不同学习阶段学生认知水平的表现期望，并将各个阶段需要学习的内容以主题的形式进行整合，通过学习进阶的螺旋式上升，不断发展学生的科学素养。②

二、稳步前进的英国生物学课程发展史

1861 年，克拉伦登委员会(Clarendon Commission)成立，调查了英国 9 所主要的学校，并于 1864 年发表了它的调查报告，该报告认为将自然科学教育排除在公立教育之外的做法是"存在明显缺陷以及实际罪恶的"(plain defect and a great practical evil)，这一报告使自然科学成为"公立学校"的一门独立课程。英国学校的科学教育从 20 世纪少数学科的地位发展到现在国家课程的核心地位，这一过程并不是一帆风顺的，而是经历了许多曲折。

(一)20 世纪初至第二次世界大战前：国民教育体制建立

20 世纪初，英国对"两个国家"的存在、社会阶级的障碍有了前所未有的认识。初等教育继续被视为专门为工人阶级提供的教育。在此期间，英国颁布了《1902 年教育法》和《1918 年教育法》两项法案，其中《1918 年教育法》由于经费缩减没有得到实行。

《1902 年教育法》是具有划时代意义的。在 1902 年教育法颁布以前，由于《1870 年教育法》创设学务委员会作为地方教育行政当局，给予了学务委员会过大的办学自主权，使 19 世纪末 20 世纪初学务委员会越权提供中等教育，导致教育管理混乱，进而使英国教育走向衰落。在此背景下，时任英国保守党首

---

① National Research Council. A framework for K-12 science education：practice，crosscutting concepts，and core ideas [M]. Washington，D. C.：the National Academies Press，2011.

② 郭玉英，姚建欣，彭征. 美国《新一代科学教育标准》述评[J]. 课程・教材・教法，2013，33(8)：118-127.

相巴尔弗任命当时的教育委员会代理干事莫尔特进行教育改革，最终于 1902 年 12 月通过了《1902 年教育法》，又称"巴尔弗教育法"。该法案取消了特设的学务委员会，由新的地方教育当局负责教育事务的管理，结束了教育的混乱状态，建立起国民教育体制。[①]

关于《1902 年教育法》的争辩主要围绕三个问题，其一便是对更多更好的中等教育的需要（另外两个分别是学校董事会的作用和宗教）。当时的美国已经开始为所有学生开办中学，而在欧洲，许多学校把工程和科学放在首位，相较而言，英国的公共教育体系的发展是落后于美国和欧洲大部分地区的。

（二）第二次世界大战期间：新法案推动教育改革

1939 年 9 月爆发的第二次世界大战，对英国的教育产生了巨大的冲击，大量的儿童被迫转移，学校教育处于半停滞状态。第二次世界大战初期，德国、苏联等国迅猛的攻势也让英国认识到自己在技术方面的落后，意识到教育的重要性，迫切需要新的法案来推动英国教育体系的重建。

1. 分轨制下的生物学课程

随着战争的进行，人们越来越多地批评教育服务，尤其是教育委员会坚持的半日教育，以及推迟为生活困难者提供学校膳食和医疗服务的措施。时任教育委员会主席的理查德·奥斯汀·巴特勒（通常被称为拉博·巴特勒），在被任命后一年内便被委托编写了"诺伍德报告""麦克奈尔本报告"和"弗莱明报告"，也正是在他的领导下委员会编写了 1943 年的教育重建白皮书，以此为基础，巴特勒于 1943 年提交了《教育法案》（Education Act），并于 1944 年正式通过，这就是 1944 年教育法，史称《巴特勒法案》，该法案结束了战前英国教育的不平衡现状。

1944 年教育法对英国科学教育的贡献是间接的。它并没有规定教授科学课程，但它将义务教育的年龄提高到了 15 岁，并规定了"一旦部长认为提高年龄已经切实可行"，就将年龄提高到 16 岁，这保证了儿童能够有充分的时间接受中等教育，为在英国创建全国性的科学课程和教育奠定了基础。

1944 年教育法形成了中央、地方当局和学校三者的合作伙伴关系。1944 年改革后的中学体制是一种分轨制，由文法中学（Grammar Schools）、现代中学（Secondary Modern Schools）和技术中学（Secondary Technical Schools）组

---

① 曹爱萍. 英国 1902 年教育法[J]. 黑龙江史志，2012(3)：7-8＋13.

成。学校针对不同的教育对象，在培养目标和课程设置上存在着差异。①

（1）文法中学生物学课程。

文法中学是具有学术特征的学校，侧重于学生的学业培养，是为学生继续进行高等教育做准备的。学术性特征意味着在文法中学中古典学科占有重要地位，文法中学前三年开设的科目有英国语言和文学、现代外语、古典语、化学、物理、生物学（通常女子中学开设生物课程而不开设物理课程）、美术、音乐、木工和（或）金工（男生）以及家政（女生）。②

（2）现代中学生物学课程。

现代中学是在高级小学的基础上发展而来的，目的是为了完成义务教育，它的对象具有广泛性，课程设置具有普遍性、职业性和实践性的特点。与文法中学相比，现代中学更重视基础学科，英语、数学占据主要地位，科学课程课时数很少。以诺丁汉郡拉文斯德中学为例：第二学年开始开设生物学课程，每星期4课时；第三学年开始仅女子开设生物学课程，每星期2课时；第四学年增加至每星期3课时。

（3）技术中学生物学课程。

1947年英国教育部对技术中学的描述："它与一个特定的工业（或职业）或若干工业（或职业）相联系……所设课程带有浓厚的工业或商业色彩，特别适合一小部分有才能的学生，因为它所开设的课程有利于未来就业，这种教材对他们很有吸引力。"在20世纪60年代，技术中学在课程设置上增设了与文法中学类似的课程，但是，主要的时间仍旧用于学习金工、木工、测绘、车间实践等，女生则学习家庭经济和秘书课程。③

（三）第二次世界大战后至20世纪90年代中期：科学课程得到重视

第二次世界大战结束以后，英国人口出生率"膨胀"以及《1944年教育法》将义务教育年龄延长至15岁的举措，使公立学校的儿童人数从1946年的500多万激增至20世纪60年代初的700万，教育方面的公共支出也从4亿英镑增至9亿英镑，适值第一次国际科学课程改革的兴起，时任教育部长的戴维·埃克尔斯告知下议院，纳菲尔德基金会决定拨款250 000英镑来改善学校科学和

---

①　赵丁. 英国文法学校的四次变革（1944—2017）[J]. 外国中小学教育，2018（3）：8-18.

②　汪霞. 国外中小学课程演进[M]. 济南：山东教育出版社，2001.

③　邓特. 英国教育[M]. 杭州大学教育系外国教育研究室，译. 杭州：浙江教育出版社，1987.

数学教学的长期计划。这一决定标志着课程开发时代的到来。

1. 第一次科学课程改革浪潮：科学课程的现代化

纳菲尔德科学教学项目开始于 1962 年，目的是使 5～18 岁学生的科学教育现代化，该项目以普通水平（O-Level）的生物学、化学和物理课程为实施课程现代化的起点，由经验丰富的理科教师参与编制，创建了现代中学和综合学校的科学课程，以及一套高级科学课程。课程开发团队十分重视学生的实际工作，生物课程在内容上，向人类活动的科学进行重大转变，涉及生理学、野外工作以及生活的多样性，通过对生物课程的学习，发展学生对人类作为生物的理解，以及对自己在自然界中所处地位的认识；[1] 在教学方法上，开始强调实验和启发式的方法，提倡"做中学"，让学生参与"引导发现"（guided discover）的过程，在真实的操作中掌握科学知识与技能，以激发学生的探究精神。此外，该课程在教师用书中还强调了教师应该如何在课堂上引起学生的兴趣，如何运用多媒体展示科学教材，并把实验作为教材的一个重要组成部分，化学和物理课程的改革与生物课程类似，也侧重于教学方法和教学内容。对科学过程的重视，成为英国科学课程的特色和传统。[2] 此时的生物学、化学和物理仍旧是相对独立的。

1962 年的纳菲尔德科学教学项目，是英国第一次大规模改革学校科学教学方法和内容的尝试。

2. 第二次科学课程改革浪潮：科学课程的综合化

20 世纪 60 年代末，英国开始关注那些低认知水平的学生的呼声，开展了"中等教育科学计划"，关注学生感兴趣的、具有现实意义的科学主题，开始注重科学、技术和社会之间的联系，但此时的科学教育计划并不是 STS 课程。

随着第二次国际科学课程改革浪潮的兴起，科学与社会之间的联系越发紧密，1973 年，"学校委员会综合科学计划"（SCISP）的诞生，将科学的社会影响和技术领域的应用与科学教育相整合，这一举措标志着英国综合科学课程的发展，并为英国 STS 课程的开发打下了基础。[3] 在这一时期，纳菲尔德基金会对生物学、化学和物理课程进行了新一轮的修订。通过对学生的调查研究，发

---

① 纳菲尔德课程［EB/OL］．［2019-02-02］．http://www.nuffieldfoundation.org/nuffield－science-teaching-project．

② 蔡铁权．新编科学教学论［M］．上海：华东师范大学出版社，2008．

③ 杨明全．知识与教化：中学 STS 课程的价值解析——以英国中学阶段 STS 课程为例［J］．全球教育展望，2008(6)：31-35．

现学生对书籍有广泛的需求，因而这一次修订编制了生物、化学和物理的教科书，这些书广泛传播，被翻译成西班牙文、意大利文、德文、日文，对各国的科学教育产生了深远影响。① 由此可见，这一时期英国的科学课程仍旧是分科制的，但科学教育的跨学科性以及与社会生活的关联性已经得到重视，科学课程正朝着综合化的方向发展。

3. 第三次科学课程改革浪潮：科学成为国家课程

20 世纪 80 年代，国际上理科教育的发展由精英走向大众，"科学为大众"（science for all）是当时的发展趋势。1985 年，英国政府的政策声明《科学5-16》要求学校在 20％的课程时间内为所有的学生提供广泛而均衡的科学课程，科学家和科学教育工作者不仅要向所有儿童传授科学知识，更要传授科学过程和技能。因此，纳菲尔德协调科学小组开始提供一门涵盖生物学、化学和物理的科学课程。② 该课程的重点放在科学的应用以及与科学在社会中的实践有关的影响上，地球科学专题作为生物学、化学和物理教学的背景是该课程的特色。所谓的协调主要指 3 个方面：内容和主题的协调，在一个主题中涵盖多个学科领域的内容；概念的协调，特别是能源的处理，原子和分子的解释和使用，以及环境问题的报道；教学策略的协调，形成共同的教与学的方法，强调科学素养以及理论基础的发展。

第三次国际科学课程改革的浪潮进一步加速了英国的教育改革，《1988 年教育改革法》是这一时期诸多教育法的集大成者，这是英国科学教育史上最为重要的发展，这一法案确立了国家课程。法案将义务教育阶段 5～16 岁儿童的学习年限划分为 4 个阶段：5～7 岁为关键阶段 1(KS1)、8～11 岁为关键阶段2(KS2)、12～14 岁为关键阶段 3(KS3)、15～16 岁为关键阶段 4(KS4)。规定国家课程的实施要促进儿童心灵、道德、文化、智力和身体发展，并为儿童的成人生活做准备。为实现这一目标，针对各个阶段的学生开设了核心课程、基础课程和附加课程三类课程。英语、数学和科学属于核心课程，占中小学课时量的 30％～40％，并且强化了 STS 内容在科学课程中的地位，这为英国至今仍注重 STS 课程的发展奠定了基础；基础课程占 45％左右，包括现代外语、历史、地理、音乐、美术和体育；这两类统称为"国家课程"，

① 纳菲尔德课程［EB/OL］.［2019-02-02］. http://www. nuffieldfoundation. org/nuffield－science-teaching-project.

② 同①.

是中小学的必修课，附加课程仅占 10%，而生物学归属于附加课程，除此以外附加课程还有古典文学、家政、经营学、信息技术应用等。新的评估机制也随着国家课程的建立而建立，所有完成 KS4 课程的学生都要参加普通中等教育证书考试，该考试的成绩单一共包括 5 张证书，分别来自 4 家不同的机构。

1989 年 9 月，英国正式开始教授新的科学课程。作为英国第一个国家科学课程，该课程旨在实现"科学为大众"(science for all)的目标，既包括"科学方法"，也包括对"事实和原则"的"知识和理解"。课程结构包括 17 个成就目标(Attainment Targets，AT)：科学探索，生命的多样性，生命的过程，遗传和进化，人类对地球的影响，材料的种类和应用，制造新材料，理解材料的性质，地球和大气层，力，电和磁，信息技术科学(包括微电子学)，能量，声音和音乐，使用光和电磁辐射，地球和空间，科学的本质。

20 世纪 80 年代的课程改革以国家课程的实施为高潮，但是这一阶段的科学课程仍存在问题。科学课程具有一定的特殊性，它是由 3 门学科组合而成的，历史上(而且现在仍然是)曾分科教授，因而在课程的哪一个阶段应该将其作为一个整体来教学，又在哪一个阶段实施分科教学等问题的把控，对课程设计者而言是富有挑战性的。但这一次的课程改革并没有针对这些问题给出清晰而明确的回答，这造成了科学课程结构上的弱点。①

(四)20 世纪 90 年代中期至今：新课程改革下的科学课程

自《1988 年教育改革法》颁布以来，英国已经在 1994 年和 2000 年对国家课程标准进行了两次大的调整与修订，但是国家课程标准改革的力度还是跟不上社会发展与变革的速度，无法满足社会各界对教育的期望，英国学生在国际学生评估项目(PISA)测评中的成绩也逐年下滑。2010 年，卡梅伦政府一上台就面临着国内教育发展严重失调，国际教育竞争日益激烈的双重挑战。因此，英国教育部在 2013 年和 2014 年先后发布了《英国国家课程：关键阶段 1 和 2 框架文件》《英国国家课程：关键阶段 3 和 4 框架文件》两份文件，这两份文件共同构成了《英国国家课程框架文件》，由此拉开了英国新课程改革的序幕。②

新的国家课程于 2014 年 9 月开始逐步实施。2014 版国家课程标准把 5～

① MILLAR R. Reviewing the National Curriculum for science：opportunities and challenges[J]. The Curriculum Journal，2011，22(2)：167-185.

② 张闫，马志颖. 英国新一轮课程改革及其启示[J]. 教学与管理，2018(11)：56-58.

16 岁的学生划分为 4 个关键阶段，5～7 岁为关键阶段 1(KS1)、7～11 岁为关键阶段 2(KS2)、11～14 岁为关键阶段 3(KS3)、14～16 岁为关键阶段 4(KS4)。关键阶段 1 和 2 是英国的小学，关键阶段 3 和 4 是英国的中学。此次课程改革中，课程结构不变，科学仍旧与数学和英语一起作为核心课程，每一阶段都必须教授。

从关键阶段 3 开始，科学课程又被划分为生物学、化学、物理 3 门具体课程。其中生物学被设定为探讨生物(包括动物、植物、真菌和微生物)和生物之间以及与环境之间的相互作用的学科，生物学的研究涉及收集和解释有关自然界的信息，以描述自然界复杂多样的现象，帮助人类改善自己的生活和了解周围的世界。新课程标准中生物学科的结构如下。

(1)生物器官的结构和功能：细胞核组织、骨骼和肌肉系统、营养和消化、气体交换系统、繁殖、健康。

(2)物质循环和能量：光合作用、呼吸作用。

(3)相互作用和相互依存：生态系统的关系。

(4)遗传与进化：遗传、染色体、DNA 和基因。

除此以外，这一次课改还取消了自 1988 年以来已经实行了 25 年的普通中等教育证书考试的学业水平测试，改为英国学士学位资格证书考试。

总而言之，新的国家课程标准是对以往的课程标准的传承与超越，新的课程标准保持了"核心课程＋基础课程＋附加课程"的课程结构，并在课程内容和实施上做了一些突破。在内容上，删减了大量非基础性的知识；在实施上，给予了学校和教师更多的自主权。

【学以致用】

2014 版《英国国家课程标准》中，对科学课程的课程目标具体要求如下：

1. 通过对生物学、化学、物理学等学科的学习，发展对科学知识和概念的理解。

2. 通过不同类型的科学探究，发展对科学本质、过程和方法的理解，这些探究有助于回答关于周围世界的科学问题。

3. 具有必备的科学知识以理解科学对于现在和未来的用途和意义。

对于这些课程目标的要求，你有什么看法？这体现了英国科学课程的什么价值取向？

第二节　曲折发展的中国中学生物学课程

【问题聚焦】

1. 中国生物学课程发展经历了哪几个阶段？
2. 不同发展阶段的生物学课程有何特点？

【案例研讨】

以下是不同版本高中生物学教科书中细胞分裂内容的部分信息。

1. 教科书 1：复兴高级中学教科书《生物学》。下述内容选自 1933 年出版的复兴高级中学教科书《生物学》第二编"细胞、原生质与生命现象的特点"中的第四章"细胞的分裂"。本章主要内容包括细胞分裂的普遍性、有丝分裂、无丝分裂，以正文内容和简单图示的形式呈现。正文内容节选如图 1-2 所示。

2. 教科书 2：高级中学课本《生物学》。下述内容选自 1958 年出版的高级中学课本《生物学》上册第一章"细胞"中的第三节"细胞分裂"。本节内容包括导入、无丝分裂、植物细胞的有丝分裂、动物细胞的有丝分裂和课后问题以正文内容和简单图示的形式呈现，课后问题以简答题的形式呈现。正文内容节选如图 1-3 所示。

均分成两个一般大的幼稚變形蟲（第 21 圖）。有人看見變形蟲又

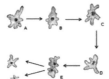

第21圖　變形蟲的分裂　　A，分裂前的變形蟲；
B，染色質集合在細胞裏成許多染色體；C，染色體分裂成兩隊，細胞核的中部收縮起來；D，細胞核出一個分裂成兩個；E，中部的細胞質收縮起來；F，分裂成兩個變形蟲（由 Hegner）

有一種不常見的生殖法。這個方法是先把變形蟲的身體收縮成球形，同時身體外面生出一個胞殼（Cyst）保護殼內的身體。後來殼內的細胞分裂許多次，形成五六百個小細胞，再到後來胞殼破裂，殼內消息報都出來各自成一個小變形蟲。

有絲分裂　普通細胞的分裂方法是很複雜的。因為在分裂的時候現出線性的物體，所以這種複雜的細胞分裂方法叫做有絲分裂（Mitosis），又叫做間接分裂（Indirect division）。有絲分裂的經過可以分為四個時期：前期（Prophase），中期（Metaphase），

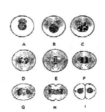

第22圖　有絲分裂的各種期別在細胞裏有八個染色體
A，前期的最初，中心體分裂為二，兩圍出現星絲。B，前期，染色質集合成細長的一條，中心體更分開，中型現出細絲狀。C，D，前期，染色體更短，中心體分得更遠。E，中期，每個染色體已經分裂成兩個。F，後期，兩條染色體各向一個中心體移動。G，後期，染色體已經跑近中心體。H，末期，染色體重新改變，星絲與細絲都漸漸消滅，細胞的中部開始收縮起來。I，分裂成的兩個子細胞。（由 Woodruff）

在有絲分裂開始的時候細胞核裏的染色質漸漸的凝結成很長的細條，中心體漸漸的分開成了兩個中心球（Centrosphere）。後來細條漸漸的週短變粗，細條集合的顏色也很濃深，兩個中心球分離得更遠，中心球用周圍放出許多絲線叫做星絲（Astral ray），兩個中心球之間的星絲互相連接成防錘形，叫作防錘線

图 1-2　教科书 1 正文内容节选

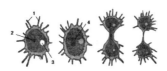

图4 无丝分裂（变形虫）
（从左到右是分裂的连续过程）
1.伪足 2.细胞核 3.伸细胞泡 4.核的分裂

植物细胞的有丝分裂 观察植物细胞分裂的材料，多用根的尖端纵切面，因为根尖有生长点，这里的细胞分裂作用特别强。把染色的洋葱根尖纵切面的切片放在显微镜下观察，可以清楚地看到细胞有丝分裂的连续过程。这种分裂过程可以分为四个时期：前期，中期，后期和末期。

在分裂的前期（图5，一、二、三），细胞核里那些分散得很均匀的染色质，由颗粒状渐渐凝集成细线状，后来细线渐渐缩短变粗，成为染色很深的粗线，这以染色体。这时核仁和核膜都消失了，细胞的两级已经各出现了一簇放射状的细线。

在细胞分裂的中期（图5，四），本来是混乱地分散着的染色体，集中在细胞的中央，而且逐渐地排列成有规则的状态。这时，细胞两级

图6 动物细胞的有丝分裂（模式图）
1-2.前期 3.中期 4-5.后期 6.末期

动物细胞分裂的末期，不象植物细胞那样在细胞中央形成横膈，而是从中央的周围逐渐向内凹陷进去，最后从这里断开，形成两个子细胞。

细胞分裂的四个时期是为了研究的方便而划分的，是人为的。其实，细胞分裂的各个过程是一直连续着进行的，各个时期之间并没有界限；同时，这四个时期也不是互不相关的，而是每一个先发生的时期的活动都为下一时期所进行的活动作好了准备。

问题

1. 细胞分裂有什么意义？
2. 试述动物细胞有丝分裂的过程。

图1-3 教科书2正文内容节选

3. 教科书3：普通高中课程标准实验教科书《生物必修一分子与细胞》。下述内容选自2004年人民教育出版社出版的普通高中课程标准实验教科书《生物必修一分子与细胞》第六章"生命的历程"中的第一节"细胞的增殖"。本节内容包括导入、细胞不能无限长大、细胞通过分裂进行增殖、有丝分裂、无丝分裂、巩固练习、观察根尖分生组织细胞的有丝分裂。呈现方式除了基本的正文内容和插图之外还增添了问题探讨、本节聚焦、技能训练等栏目。正文内容节选如图1-4所示。

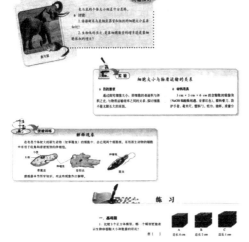

图6-1 有丝分裂细胞周期

有丝分裂

有丝分裂（mitosis）是真核生物进行细胞分裂的主要方式。细胞进行有丝分裂具有周期性。即连续分裂的细胞，从一次分裂完成时开始，到下一次分裂完成时为止，为一个细胞周期（cell cycle）（图6-1）。一个细胞周期包括两个阶段：分裂间期和分裂期。

从细胞在一次分裂结束之后到下一次分裂之前，是分裂间期（interphase）。细胞周期的大部分时间处于分裂间期（表6-1），大约占细胞周期的90%～95%。分裂间期进行活跃的物质准备，完成DNA分子的复制和有关蛋白质的合成，同时细胞有适度的生长。

表6-1 不同细胞的细胞周期持续时间（t/h）

细胞类型	分裂间期	分裂期	细胞周期
蚕豆根尖分生区细胞	15.3	2.0	17.3
小鼠十二指肠上皮细胞	13.5	1.8	15.3
人的肝细胞	21	1	22
人的宫颈癌细胞	20.5	1.5	22

在分裂间期结束之后，就进入分裂期（mitotic phase）。分裂期是一个连续的过程，人们为了研究方便，把分裂期分为四个时期：前期，中期，后期，末期。下面以高等植物细胞为例，了解有丝分裂期的过程（图6-2，图6-3）。

前期：间期的染色质丝高度螺旋缠绕，缩短变短，成为染色体。每条染色体包括两条并列的姐妹染色单体，这两条染色单体由一个共同的着丝点连接着（图6-4）。核仁逐渐解体，核膜逐渐消失，从细胞的两极发出许多纺锤丝，形成一个梭形的纺锤体。染色体散乱地分布在纺锤体的中央。

图6-2 植物细胞有丝分裂显微照片

图1-4 教科书3正文内容节选

问题：

1. 不同版本的教科书分别有什么特点？

2. 教科书是课程的重要组成部分，近百年来我国生物学课程经历了怎样的变革致使教科书不断更新发展？

近百年来，我国经历了不同的社会历史时期。随着各个时期政治经济形势的变化，生物科学的发展状况也随之改变。梳理中学生物学课程和教材发展的脉络，可以发现课程设置、教材选择与时代背景息息相关。

一、晚清时期：生物学课程萌芽阶段

第一次鸦片战争是中国近代史的开端，这次战争不仅仅是对领土的侵略，还有文化和宗教的侵略。西方列强在中国设立了大量教会，由传教士在此办学，生物学作为教会教育的学习内容之一，第一次进入了中国人的视野，我国的生物学课程由此起步。1862 年，在西方列强的干预下清政府开办了第一所洋务学堂——京师同文馆。京师同文馆除了开设数学、化学、生理、医学等课程外，还引进了一些科学实验设备，开设了实验教学。无论是教会学校还是洋务学堂，这一时期的教学内容都带有浓厚的宗教色彩和神学观点，所用教材为教会学校提供的英译本。[1]

由于太平天国运动的冲击和西方资本主义列强进一步的侵略，内忧外患的清朝不得不发起一连串的改革以求自救，如洋务运动和清末新政。洋务运动以中体西用为方针学习外国的科学技术，同时也引入了大量的外国文化。新政在教育方面也进行了一系列的改革：如 1902 年，清政府开始废科举、兴学堂建立新的学校制度，颁布了《钦定中学章程》，规定按班级进行教育，班级授课制成为全国学校教育的组织形式。[2] 此时生物学教学内容包括植物、动物和生理的相关知识。1904 年又颁布了《奏定中学堂章程》，规定中学堂要开设博物课程，一、二年级学习植物和动物的形体构造、生理分类功用，三、四年级学习生理、卫生和矿物的相关知识，每周均为 2 课时。此章程强调博物学教学要配备专用的标本室，以实物标本的观察辅助教学。[3] 1905 年国家开始废科举办学校，在全国范围推行学校教育，但课程设置与之前并无差异。1906 年实行普通中学制，博物、理化、地理等学科被列为中学的必修课程。此时的博物学

---

① 刘恕. 生物学课程论[M]. 南宁：广西教育出版社，2001.

② 汪忠. 生物新课程教学论[M]. 北京：高等教育出版社，2003.

③ 楼柏丹. 中学生物学实验教学[M]. 哈尔滨：哈尔滨工程大学出版社，2015.

由政府创办的学校自主开设，生物学课程仍作为博物学的分支存在。晚清时期生物科学的发展虽然缓慢，但仍具有一定的积极意义。

二、民国时期：生物学课程初创阶段

1912年中华民国建立。中华民国的建立不同于此前中国的君主王朝，它是有先进思想的中国人经过资产阶级民主革命斗争而建立的共和国家。在这一时期，人们对民主和科学的追求从未停歇，这也体现在对教育的重视上。

中华民国建立初期，南京临时政府颁布了一系列的教育文件。1912年相继颁布了《中学校令》和《中学校令实施规则》等，值得一提的是文件中除了介绍博物课程的要旨、教学内容外，还提及了博物学要兼课实验，这是我国教育文献首次明确规定生物学课程中的实验要求，在生物学教学史上是一个重大突破。1913年教育部结合《中学校令实施规则》的相关规定进一步颁布了我国第一个课程标准《中学校课程标准》，这份文件将讲授的内容进一步细化，并对各学科开设的年级和课时数做了相关规定。在《中学校课程标准》中指出中学一、二、三年级设有博物学课程，每周授课时数分别为3、3、2，学习内容包括植物、动物的形态、结构和分类，生理卫生的相关知识及应用。

1919—1922年，杜威来华讲学，系统地介绍了现代课程理论，在当时的教育界引起了巨大轰动。受西方课程理论的影响，1922年中华民国教育部提出了新学制——"壬戌学制"，又称"六三三学制"。中学被分为初中和高中，学制各3年，共计6年。随即在1923年颁布了新学制课程标准纲要，这份纲要由目的、内容与方法、毕业最低限度的标准三部分组成。《初级中学自然课程纲要》指出初中应开设自然课程，每周1课时，学习内容包括动植物、矿物、理化学、天文、气象和地质的相关知识。初中毕业的最低标准为能做简单的实验，能用科学解释日常生活中的现象，有正确认知自然界事物的能力。[1]《高级中学第二组必修的生物学课程纲要》指出普通高中必修《生物学》，内容包括普通植物学和普通动物学，每周3课时。除此之外，这份纲要还特别说明："本学程注重讨论与实验，一学期内至少进行8次郊外练习作为实验课，在天气温和植物繁茂时进行，以便学生练习、观测、绘图、采集标本。"可以看出，此时学生的实验能力是生物学教学评价的重要依据。

1927—1937年被称为中华民国的黄金十年，此间，社会稳定、学校林立、教育得到推广，多方面稳步向前发展。由于社会着重物质建设，地质学、生物

---

① 课程教材研究所. 20世纪中国中小学课程标准·教学大纲汇编：生物卷[M]. 北京：人民教育出版社，2001.

学、物理学、化学在这一时期都得到了长足发展，受重视程度甚至超过了数学。教育方面投资大大增加，新建了大量学校，并颁布了一系列教育文件。

1929 年，南京国民政府教育部欲对课程设置进行调整，制定了暂行中学课程标准，该文件在目标、作业要项和教法要点中都涉及了对实验教学的要求，除此之外，自然课采用分科制及混合制两种，备各校自由采用。1932 年确定了初中开设植物学、动物学、人体生理卫生，高中开设生物学、生理卫生的课程体系，正式颁布了中学各科课程标准，并在课标中首次为实验课安排了课时。这些课标规定了各个科目的教学时数：植物学和动物学在初一开设，每周授课时间均为 2 小时，课外实习 2 小时；生理卫生在初一至初三均有开设，讲解及实验每周 1 小时，共授 3 学年；高中生物学在高一开设，每周授课 3 小时，实验 2 小时，此外每学期可举行数次郊外采集；高中生理卫生在高一下学期开设，每周 2 小时。1936 年，为减轻学生负担，取消了《高级中学卫生课程标准》。课程设置有些细微的变化，但课程体系基本没变。民国时期知识分子对民主和科学的追求大大加速了生物科学的发展，课程的设置也趋于定型。

由于政府对教育工作的大力扶持，民国时期涌现出一批优秀的学者。教材编写方式因此发生了巨大转变，由翻译欧美等国家的教材转向我国生物学者独立编写，出现了多种教材并存的现象。其中，由陈桢、王云五编著的复兴高级中学教材《生物学》在中学中的应用最为广泛。

【小资料】

复兴高级中学教科书《生物学》由陈桢、王云五编著，是民国时期使用最广泛的高中生物学教材。1933 年，该教材由商务印书馆发行初版，此后共出版 158 次。全书分为八篇，包括前言，细胞、原生质与生命现象的特点，单细胞生物的生活，多细胞植物的生活，多细胞动物的生活，个体的起源演变与衰老，生物的分类与演化，生物与环境。教材最后附有生物学发展史一览表和英汉名词对照表两个附录。

三、中华人民共和国时期：生物学课程发展阶段

中华人民共和国成立之后，我国生物学课程在探索途中走过一些弯路，但总体来说一直在不断地发展和完善。依据发展的特点，大致可分为 4 个阶段：借鉴探索阶段（1949—1957 年）、曲折试误阶段（1958—1976 年）、恢复发展阶段（1977—1999 年）、修订完善阶段（2000 年至今）

（一）借鉴探索阶段（1949—1957 年）

刚刚成立的中华人民共和国尚处在强国的封锁和包围之中，国际地位低下，经济、文化各方面都尚未得到发展，国家暂时没有能力进行全新生物学课程的开发。当时，苏联作为社会主义国家的代表，有一套较为完善的课程体系。教育部门审时度势，开始在东北地区尝试引入苏联的课程设置，而其他地区大致沿用民国时期的课程设置，初中开设植物学、动物学和生理卫生，高中开设生物学。这一时期，国内广泛使用的中学生物学教材主要有 2 种，一种是东北地区所用的教材，由苏联的中学生物学教科书翻译而来，共 4 本，即《植物学》《动物学》《人体解剖生理学》《达尔文主义基础》；另一种是其他地区所用的教材，多为经过修订的旧教材。①

1952 年 10 月，我国以苏联的中学生物学教学大纲为蓝本，编订了中华人民共和国成立以来第一部《中学生物教学大纲（草案）》。此大纲规定了教学目的、课程设置、教学内容、教学方法等。中学生物学开设植物学、动物学、人体解剖生理学和达尔文主义基础 4 门课程。初一开设植物学，每周 2 课时；初二上学期开设植物学，下学期开设动物学，每周均为 3 课时；初三继续开设动物学，每周 2 课时；高一开设人体解剖生理学，每周 2 课时；高二开设达尔文主义基础，每周 2 课时，教学内容逐步深入地讲授米丘林学说、巴普洛夫生理学的基础知识和达尔文生物进化的基本原理。② 为了使理论与实践相结合，在每门课程的每个专题下都设置了必要的实验与观察。

此时我国对生物学课程的研究仍处于探索阶段，因此这段时期生物学课程的设置和安排并不稳定，教学计划每年都有变动。根据 1952 年大纲的精神，方宗熙等对苏联教科书编译本进行了改编，得出了一套系统性强、与生活联系紧密，带有必要实验和观察的教材，但教学内容中的物种介绍依然以苏联为主，我国的物种介绍较少，且在遗传学部分只介绍了米丘林学说，未提及摩尔根学说。

三大改造完成后，中国掀起了"大跃进"运动，农业生产得到重视，但生物学基础知识却被忽略。1954 年，有关精简中学物理、化学、生物学三科教学大纲和课本的指示中指出，现行大纲内容多、学生负担较重，需对大纲进行必

---

① 刘恩山，张海和. 建国以来我国中学生物学课程简要历史回顾[J]. 生物学通报，2007(10)：37-41.

② 中央人民政府教育部. 中学生物教学大纲（草案）[J]. 生物学通报，1952(3)：146-152.

要的精简。1954年后，生物学课时渐趋减少，农业基础知识课是当时唯一课时数不降反增的课程。为了将农基课学以致用，1956年，在初中新增了一门实验园地实习课程，它的任务是使学生获得栽培植物、饲养动物和使用手工农具进行农业劳动的技能。① 由于教材受到苏联的影响，从1952年开始用达尔文主义基础课取代高中生物学课程，内容以进化理论为主，舍弃了细胞、组织、新陈代谢等一般的生物学知识，导致当时已毕业的中学生和大学生对正在迅速发展的遗传学几乎一无所知。这一情况很快得到了有关部门的重视，1956年8月，中科院、教育部等部委召开联合会议，决定停开达尔文主义基础课程，恢复高中生物学课程，同时，将原在高中开设的人体解剖生理学课程改在初三开设，课程名称变更为生理卫生。这一改变符合生物学的发展特征，也与我国的社会实际相吻合。②

（二）曲折试误阶段（1958—1976年）

1958年，国家发布了教育要为无产阶级服务，教育要与生产劳动结合的指导方针。舆论认为，当时的生物学教育内容陈旧落后、重复烦琐，落后于青少年的智力发展，脱离政治、脱离生产、脱离中国实际。在这种情况下，农基课的地位一再提高，甚至出现了用生产劳动课代替生物学课的现象，大大削弱了生物学基础知识和基本技能的教学，这种思想在1966—1976年达到了顶峰。1958年3月颁发了《1958—1959学年度中学教学计划》，将中学生物学课程调整为：初一开设植物学，初二开设动物学，每周均为3课时，初三开设生理卫生和农业基础知识，每周2课时；高一开设生物学，每周2课时。人体解剖生理学和达尔文主义基础不再单独设科，其主要内容分别放在初中的生理卫生和高中的生物学课程中。初、高中生物学课程共计374课时。同年，人民教育出版社开始编写全国通用版教材《高中生物学》，这版教材的内容包括遗传和进化、生物形态和生理的基础知识以及米丘林学说。但不久后通用版教材编写工作暂停，编写教材的权利由国家下放到各省、市、自治区，各地自编教材，其内容大多与生产实际结合紧密，但忽视了对生物学基础知识的介绍。③

1959年，教育部明确规定全日制学校要以教授基础知识为主，生物学教

---

① 课程教材研究所. 20世纪中国中小学课程标准·教学大纲汇编·生物卷[M]：北京：人民教育出版社，2001.

② 刘恩山，张海和. 建国以来我国中学生物学课程简要历史回顾[J]. 生物学通报，2007(10)：37-41.

③ 周丽威. 建国以来我国高中生物学教材的发展[J]. 生物学教学，2007(4)：7-9.

育重新步入正轨。1960 年，教材编写权利重新收回中央，人民教育出版社恢复编写并出版了全国通用的生物学教材。依据《关于适应教学改革改编教材的报告》所提出的教材编写要贯彻"百家争鸣"的方针，在高中教材第三册遗传学部分加入了摩尔根学说。1963 年《关于实行全日制中小学新教学计划(草案)的通知》指出："生物学课程内容过于烦琐，课程设置也过于分散。"1963 年 5 月，教育部颁布了第二个《全日制中学生物教学大纲(草案)》并重新编写出版了初高中生物学等教材。此大纲详细规定了各科的实验目的、教学要求、实验场地、注意事项以及课时数目。依据大纲指示，在中小学增设生产常识的课程，中学每年至少有一个月的劳动时间。中学开始设置选修课程，学生可依据兴趣自行选择，选修课不进行考试。教学目标中明确提出"双基"，教学过程中强调加强实验实习，加强理论联系实际，加强学生辩证唯物主义观点的培养。此版大纲编写的教材内容也体现了对"双基"的训练，更加注重知识的广度和关联度，注重知识在生活中的应用。同年 7 月，教育部颁布了《1963 年全日制中小学教学计划(草案)》，对生物学课程教学时数进行了大幅缩减，课程设置为：初一开设植物学，每周 2 课时；初二上学期开设动物学，每周 3 课时；初二下学期改授生理卫生，每周 3 课时；初三另加一门生产知识课，每周 2 课时；高二开设生物学课，每周 2 课时。初、高中生物学总课时数为 245 课时。1964 年 7 月，国家颁布了《1964 年关于调整和精简中小学课程的通知》，对生物学课程教学时数再次缩减：初一开设植物学和动物学，每周 3 课时；初三开设生理卫生课，每周 1 课时，同时开设生产知识课，每周 2 课时，两者课时可合并使用；高中生物学课程设置仍为高二开设生物学课，每周 2 课时。

1966—1976 年，中学生物学课程被取消，生物学实验教学也全面停止。此时的生物学课程强调内容联系农业生产。重新编写了《农业基础知识》《医疗卫生》等教材。《农业基础知识》教材的主要内容是"八字宪法"等；《医疗卫生》的主要内容包括针灸、中草药。此时的生物学课程中的基础知识和基本技能被严重削弱，片面强调"以农为师"，有的中学甚至以"学农""行医"代替农业基础课和医疗卫生课的教学。[①] 由于这一时期高考被取消，实行推荐上大学，中学生物学的发展几乎中断。

(三)恢复发展阶段(1977—1999 年)

1977 年，我国进入了新的历史发展时期。1978 年拉开了改革开放的大幕，

---

① 刘恩山，张海和. 建国以来我国中学生物学课程简要历史回顾[J]. 生物学通报，2007(10)：37-41.

经济文化飞速发展，国际地位不断提高，我国的中学教育也得到了恢复和发展。1978 年 1 月，教育部颁布了《全日制中小学教学计划（试行草案）》，文件中规定植物学、动物学不再单独设科，内容合并到生物学中，初一开设，每周 2 课时；初二开设生理卫生课，每周 1 课时；初三上学期开设农业基础知识和生理卫生两门课程，每周各 1 课时，下学期只开设一门农业基础知识，每周 2 课时。高中阶段在高二上学期开设生物学，下学期改授农业基础知识课，每周均为 2 课时。同年颁布了《全日制十年制学校生物教学大纲（试行草案）》（含初中和高中生物学），并由人教社出版了 78 版的生物学教材。78 版初中生物学教材的编写从实现四个现代化的需要出发，内容少而精，坚持理论联系实际，重视实验和演示，使中学生物教学质量大大提高。高中生物学课本开始跟随国际生物科学发展的步伐，将分子生物学的知识编入高中教材，这在高中生物学教材编排史上是一个重大突破。1977 年后恢复高考，生物学并没有被列为高考科目。可见，此时生物学教育虽然得以继续发展，但仍未受到足够重视。

1980 年教育部颁布了《全日制六年制重点中学教学计划（试行草案）》和《全日制五年制中学教学计划试行草案的修订意见》，将高中课程分为文科和理科，并对生物学的课程设置和教学时数做了新的规定。初中重新将生物学拆分成植物学和动物学两门课程，分别放在初一、初二开设，初三开设生理卫生，每周均为两课时。高中阶段的普通高中（五年制）在高二开设生物课，重点高中（六年制）在高三开设生物课，每周 2 课时①。从这次教学计划开始，高、初中都不再开设农业基础知识课，这是我国课程设置的重大改变。

1983 年教育部提出："现行教材对学生的要求较高，相当多的学生跟不上学习进度，学生学习负担过重，不利于德、智、体全面发展，不利于出人才。"因此决定对高中数学、化学、生物学等 5 个学科的教学内容进行适当调整，实行两种教学要求，即降低后的"基本要求"和现行的"较高要求"，随即在 1984年颁布了《高中生物教学纲要（草案）》。教育部根据该纲要重新编写了两种教材，符合基本要求的"乙种本"和符合较高要求的"甲种本"，教材可由学校自行选择。但由于高考只考"乙种本"，使"甲种本"名存实亡。

1986 年 9 月，国家教委制定了《义务教育全日制小学、初级中学教学计划（初稿）》，经过反复讨论与修订，于 1988 年 9 月正式颁布《义务教育全日制小学、初级中学教学计划（试行草案）》。义务教育阶段包括小学和初中，学制

---

① 周丽威. 建国以来我国高中生物学教材的发展[J]. 生物学教学，2007(4)：7-9.

共九年，分为六三制(小学六年，初中三年)和五四制(小学五年，初中四年)。其中，六三制学校的生物学课程在初一、初二开设，每周3课时；五四制学校的生物课在初一、二、三年级开设，每周为2课时，教材内容大致相同。同年11月教育部又颁布了《九年制义务教育生物学教学大纲(初审稿)》。初审版大纲规定九年义务教育生物学教材编写要贯彻"在统一基本要求和统一审定的前提下实现教材多样化"的方针。教材内容需包括植物，动物，细菌、真菌、病毒，人体生理卫生，生物的遗传、进化和稳态5个部分。我国实施"一纲多本"的政策，提高了教材编写的质量，改变了几十年来全国统一教材的局面。1990年，教育部选定几所学校进行义务教育的试点实验，根据试点反馈意见对初审版大纲进行反复修订，并于1992年6月正式颁布《九年义务教育全日制初级中学生物教学大纲(试用)》，我国开始实施义务教育。① 正式颁布的大纲与初审版大纲相比主要有两点改进：一是更多地关注了学生的需要，教学内容选取"学生能够接受的"相互关联的生物学知识；二是对教学目标提出了较为明确的要求，将认知水平要求分为了解、理解和掌握三个层次，实验教学水平分为练习、初步学会和学会三个层次。教材也依据该大纲做了相应变化，1992年以后教材由小本改为大本，统一称为"生物"，初一开设生物第一册，每周3课时，初二开设生物第二册，每周2课时。2000年对《九年义务教育全日制初级中学生物教学大纲》进行修订，对学生实验的要求增加了第四个层次——探究，并首次将探究性试验和设计实验编入教材。

为了与九年义务教育课程计划衔接，国家教委从1994年开始对普通高中课程进行改革，制定了《全日制普通高级中学课程计划(试验)》。在课程计划的指导下开始制定《全日制普通高级中学生物教学大纲(供试验用)》，2000年5月新大纲正式颁布。此大纲更加注重对学生科学素养的培养，提出了知识、能力、情感态度价值观的三维目标，要求学生初步掌握基本的生物科学研究方法，初步学会设计实验、分析现象并得出正确实验结论。课程安排上，规定普通高中生物必修课共105课时，选修课78学时。此大纲中明确规定的讲授课和实验课的课时减少，增加了地方教材和机动课时，使课程安排富有弹性，各地区可根据情况自主调节。② 人民教育出版社依据此大纲编写了全日制普通高

---

① 刘恩山，张海和. 建国以来我国中学生物学课程简要历史回顾[J]. 生物学通报，2007(10)：37-41.

② 赵占良.《全日制普通高级中学生物教学大纲(试验修订版)》的主要特点[J]. 学科教育，2000(7)：11-14.

级中学生物教材(试验本)。这套教材从 1997 年秋季起在江西省、山西省、天津市进行了 3 年整体实验,经修改后于 2000 年推广到 10 个省市。

1981 年,生物学被正式列为高考科目,试卷分值也逐渐增加:1981 年 30 分,1982 年 50 分,1986 年增加到 70 分。然而,1993 年国家教委出台了"3+2"的高考科目设置方案,再次将生物学排除在高考科目之外。这一决策对中学生物学教学来说是一个沉重的打击,严重阻碍了生物学的发展。1999 年,我国又开始了新一轮的高考改革,推行"3+X"方案,生物学科再次成为高考考试科目。这一时期的高考制度处于探索试验阶段,尚未形成一个稳定的体系。

【小资料】

高级中学课本《生物》(全一册)在原《全日制十年制学校高中课本(试用本)生物》的基础上修改而成,是由人民教育出版社中学生物编辑室出版的供全国五年制中学和六年制重点中学使用的高中生物学教材。1982 年发行,只出版了一次。全书包括绪论,细胞,生物的新陈代谢,生物的生殖和发育,生命活动的调节、遗传和变异,生命的起源和生物的进化,生物与环境 8 章内容。教材最后附有观察植物细胞的有丝分裂、观察果蝇唾液腺细胞的巨大染色体、观察玉米杂种后代粒色的分离现象 3 个实验。

(四)修订完善阶段(2000 年至今)

21 世纪是科学技术迅猛发展的时代,是以知识的创新和应用为重要特征的知识经济时代,创新人才的培养成为影响整个民族生存发展的关键,世界各国都认识到基础教育对国家发展的重要性。我国施行的基础教育中存在诸多问题,如:课程的知识本位倾向不符合时代发展的需要;传统应试教育势力强大,素质教育名存实亡;生物科学发展迅猛,基础阶段的生物课程不能与之适应等。为了解决这些问题,国家教育部开始启动"面向 21 世纪教育振兴行动计划",发起了新一轮的课改。此次课改规模较大,改革内容涉及总体规划、课程标准、课程实施、课程评价等各个方面。国家基础课程改革于 1999 年正式启动,教育部首先对课改进行整体规划并制定课改的指导纲要,接着进行义务教育阶段的课程改革。高中阶段的课程改革略晚,始于 2000 年。

2001 年 7 月 21 日教育部颁布了《基础教育课程改革纲要(试行)》,提出了课程改革的目标和任务。同年教育部依据大纲制定了《全日制义务教育生物课程标准(实验稿)》,此课程标准对三维目标提出了具体的要求,在课程内容上构建了全新的以"人与生物圈"为主线的课程体系，选取了 10 个主题内容，彻底改变了以往的编排方式。① 2001 年，在国家级实验区进行了义务教育阶段新课程的试点实验，到 2005 年，中小学新课程已全面推行。

高中阶段课改工作开始于 2000 年，2003 年 4 月正式颁布了《普通高中生物课程标准（实验）》，对课程目标、课程内容以及教学与评价方式做了相关规定。该标准将课程理念设置为提高生物科学素养、面向全体学生、倡导探究式学习、注重与现实生活的联系；将课程目标设置为知识、能力、情感态度价值观的三维目标，并建议采用多种评价方式检验学生目标达成情况②。与之前的大纲相比，此课程标准更尊重学生多样化发展的要求，更贴近社会实际和学生的生活经验，更重视发展学生的创新精神和实践能力。2004 年 9 月，山东、广东、宁夏和海南 4 个省（区）进行高中阶段课改的试点实验，到 2010 年，高中新课程已在全国全面推行。新的课程标准出台后，教材也随之更新。2004 年，由全国中小学教材审定委员会初审通过的教材有 5 个版本：人教版、中图版、江苏版、河北版以及北师大版。这 5 个版本的教科书均设置了大量的探究性试验，使学生亲身经历思考和探究的过程，这对学生的终身发展大有裨益。同时 5 个版本的教科书也非常重视生物科学史的学习，引导学生沿着科学家探索生物世界的思路，理解科学的本质和研究方法，提高学生的科学素养。

2003 版《普通高中生物课程标准（实验）》为我国基础教育质量的提高作出了巨大贡献，但经济、科技的迅猛发展，社会生活的深刻变化，新时代对国民素质和人才培养质量的新期待都对高中生物提出了新的要求。2013 年，教育部启动了新一轮的普通高中课程修订工作，2017 年正式颁布了《关于做好普通高中新课程新教材实施工作的指导意见》和《普通高中生物学课程标准（2017 年版）》。这一版生物课程标准同样由课程目标、课程内容、教学建议等几部分组成。③ 与 2003 年版的课程标准相比，新课程标准进行了以下革新：①从生物科学素养中凝练出生命观念、科学思维、科学探究、社会责任四大核心素养；②在《义务教育生物学课程标准（2011 年版）》提出"生物学核心概念"的基础上，

《普通高中生物学课程标准(2017 年版)》提出并聚焦了"生物学大概念";③课程理念更新为核心素养为宗旨、内容聚焦大概念、教学过程重实践、学业评价促发展;④整合了生物学课程目标,将三维目标凝练提升为核心素养的四个维度;⑤优化了课程结构与课程内容,课程结构分为必修、选修和选择性必修 3部分,以大概念建构课程框架使课程内容少而精。① 目前,普通高中各科目的新教材正在编写修订中,从 2019 年秋季学期起,全国各省(区、市)开始分步实施新课程,使用新教材;2022 年秋季开学,全国各省(区、市)均启动实施新课程,使用新教材;2025 年将实现所有年级全覆盖。

一个世纪以来,我国生物学课程体系有了长足的发展,办学方式由教会办学发展为我国自主办学,教材编写由翻译国外课本发展为各地教育部在"一纲多本"方针的指导下特色编写,课程由博物课的一个分支发展为一整套独立完善的生物课程体系,为未来的生物学教学的发展奠定了基础。

【学以致用】

表 1-1 所示为两版高中生物课程标准中课程理念的对比。

表 1-1　两版高中生物课程标准中课程理念的对比

2003 年版课程标准中的课程理念	2017 年版课程标准中的课程理念
提高生物科学素养	以核心素养为宗旨
面向全体学生	内容聚焦大概念
倡导探究性学习	教学过程重实践
注重与现实生活的联系	学业评价促发展

问题:

请你结合时代背景,分析《普通高中生物学课程标准(2017 年版)》中课程理念有何创新与突破。这对我国中学生物学的发展有何意义?

【拓展延伸】

1. 结合教材内容,总结新中国生物学发展各个阶段的特点。

2. 举例分析生物学教材的变革与生物学课程发展的关系。

---

① 李文送.《普通高中生物学课程标准(2017 年版)》六大革新[J]. 中学生物教学,2018(9).

第二章　中学生物学课程与课程标准

【学习目标】

学习本章内容后，你应该能够：

· 理解中学生物学课程具有哲学、心理学和社会学等理论基础，并能叙述相关理论基础对生物学课程的作用；

· 阐明中学生物学课程是科学教育的重要组成部分，具有自身独特的本质属性和学科价值；

· 中学生物学课程标准作为生物学课程与教学的指导纲领，在生物学课程与教学中占据核心地位。

【内容概要】

本章主要探讨中学生物学课程与课程标准，在理论基础方面，详细论述了哲学、心理学和社会学等理论在中学生物学课程设置与建构以及课程标准的制定等方面所发挥的重要作用；重点介绍了中学生物学课程的地位、价值与意义，中学生物学课程标准的历史沿革等。

【学法指引】

学习本章内容，需要具备基本的哲学、心理学和社会学等基本理论，因此需要阅读与之相关的国内外论著，此外要关注各种理论在生物学课程的建设与发展中所发挥的重要作用。另外，要结合自身学习生物学课程的经历，反思学习过程，体会理论指导与实践应用的结合与相互促进。与此同时，还应熟悉我国课程方案、课程标准(教学大纲)等的发展历程，为进一步深入理解中学生物学课程与课程标准奠定基础。

第一节　哲学、心理学和社会学理论是中学生物学课程的三大理论基础

【问题聚焦】

1. 中学生物学课程的理论基础主要包括哪些内容？
2. 哲学因何成为课程的核心？
3. 心理学为什么能在解决课程问题的过程中提供支撑？
4. 中学生物学课程的设计、开发、组织实施等为什么离不开社会学理论基础？

【案例研讨】

王老师是一名新入职的高中生物学教师，虽然大学时学过中学生物学课程与教学的理论知识和实践技能，但是书到用时方恨少，王老师感觉需要加强学习，于是在中国大学MOOC上选修了一门国家精品资源共享课——中学生物学教学设计，第一周的学习内容是"中学生物学教学设计概述与教学设计的前端分析"，在学习教学设计的前端分析的过程中，王老师首先看到了"怎样进行学习者分析呢？"这个问题（图2-1），这岂不是要结合心理学的相关知识？王老师所面对的学习者是十五六岁的高中生，那么他们具有哪些特征呢？

图 2-1　怎样进行学习者分析

问题：

心理学是课程的基本理论基础，在进行中学生物学课程的设计、开发、组织实施等活动前，我们首先要了解课程的接受者是谁，他们具有哪些特征，不然就容易出现"南辕北辙"的现象。那么除了心理学外，课程的理论基础还有哪些呢？它们对课程有什么作用呢？

【核心概念】

> 课程的基础，是指影响课程设计、实施和评价的基本领域。考察课程的基础，实际上是要确定课程知识的外部界限，明确与课程最相关的和最有效的信息源有哪些。

课程与哲学、心理学和社会学等具有非常紧密的关系，可以说哲学、心理学和社会学理论是中学生物学课程的三大理论基础。正确认识课程与哲学、心理学和社会学之间的关系，对于课程设计、课程开发、课程实施、课程评估等具有重要的意义。

一、哲学理论是课程的核心

哲学是课程的核心，人们所秉持的哲学观念会影响课程目标的设定、课程内容的选择和组织、课程评价的设计与实施等。哲学问题同样会对学校和社会产生影响，并且一直影响着学校和社会。现今，社会和学校变化迅速、日新月异，教育哲学成为一种各方面都迫切需要的诉求。威廉·范·蒂尔（William Van Til）指出："我们的方向之源在我们的指导思想中……没有哲学，（我们）会无意识地跳上马鞍，而且我们有这样的倾向，发疯似的向四面八方骑去。"在很大程度上，我们的教育理念决定了我们的教育决定和选择。不同的哲学信念与观点，对探讨课程目标、内容、方法和评价等具有深入而广泛的影响。不论人们是否意识到，课程研究必然与一定的哲学世界观、认识论和价值论相联系。简言之，课程研究从一开始就有着某种哲学承诺。①

【知识链接】

> 哲学教育是培养学生哲学素养的重要阵地。1848 年哲学课程确立，法

---

① 曾文婕. 70 年课程研究哲学基础的回顾与展望［J］. 湖南师范大学教育科学学报，2019，18（3）：35-43.

国孕育了许多世界级的思想家，比如社会学家布迪厄（Pierre Bourdieu）、哲学家德里达（Jacques Dérrida）、人类学家列维·斯特劳斯（Claude Lévi-Strauss）等，都是其中的代表人物。他们大多经过高中哲学课程的系统训练，不少人还曾亲自在高中教授哲学课程。例如，雷蒙·阿隆（Raymond Aron）、萨特（Jean-Paul Sartre）是勒阿弗尔一所高中的哲学教师，梅洛-庞蒂（Maurice Merleau-Ponty）在博凡中学教授哲学等。从高中哲学教师成为知名教授甚至是法国学术界的一种常态。

哲学是法国高中教育历史悠久的特色课程，自开设以来就以欧洲古典哲学为思想资源，形成了重视哲学思维的课程传统，占据学科之王的中心地位，发展出独到的概念与范畴、究问与论辩、哲学论文等课程实施和评价的方式。法国高中哲学课程在其发展与演进过程中，虽饱经工业革命、教育大众化、信息化等重大时代挑战，却总能在适应与引领间平衡、与时俱进、不断超越，终以哲学思潮和课程发展为推动力，为法国高中教育塑造民族性格和培养共和国公民做出了其他科目难以替代的贡献。

——赵晶，陈玉华. 法国高中哲学课程的传统与超越[J]. 全球教育展望，2018(5).

哲学涉及生活的各个层面，包括我们组织的方式、我们的思想、我们对事实的解释等；哲学是一种对生活的理解和阐释，涉及问题、我们自己的观点以及他人的意见等。有关课程与哲学之间的关系，相关研究者认为，课程与哲学之间的关系十分密切。一方面，哲学制约着课程观的产生、发展和变革；另一方面，课程在哲学面前具有能动性、选择性。二者相互依存、相互统一，具体论述如下。[①]

（一）不同哲学流派直接或间接地制约课程理论

不同派别的哲学，其性质各不相同。不同哲学派别对世界、人生、知识和价值等持有不同甚至对立的观点，会直接或间接地制约课程理论，影响课程流派的形成和发展，使课程论具有不同的性质。有什么样的哲学观，就有什么样的课程论。在某种课程论背后总是隐藏着一定的哲学假设或者以一定的哲学观

---

① 谭辉旭. 关于课程哲学基础的思考[J]. 教育研究，2006(3)：66-70.

为支撑。

例如，对哲学认识论中的一个核心问题（即知识的来源）的不同回答，会导致不同的课程观。柏拉图的哲学把理念看作永恒，知识早就存在于人的内心世界，课程应关注如何把学生先天已有的观念引导、挖掘出来，因而注重学生的理性活动。源自亚里士多德、经英国哲学家形成的经验论认为，一切知识都来自感觉，人只有通过其与外部世界的相互作用才能掌握知识，因而主张课程应注重知识和技能的传递，以便使学生掌握与自然界和人类社会交往的工具。对知识的来源与性质的不同看法，导致了不同的课程设计模式。

在我国课程的哲学基础研究方面，曾文婕认为，中华人民共和国成立 70年以来，我国课程的哲学基础研究呈现出从"缺位"到"回归"，进而"有所发展"的脉络。从哲学分支视域来看，涉及课程本体论、认识论和价值论，但以课程认识论为主。从哲学流派来看，包括永恒主义、要素主义、进步主义、改造主义与批判理论研究，但是我国课程的哲学思想相对缺位，需要深入探析和研究。从课程形态来看，学科课程、活动课程、整合课程和隐性课程的哲学基础得以建构；从课程要素来看，课程设计、课程实施、课程评价、课程管理与领导的哲学基础得以深化。①

(二)课程的历史总是与哲学的历史紧密联系

古代由于知识水平低和实践能力有限，哲学成为"知识总汇"，尚未与其他学科分化。课程思想处于萌芽状态，常常被包含在教育思想之中，而教育思想又常常同理论家的哲学思想交织在一起，课程与哲学的关系尚未分化，直接可见的哲学思想、政治思想、伦理思想剥开之后才能看到其中包含的教育思想，深入其中才能发现课程思想。②

例如，直到 20 世纪 60 年代末期，儿童教育与哲学之间的内生关系才逐渐受到学术界的重视，儿童哲学课程以及专门针对儿童群体的哲学教育体系也得以成型。特别是在美国和英国等西方国家，儿童哲学课程的发展蔚为壮观，并取得了大量有益的经验。李普曼（Matthew Lipman）指出，儿童哲学（philosophy for children）就是专门对儿童进行的哲学教育与思维培养，其宗旨是"让儿童通过语言、做事等具体方式体验哲学，从而提高儿童的推理及思考

①　曾文婕. 70 年课程研究哲学基础的回顾与展望[J]. 湖南师范大学教育科学学报，2019，18(3)：35-43.

②　谭辉旭. 关于课程哲学基础的思考[J]. 教育研究，2006(3)：66-70.

能力"。① 20 世纪 90 年代，儿童哲学课从美国传入英国。作为一门培养儿童思维能力的课程，英国的儿童哲学课程注重"乐趣"与"探究"，强调与教学大纲科目相结合，遵循结构化的课堂教学，却又不拘泥于形式，从而促进儿童的哲学认知思维以及综合实践能力的培养。当前，英国儿童哲学课程获得了许多开拓性的发展，同时也暴露了课堂场域中师生地位不平等、教学大纲对课程实施的约束性较大、全面有效的评估方法缺失等问题。②

课程逐渐摆脱神学和经院哲学的束缚，自然科学在课程中成为最有价值的知识，占据了应有的位置。由于心理学的运用，课程研究开始改变了纯粹描述、记载与思辨的特征；又由于形式教育与实质教育的课程内容之争以及对分科与综合、课程的编排顺序等问题的研究，课程呈现出了专门化的特征。课程论进入了自觉的反省状态。这与哲学性质的变化具有相关性，哲学通过以认识论为重点的探讨，从知识的来源和性质、价值与标准、形式与分类等方面影响着课程思想。

(三)课程改革受哲学变革的制约

历史上，一种新世界观的问世往往会引起课程观的更新，进而导致课程改革。观念更新是先导，这个判断同样适用于课程领域。课程改革的深度、广度除了依赖于社会政治、经济、文化条件以及课程改革方案的可行性等诸因素外，哲学观念更新的状况也是重要因素。我们不能设想在旧的哲学基础上，可以矗立新的课程理论大厦。

在绪论部分，我们提及迈克尔·杨关于课程理论危机的相关论述，相关研究者认为可以从课程实践哲学方面来进行化解。例如，李孔文认为，课程理论研究陷入困境，导致课程改革走向迷途，而实践哲学可以为其指明方向。教育哲学的实践取向呼唤创生课程实践哲学。从形式逻辑分析，课程哲学是实践哲学，课程哲学研究是课程思想领域中的实践活动，实践哲学揭示出课程理论与课程实践相互蕴含的关系。从辩证逻辑分析，课程实践哲学是抽象的具体。课程实践哲学遵循形式逻辑与辩证逻辑的统一、形式和内容的统一。③

---

① 罗兴刚，刘鹤丹. 李普曼儿童哲学教育的奠基性反思[J]. 外国教育研究，2012，39(10)：26-34.

② 杨落娃，于伟. 英国儿童哲学课程的发展及其现实启示[J]. 外国教育研究，2019，46(5)：3-15.

③ 李孔文. 课程实践哲学的逻辑分析[J]. 课程·教材·教法，2017，37(12)：10-16.

20 世纪是一个课程变革的世纪。以美国为代表的西方课程理论，在不到一百年的时间里，经历了赫尔巴特主义、进步主义、要素主义、社会改造主义、结构主义、人文主义、后现代主义等课程流派的变革。这些课程流派的斗争、变革常常伴随着课程哲学基础的更新。基础教育课程改革必须以课程的哲学基础的改革为前提。现在不是论证课程该不该有哲学基础的时候，而是该进一步研究我们的课程应该有什么样的哲学基础，思考课程哲学基础的变革。重铸课程哲学基础，缔造新的课程哲学观是课程领域的一件大事。

课程观对哲学基础的选择具有制约性。选择哲学的哪些内容作为课程的理论基础，取决于课程观。在一定意义上也可以说，有什么样的课程观，就有可能选择相应的哲学内容作为其理论基础。换句话，人们总是愿意根据其课程观的需要，去哲学思想宝库中寻找其理论武器，寻求理论支持，课程在哲学面前表现了充分的选择性、能动性。不同的课程流派其哲学基础表现出很大的差异性，相近或相同的课程流派其哲学基础也只是相似或相近的。然而，在研究课程与哲学的关系时，人们对这方面的关注是不够的。

哲学既是世界观又是方法论，是本体论、价值论和审美论的统一。本体论求"是"，把握对象是什么；认识论求"真"，回答主体和客体在观念上统一的问题，解决规律性问题；价值论求"善"，研究目的性、功利性问题。本体论是真、善、美的前提，方法论是体现在全部哲学理论之中的，是哲学理论的运用。反思我国课程论的哲学基础，我们的课程哲学基础比较薄弱。在课程论中，人们曾经论述过课程本体论、课程价值论、课程认识论、课程方法论，但较少涉及课程审美论，也不够重视其统一的问题，并且突出课程认识论，使课程的哲学基础显得狭窄，没有超越认识论哲学。

课程不仅需要认识论做支撑，更需要本体论、价值论、审美论、方法论等做基础。扩大课程的哲学基础是建设我国课程哲学的重要任务。哲学的实践转向为课程注入了新的活力，丰富了课程的哲学基础。研究我国课程哲学基础与时俱进的问题，就是要从传统哲学走向实践哲学，用实践哲学作为课程的哲学基础，进而形成实践课程论这种崭新的课程哲学。而过程哲学在国外被视作一切新思想的渊源和建设性后现代主义哲学的奠基理论之一。基于过程哲学的视域审视课程改革，可以给我们带来颇多启示。其中，过程是课程改革的内在逻辑，关系是课程思维的当代选择，整合是课程设计的应然向度，创造是课程实施的本质诉求。① 此外，怀特海的过程哲学突破传统思维，从过程—关系视角

---

① 　王洪席，靳玉乐. 课程改革：过程哲学之思[J]. 全球教育展望，2010(4)：27-31＋36.

关照课程，视课程为事件、旅程及不断生成的文本。课程建构遵循主体的赋权参与性、内容与形式的实践引领性、目标与结果的生成性，以及知识建构的境域及审美性原则，强调师生、社区及家长资源的积极参与，注重师生与自我及文本作者的对话，关注不同学科之间的整合及与自然、社会的密切联系。意图使课程实施走出传统中由输入到产出的控制模式，成为情境化的过程，凸显课程的审美、创造及伦理价值。①

杜威在《儿童与课程》一书中，将教育哲学落实于课程理论。他认为，儿童的生长需要是教育的出发点，儿童的心理规律是课程的依据，儿童的主动活动是课程实施的方法，儿童的经验增长是课程的最终目标，所以教育的各种措施都应围绕儿童这个中心。② 在泰勒的课程框架体系中，哲学通常是 5 个标准之一。在选择"教育目的"时，哲学与其他标准之间的关系包括对学习者的研究、对当代生活的研究、来自学科专家的建议，以及学习心理学。③ 在杜威的影响下，泰勒似乎确定了自己的位置，在发展教育目的方面，哲学比其他标准更重要，他认为，哲学试图定义美好生活和美好社会的本质，以及民主社会可能"强烈强调学校的民主价值"，对于孩子来说，我们必须让教育的性质和目的达成一致，然后才能继续追求课程的理念和目标。

二、心理学理论为解决课程与学习问题提供支撑

学校教育的主要职能之一是促进学生个体的发展，因此，课程工作者必须对个体的发展以及学习过程的本质有所了解。不顾学生特征而编制的课程，其效果可想而知。泰勒把桑代克教育心理学的问世作为影响 20 世纪课程的重大事件之一，对学校课程有重要影响的心理学派有行为主义、认知学派和人本主义。④ 所以，心理学历来对学校课程具有重大影响，心理学的原理及研究成果，常常作为各种课程抉择的依据。

(一)课程的心理学基础关注人的学习问题

心理学关注的是人们如何学习的问题，而课程专家通常会聚焦心理学如何

① 魏善春. 基于过程哲学的课程建构：理念、价值与实施[J]. 南京师范大学学报(社会科学版)，2016(3)：96-104.

② 蒋雅俊. 杜威《儿童与课程》中的教育哲学问题探析[J]. 南京师范大学学报(社会科学版)，2018(1)：67-74.

③ 拉尔夫·泰勒. 课程与教学的基本原理[M]. 罗康，张阅，译. 北京：中国轻工业出版社，2016.

④ 施良方. 论课程的基础[J]. 课程·教材·教法，1995(1)：54-57＋38.

对课程的设计和实施作出贡献。换言之，课程专家关注如何结合心理学知识来增加学生学习的可能性，而心理学为理解教学过程提供了基础。这两个过程对课程设置者来说都是必不可少的，因为只有当学生学习并获得知识时，课程才会体现其价值。心理学家和课程专家感兴趣的其他问题有：为什么学习者对老师的努力会有这样的反应？文化体验如何影响学生的学习？如何组织课程以促进学习？学校文化对学生的学习有什么影响？学生在学习课程的各种内容时，最佳的参与程度是怎样的？①

　　在教育史上，亚里士多德最早把心理学引入对教育的讨论，最早设想按照儿童年龄特征来划分教育的阶段，并依次设置相应的课程，但对后来学校课程影响较大的，不是亚里士多德对年龄特征的划分和相应的课程设置，而是他对各种心理官能的分析，他认为灵魂是生命之本源，灵魂不仅赋予有机体以生命，而且使有机体潜在的特征得以展现。②

　　德国学者赫尔巴特是教育史上最早真正试图把教育学建立在心理学基础之上的人，尽管他那时的心理学研究也还处在"前科学"时期。赫尔巴特断然否定心灵具有与生俱来的官能，他认为心灵原本空无所有，心灵的发展是以与环境接触而获得的观念构成的。在他看来，旧的心理学用官能来解释一切，而新的心理学须以观念的运动来解释一切。心理学的研究对象是观念及其相互关系。由个别观念构成观念体系的过程，赫尔巴特称之为"统觉"。所谓统觉过程，也就是把分散的观念联合成一个整体的过程，也就是用已有观念解释和融化新观念的过程。③

　　在格式塔心理学看来，学习是发展新顿悟或改变旧顿悟的过程，是学习者对环境中的模式或关系从模糊到清晰的感觉和认识，因此学习是有目的的、探究的、富于想象力的过程。学生的学习也是这样，要使学生学会社会和教育者期望他们学会的东西，就要让受教育者去观察、感受、发现。既然顿悟是学生自己获得的，那么课程和教材就必须有利于学生顿悟的产生，比如突出带有规律性的内容，呈现给学生各种信息资料以帮助他们产生顿悟，设置问题以引起学生的困惑，从而追求答案以达到顿悟，所有这些主张，可以在许多课程论中找到。

---

①　ORNSTEIN A C，HUNKINS F P. Curriculum：foundations，principles，and is-sues[M]. 7th ed. Edinburgh Gate：Pearson Education Limited，2018.

②　施良方. 试论课程的心理学基础[J]. 高等师范教育研究，1995(2)：26-32.

③　约翰·弗里德里希·赫尔巴特. 普通教育学[M]. 李其龙，译，北京：人民教育出版社，2015.

(二)研究课程的心理学基础具有不同的思路

综观已有研究,研究课程的心理学基础大致都遵循以下几种思路:一是考察心理学与课程论的学科发展历史,从时间维度上厘清心理学是如何深刻影响了课程论的形成与发展;二是以心理学的不同分支学科为切入点,着重于分析发展心理学和学习心理学的课程基础作用;三是区分不同心理学流派对课程论的影响,主要是以分析 20 世纪以来的行为主义、认知主义和人本主义对课程的影响为主;四是以课程的各个环节为线索,探讨心理学对课程目标、课程内容的选择与组织等的影响。①

例如,从学习理论到发展理论的代表是美国教育家布鲁纳(J. S. Bruner)。他使关于儿童认识的研究真正达到了科学的水平,表现为完整地揭示出儿童认识的阶段性及其各个阶段的独特之处,并且令人信服地提出了关于这些独特性的完整系统的说明。

皮亚杰(Jean Piaget)是发展心理学最重要的代表人物之一,他提出了儿童认识发展的不同阶段以及相应的具体特征,即将儿童认识的发展划分为感觉运动、前运算、具体运算和形式运算 4 个阶段,强调在每个阶段儿童都有独特的认识方式和特征。在任何一个阶段,同化和顺应都是认识活动的机制,然而,在不同阶段,同化和顺应的对象则是不同的。此外,在任何一个阶段都特别强调作为主体的儿童与对象之间的互动。在皮亚杰看来,外部环境固然重要,但儿童却从来不是直接和完全由外部环境造就的,儿童是起主动作用的,是与环境相互作用的,人们必须从儿童与周围世界相互作用的方式来理解他的行为。该理论最终导致了课程论与心理学之间关系的演变,并且让二者建立起不同于以往的新的关系获得了可能和条件。

布鲁纳则可以看作自觉地从儿童不同认识阶段及其特征出发,是说明和建立课程的先行者,他的结构主义课程就是建立在发展心理学基础上的。布鲁纳认为,在不同的发展阶段,儿童以不同的形式反映、代表、认知客观的事物,他用表象来命名这种形式,认为儿童的认识要依次经历表演式再现表象、肖像式再现表象、象征式再现表象阶段。

学习心理学家从不同视角对认知领域的学习进行分类,由于各分类理论研究的学习对象基本是相同的,因而它们之间存在联系并相互补充。基于各分类的内在联系,并结合科学课程学习的特点,可以构建将学习内容、学习内部过

---

① 和学新,张丹丹. 课程的心理学基础研究的问题反思与走向[J]. 全球教育展望,2012(3):15-21.

程、内部表征形式以及习得层次等学习要素整合为一体的科学课程认知领域学习分类体系。依据学习分类观点，科学学科核心素养可以分解为价值内化的态度与解决问题的综合能力。后者也可进一步分解为相应的知识、技能及认知策略。①

三、社会学理论是课程的终点回归

人在本质上是社会的动物，人类学习不能简单化地等同于动物学习。人类学习的特质就在于"社会性"。② 学校课程作为社会文化的一个组成部分，既受社会政治、经济等方面的因素的制约，同时也因其保存、传递或重建社会文化的职能而对社会发展产生一定的影响。课程与社会环境之间的这种交互作用，历来为教育研究者和社会学家所关注。正如布鲁纳所说，离开了社会背景，课程争论的意义也就黯然失色了。因为不顾教育过程的政治、经济和社会环境来论述教育管理的心理学家和教育家，是自甘浅薄，势必在社会上和教室里受到蔑视。这番话可以被看作布鲁纳对自己的亲身经历以及 20 世纪 50 年代末、60 年代初那场课程改革运动"失败"的一种总结。

（一）社会学理论在课程编制过程中发挥重要影响

在课程编制的过程中，需要充分考虑权力、意识、道德教化、社会控制、价值取向、知识选择、合法性、生活世界等各方面的因素，并以此形成了独立于课程本身所指之外的话语系统，使得社会学成为课程编制的基础。课程作为社会文化的一部分，受制于社会政治、经济、文化的发展，受制于社会时代的发展，同时也因其保存、传递或重建社会文化的重要职能对社会发展产生一定的影响。课程与社会的这种交互关系渗透在课程编制的每一个环节，对这些环节的考察有助于我们推进课程编制的科学化进程。③

从社会学角度来审视我国的课程编制，在指导思想、目标设定、内容选择以及课程资源开发等方面都存在着一种文化方面的不足和缺失。教育社会学理论认为，学校教育是现代社会儿童社会化的基本形式之一，而课程则是社会化赖以进行的基本依据。因此，它必然代表着一定社会的主流文化，体现了统治

① 陈刚，皮连生. 试论科学课程认知领域的学习分类——学习心理学的视角[J]. 课程·教材·教法，2018，38(9)：114-121.

② 钟启泉. 从学习科学看"有效学习"的本质与课题[J]. 全球教育展望，2019(1)：23-42.

③ 张双凤，魏薇. 课程编制的社会学审视：文本与现实的对话[J]. 教育科学论坛，2008(12)：19-21.

阶级对人才的要求与培养目标。正如英国学者伊格莱斯顿(J. Egsleston)所言："学校和课程成为确保社会体系稳定发展的社会控制的工具。"因此，课程的编制，包括知识的选择、组织、传递以及评价都要受到社会政治的制约与影响，而这种制约与影响在我国体现得尤甚，这实际上是缺少一种对传统文化的反思与革新。①

17世纪英国资产阶级革命，洛克(J. Locke)提出了"社会契约论"，认为人们在最初自然状态下是自由平等的。18世纪法国思想家卢梭(J. J. Rousseau)在《社会契约论》中发展了洛克有关社会契约的思想，认为在自然状态的社会里，人人顺应天性发展，其教育思想后来被认作"儿童本位""学生中心"的源头，从而间接地影响了课程设计。

(二)课程改革受社会环境因素的制约

19世纪，斯宾塞在《社会学原理》中指出，社会现象就是生命现象，因而必须符合生命的规律，若要理解社会，就必须先理解生命的规律。因此，他把生物学的规律搬到社会中来，提出了"社会有机论"，认为社会是一个特殊的有机体。课程不可避免地要面临社会的各种要求，其中包括国际、国家、社区、家庭、个人的现状和要求，对课程的改革进行社会学研究时，首先就要明确这些社会要求，同时，还要把握受教育者的个人需要和社会需要。一个社会或国家的教育政策主要是指该社会或国家为了实现一定历史时期的教育方针和教育目标而制定的有关教育行动的指南和准则。我国自从改革开放以来，非常重视教育和人才的培养，根据我国经济和教育发展的不同历史时期的不同发展和需要，我国的教育政策进行了三次重大的改革，并相继召开了三次全国教育工作会议，使教育思想得到了新的解放，教育改革也取得了新的突破，更推动了我国教育事业上了一个新的台阶。②

柏拉图的《理想国》是西方历史上最早的一本教育论著。书中，柏拉图论述了"理想国"的社会阶级构成问题，并分析了不同社会等级所需要的课程。尽管柏拉图对后来课程思想和实践的影响，主要是关于音乐、体育、数学等学科对陶冶心智的作用等方面的论述(即对形式训练说的影响)，但他的本意是要在课程设置与社会构成之间形成对应关系。柏拉图从社会等级的观点出发提出的各

---

① 李东. 我国课程编制的文化性缺失——一种社会学视角的反思与建构[J]. 教育发展研究，2005(14)：52-56.

② 敬少丽. 课程改革过程中的社会学分析[J]. 教育理论与实践，2004，24(10)：50-53.

种学科(如音乐、算数、几何、天文学、辩证法等),与以前智者派提出的文法和修辞构成了"七艺",一直沿用到文艺复兴运动前。

为了使教育改革有步骤地进行,并有效地促进我国教育事业的健康发展,党和国家做出了教育改革和发展的重大决策:1985 年 5 月颁布了《中共中央关于教育体制改革的决定》;1993 年 2 月中共中央、国务院颁布了《中国教育改革和发展纲要》;1999 年 1 月国务院批准了教育部制定的《面向 21 世纪教育振兴行动计划》;1999 年 6 月,中共中央、国务院做出了《关于深化教育改革,全面推进素质教育的决定》。同时,随着我国依法治国方略的确立,教育的立法工作也逐步得到加强。1986 年 4 月,第六届全国人民代表大会第四次会议颁布了《中华人民共和国义务教育法》,1993 年 10 月,第八届全国人民代表大会常务委员会第四次会议制定了《中华人民共和国教师法》;1995 年 3 月第八届全国人民代表大会第三次会议通过了《中华人民共和国教育法》;1996 年 5 月,第八届全国人民代表大会常委会第 19 次会议通过了《中华人民共和国职业教育法》;1998 年 8 月第九届全国人民代表大会常务委员会第四次会议颁布了《人民代表大会高等教育法》。这些重要文件,对促进我国教育的全面改革和发展,使教育更好地为社会主义现代化建设服务起到了巨大的作用,也为我国教育的改革和发展描绘了一幅宏伟的蓝图。①

(三)课程结构和课程内容蕴含着社会学特征

除了课程整体的编制和课程总体目标受到社会学方面的因素制约外,课程结构和课程内容也具有社会学特征。

在课程结构方面,课程结构的宏观层面从课程发展的主体来看有国家课程、地方课程、学校课程之分。从社会学角度看,国家及地方教育系统、学校等都会按各自的"文化利益"对课程产生不同程度的影响,这就涉及国家、地方、学校在发展课程中的权力和力量对比,具体体现在以三者为主体所发展的课程的比例、主次等方面,其社会学的实质是"社会控制"的力量对比,即反映国家、地方、学校三者权力分配的关系以及各自对"文化资源分配"的控制力,其目的是实现各自的"文化利益",这就容易产生矛盾和冲突。正如美国课程专家艾普尔所言,课程结构"是意识形态的建构,它体现了与文化控制有关的权力关系的复杂连接",是"冲突的结果,也是经济与文化上的权力群体与希望课程更能反映自身文化和政治传统的普通阶级之间冲突的结果"。不同的"课程门

---

① 敬少丽. 课程改革过程中的社会学分析[J]. 教育理论与实践,2004,24(10):50-53.

类格局"既反映了"国家的文化意志",又反映了三者势力抗衡的情况。不同教育体制下,国家、地方、学校三者在课程的决策上具有不同的权力,在课程格局中有不同的影响,各自课程所占的"份额"也不一样。①

课程内容是通过社会主流价值过滤的,学校课程并非把所有的文化都列为教学内容,在教学过程中,教师也总是把自认为有价值的内容传授给学生。课程作为法定的知识,它并非是价值中立的,其选择、组织、分配、传递与评价具有深刻的社会学意味。课程及其变革除了拥有人才培养、科技创新、民族复兴的价值,还有意识形态、社会选择、道德教化的功能,无论是在课程理论的丰富和发展方面,还是在课程改革实践的批判、反思方面,课程的社会学研究都拥有自己独特的理论价值和实践意义。②

【学以致用】

阅读下面有关发展心理学对课程论的影响的论述,分析总结基础理论的发展对课程论以及学科课程发展的影响。

发展心理学正在对课程论发挥着越来越普遍和深刻的作用,课程理论和实践中许多已经和正在发生的变革,往往源于发展心理学的思想观点,在一定意义上可以说,以往学习心理学对课程论的影响,很大程度上已经被发展心理学所取代。似乎可以这样概括:课程论的心理学基础,开始从以学习理论为主转向以发展理论为主。发展心理学对于课程论的最重要贡献则在于,指出了儿童的学习和认识是与成人不同的,这种不同不是简单地表现为他们的学习和认识比成人的程度低、比成人的方法简单,而是表现为他们的学习和认识往往采用与成人完全不同的方式。这种区别是带有本质性的,即儿童并不是微型的成人,而是有着自己独特性的个体。在个体发展的过程当中,既有连续性的由低到高的一面,同时也存在着不同的阶段,在这些不同的发展阶段,个体以不同的方式学习和认识,在不同方式之间不仅有量上的差异,更有着质的差异。

其实,早在卢梭、福禄贝尔等人的思想中,已经有了关于儿童认识特点的讨论,詹姆士、桑代克这样一些行为主义心理学家也强调了儿童的本能和冲动的合理性,使得许多教育家由此出发,主张课程要适合儿童,"课程是依据儿童自己的活动,而不是依据逻辑组织的关于客观世界的教材,不是依据成人的

① 吴永军. 课程结构的社会学分析[J]. 南京师大学报(社会科学版),2001(1):83-88.

② 赵长林,林巧婷. 课程研究的社会学视域[J]. 当代教育科学,2007(9):21-23.

记忆"。但所有这些最后并没有导致对儿童认识特殊性的关注及相应的研究结果。这样的任务，是由后来者完成的。在发展心理学中，对儿童学习和认识的研究最为著名、理论的系统性和全面性最为杰出的学者是瑞士心理学家皮亚杰。

在很长的历史时期内，作为理论基础，课程论主要参考和运用的是学习心理学的理论成果。在将心理学作为理论基础说明和论证课程时，较多地考虑了不同心理学派别所提倡的学习理论的合理性。例如，行为主义的刺激-反应学说、认知学派的格式塔学说，都对人如何获得知识经验和形成能力做出了解释说明，在这些不同的学习理论中，哪一种更好地说明了人的学习过程？哪一种更符合学习的实际过程？课程论本身的建设，在某种程度上正是按照特定的学习理论来设计和决定课程的目标、内容、形态和结构的。选择什么样的学习理论作为心理学的依据和基础，在相当程度上会导致不同课程流派的形成。美国课程论专家蔡斯曾经清楚地表达过心理学与课程论的这种关系："关于人如何学习的见解会影响课程的形成。例如，19世纪称为'官能心理学'的理论认为，心灵类似于肌肉，通过心智操练会发展其能力。这种理论导致了强调在难学的学术性科目如拉丁文和数学中进行训练的课程。另一种流行的学习理论认为个人是在'做中学'。这种观点导致了为学生提供问题和'原料'的课程，要求他们'发现'知识和技能。"可以说，这种看法反映了人们对心理学与课程论关系最为普遍的态度，很长时期以来，人们不仅这样认识，而且也是这样将心理学运用于课程领域的。直到今天，国内外相当多的课程论著作，主要还是按照这样的思路诠释心理学与课程论的关系。

尽管这样一种看法和思路由来已久，事实上却存在着不合理的地方。不同心理学派别关于学习的理论，实际上是对于人类学习一般模式研究探讨的结果，由此所提供的学习模式，建立在大量的学习实践基础之上，是对千差万别的人类学习方式的概括抽象，不仅舍弃了无数的个体学习差异，也舍弃了带有典型意义的不同群体在学习上的类型差异，是人类学习方式的本质特点的高度概括。但是，无论学习理论本身对于人类学习模式的反映多么准确，把它直接用来作为课程的理论基础都是不恰当的，因为这样的模式与作为中小学生的儿童青少年的学习之间是存在距离的，带有明显的成人化和理想化的特点，依据这样的学习模式设计和编制的课程，也就必然地很容易表现出脱离儿童和青少年实际的缺点。

在行为主义心理学看来，学习是改变学习者行为的过程，使在外部刺激及奖励惩罚等作用下，已进入象征性表象的中学生，能够学会以抽象概念和理论为主的"学科基本结构"。除了皮亚杰和布鲁纳，苏联著名心理学家维果斯基也对发展心理学做出了重要的贡献，尤其是他提出的关于人的心理在以符号系统为中介的活动中发展的观点、关于人的心理结构必须首先由外部活动形成然后才可能内化为心理机能的观点、关于儿童概念形成的三个阶段的研究、关于儿童日常概念与科学概念形成的不同途径的研究，等等，是公认的发展心理学的重要理论。

发展心理学对儿童学习和认识的研究，立足于揭示他们不同于成人的方式和特点，因此为课程论所提供的研究结果在丰富性和具体性上是过去致力于探讨人类一般学习模式的学习心理学所无法比拟的。特别应当提到的是，发展心理学的许多成果，是建立在大量实验基础之上的，而且其中一些实验已经成为心理学中权威性的经典，这在皮亚杰和维果斯基那里表现得尤为突出。简言之，发展心理学对课程的影响在于如何设计安排课程，不应当以理想化的成人学习模式为基础，而应当以儿童不同的认识发展阶段，尤其是这些发展阶段的质的特征为基础。[①]

第二节　中学生物学课程是科学教育的重要组成部分

【问题聚焦】

1. 生物学的学科本质决定了中学生物学课程的哪些性质和属性？

2. 生物学课程研究者、一线生物学教师、中学生等分别是如何看待中学生物学课程的？他们的看法有差别吗？

3. 生物学课程与科学课程之间有什么联系？我们应该如何处理两者之间的关系？

【案例研讨】

英国实行5～16岁义务教育制度，高等教育发达。英国现行11年义务教育制，可以分为4个"关键阶段"，小学分为两个阶段，关键阶段1和关键阶段2。K1包括小学1、2年级，K2又分为初级阶段和高级阶段，各两年。关键阶

---

① 丛立新. 课程论理论基础的心理学转向——从学习心理学到发展心理学[J]. 北京师范大学学报（人文社会科学版），2000(4)：25-31.

段 3 和关键阶段 4 是英国的初中阶段，前者 3 年，后者 2 年。

英国国家科学课程旨在确保所有学生：

· 理解生物学、化学和物理学的特定学科的科学知识和概念。

· 通过不同类型的科学探究来理解科学的本质、过程和方法，帮助他们回答有关他们周围世界的科学问题。

· 具备了解当今和未来科学的用途和影响所需的科学知识。

英国 2015 年颁布的《国家科学课程标准》(National curriculum in England：science programmes of study)注重培养中小学生的基本素养和能力，重视激发中小学生学习科学的兴趣与积极性，注重为每个学生提供平等的学习机会，保障学生的学习权利，发展学生的个性，既关注学生精神、道德、思维、能力、社会和文化等方面的全面发展，又不忽视每个学生独特的个性，密切科学教育与社会生活之间的联系，帮助学生向终身学习的方向发展。①

问题：

我国中学生物学课程性质、价值和地位如何？与发达国家相比有哪些异同？

20 世纪 60 年代以前，世界上多数国家开设生物学课程的主要目的是培养未来将从事医学和兽医学工作的专业人员。20 世纪 60 年代初，由于苏联在 20 世纪 50 年代末发射了第一颗人造地球卫星，促使美国和西方国家进行中学理科课程改革，其中生物学课程的主要变化是课程目标转向培养学生科学探究能力和科学思维、传授现代科学知识。20 世纪 70 年代初期，许多国家课程设置的主要目的从以升入大学为目标的英才教育体系，转变为主要以培养学生进入社会为目的的大众教育体系，人们越来越关心高度学术性的理科课程与教室之外世界的联系的现实意义。20 世纪 70 年代后期和 80 年代，许多国家出现了大量地将科学技术与社会联系在一起的课程，理科教育与生物学教育有关的另一个发展趋势是"科学普及"(Science for all)，例如，美国《2061 计划：面向全体美国人的科学》(*Project* 2061：*science for all Americans*)明确定义了科学素养(science literacy)。② 分科设置的生物学、化学和物理学等课程逐渐走向综合，成为一门必修的理科课程或科学课程。

---

① National curriculum in England science programmes of study[EB/OL]. [2019-06-16]. https://www.gov.uk/government/collections/national-curriculum.

② American Association for the Advancement of Science. Project 2061：science for all Americans[M]. New York：Oxford University Press，1990.

一、中学生物学具有自然科学属性及其自身独属特征

对中学生物学课程性质的认识和理解离不开对生物学学科性质的认识和理解，或者说对中学生物学课程性质的认识和理解建立在对生物学学科性质的认识和理解的基础之上。赵占良老师认为，中学生物学的学科本质具有两个层面的内涵：一是生物学本质上是一门自然科学，与物理、化学、地球和空间科学一样具有自然科学属性，因此中学生物学课程也就是一门自然科学课程，应当具有自然科学课程的属性；二是生物学不同于物理、化学、地球和空间科学，它具有自身的特点，因此中学生物学课程也就不同于其他自然科学课程，具有独特的特点和不可替代的育人价值。① 以下是具体的解释。

生物学的自然科学属性反映科学的本质。自然界是自然科学的认识对象，某个方面的认识成果只有在结构化形成一个知识体系后才能成为一门科学。因此，科学首先是关于自然界的知识体系，这种知识体系是开放的、动态的，会不断有新概念、新观点、新思想涌现，过时的观点、概念可能会得到修正甚至剔除。换句话说，科学知识只是人们在一定阶段对自然界的认识，固然具有相对稳定性，但并不意味着是终极真理。因此在科学领域里倡导合理的怀疑，以怀疑作审视的出发点，合理的怀疑是科学进步的动力。科学不仅是知识体系，也是一种探究的过程，并且始终处于探究的过程中，在探究过程中形成科学研究特有的思维方式。科学研究特有的思维方式首先是高度理性，力求反映客观实际，科学的求真精神即源于此，还包括重视逻辑和实证。

关于生物学学科特点的概括，更是见仁见智之事。朱正威老师认为生命物质基础具有特殊性——生物大分子、生命自然界具有多层次性、生命是一个复杂的开放系统、生命活动和信息不断变换、生命在自然界是一个复杂的网络，这些观点现在已经成为可持续发展的理论基础。在生命科学中人是研究的主体又是客体，所以，生命科学的研究方法具有其独特性。上述论述为我们思考生物学的学科本质提供了框架和视角，具有开创意义。赵占良老师在学习和思考的基础上，做出如下概括：研究对象的特殊性、思想观念的人文性、概念和规律的概率性、思维方式的灵活性、研究方法的综合性、学科地位的领先性、实践应用的广泛性。研究对象的复杂性表现在：研究对象是活的、有生命的；研

---

① 赵占良. 试论中学生物学的学科本质[J]. 中学生物教学，2016(1-2)：4-8.

究对象是复杂系统;研究对象是历史的产物;研究对象包括人。思想观念的人文性主要体现在它实现了世界观、人生观和价值观的全覆盖,生物学的学科思想中最核心的是进化思想和生态学思想。研究对象的复杂性和多样性决定了生物学的概念和规律的概率性,进而决定了生物学思维的灵活性。生物学研究对象的特殊性还决定了研究方法的综合性,表现为数学、物理和化学方法在生物学中的综合运用,自然科学通用的观察法、实验法、调查法、模型法等在生物学中也同样应用广泛。

二、中学生物学课程是科学学习领域的重要科目

在生物学课程研究中,对生物学课程性质的研究是不可回避的一个重要问题。它是生物学课程研究的逻辑起点,是生物学课程设计与编制首先需要解答的问题。

(一)课程标准对生物学课程的性质定位是学科课程和科学课程

《义务教育生物学课程标准(2011 年版)》和《普通高中生物学课程标准(2017 年版)》规定,生物科学是自然科学中的基础学科之一,是研究生命现象和生命活动规律的一门科学。它是农林、医药卫生、环境保护及其他有关应用科学的基础。生物科学经历了从现象到本质、从定性到定量的发展过程,并与工程技术相结合,对社会、经济和人类生活产生越来越大的影响。生物科学有着与其他自然科学相同的性质。它不仅是一个结论丰富的知识体系,也包括了人类认识自然现象和规律的一些特有的思维方式和探究过程。生物科学的发展需要许多人的共同努力和不断探索。这些是生物学课程性质的重要决定因素。

义务教育阶段的生物学课程是自然科学领域的学科课程,其精要是展示生物科学的基本内容,反映自然科学的本质。它既要让学生获得基础的生物学知识,又要让学生领悟生物学家在研究过程中所持有的观点以及解决问题的思路和方法。生物学课程期待学生主动地参与学习过程,在亲历提出问题、获取信息、寻找证据、检验假设、发现规律等过程中习得生物学知识,养成理性思维的习惯,形成积极的科学态度,发展终身学习的能力。学习生物学课程是每个未来公民不可或缺的教育经历,其学习成果是公民素养的基本组成。义务教育阶段的生物学课程是国家统一规定的、以提高学生生物科学素养为主要目的的学科课程,是科学教育的重要领域之一。

《全日制义务教育生物课程标准(实验稿)》和《普通高中生物课程标准(实

验)》规定，生物科学是自然科学中的一门基础学科，是研究生命现象和生命活动规律的科学。它是农业科学、医药科学、环境科学及其他有关科学和技术的基础。生物科学的研究经历了从现象到本质、从定性到定量的发展过程。当今，它在微观和宏观两个方面的发展都非常迅速，并且与信息技术和工程技术的结合日益紧密，正在对社会、经济和人类生活产生越来越大的影响。

高中生物学课程是普通高中科学学习领域中的一个科目。高中生物学课程将在义务教育基础上，进一步提高学生的生物科学素养，尤其是发展学生的科学探究能力，帮助学生理解生物科学、技术和社会的相互关系，增强学生对自然和社会的责任感，促进学生形成正确的世界观和价值观。生物学有着与其他自然科学相同的性质。它不仅是一个结论丰富的知识体系，也包括了人类认识自然现象和规律的一些特有的思维方式和探究过程。生物学的发展需要许多人的共同努力和不断探索。生物学的学科属性是生物学课程性质的重要决定因素。

总之，中学生物学课程既属于学科课程，同时又是一门科学课程。学科课程方面，生物学是一门科学教育的重要学科，必须与其他科学教育学科如物理、化学等共同作用于学生个体，促进学生综合科学素养的发展和培养，这就界定了生物学课程的学科性。科学课程方面，生物学课程是科学教育中的一门重要学科，它作为科学课程，不仅要传播科学的事实和知识，更要体现科学是一个探究的过程，即生物学课程要体现科学的本质和特征，这就规定了生物学课程的科学性。中学生物学课程就是要使广大的受教育者都在积极主动的科学探究过程中，像科学家一样思考问题，领悟科学研究方法，获取生物科学基础知识，培养生物学学科核心素养，达到社会发展的基本要求，还要为那些经过高一级学校专业教育之后，将要从事生物科技研究的学生，打好比较扎实的生物学基础。

【知识链接】

> **刘恩山老师在 21 世纪初对我国中学生物学课程 50 年发展历程的回顾①**
> 20 世纪 50 年代初，我国全面引进了苏联的中学生物学课程体系，经

---

① 刘恩山. 21 世纪我国中学生物学课程改革的构想和发展策略[J]. 学科教育，2001(2)：1-6.

过数年的实验和修改，形成了全国统一要求的中学生物学课程和教学大纲。在当时我国经济和教育都十分落后的情况下，全国统一大纲的制定对新教材的发展、教学水平的提高以及师资培训等都发挥了重要的作用。但是，从50年代到80年代的40年里，由于特定的历史原因，我国生物学课程发展十分缓慢，虽然有过一些教学内容上的变化，但在课程理念和课程结构等方面没有大的改动，使得课程发展没有跟上时代的发展和生物科学的进步，甚至在60年代出现了严重的倒退。到了80年代，我国中学生物学课程同国外生物学课程的差距已经十分明显。

从80年代中期，我国的生物学教育工作者有更多的机会了解国际上生物学教育发展的动态和趋势，能够与国外同行交流不同的学术观点和研究成果，使我们能够更容易地发现自己的特点和不足。另外，国内改革的条件和环境也更加成熟。这些因素使我国生物学课程在改革开放的10年中得以发展。

十多年来，我国社会、经济迅速发展和变革，国家将科教兴国作为基本国策，自然科学课程的改革也在加速进行，这些因素促使生物学课程改革取得了一些明显的进步，主要表现在：

初中的综合课程的出现。几十年来，我国初中自然科学不仅是理、化、生课程分科设置，生物课本身也分为植物、动物、人体生理卫生三门课程。90年代初，全国的初中课程将植物、动物和人体生理卫生三门课程合并为一门综合的生物课，并增加了遗传、进化和生态等内容，使初中生获得的知识结构趋于合理。与此同时，综合理科在浙江等地出现，对我国自然科学课程的设置、课程理念、选材原则和教材编写等都产生了较大的影响，为进一步改革积累了有益的经验。

生物学教材的多样化。1990年以前的40年间，全国中学生使用同一版本的教材。我国幅员辽阔，各地之间生物的分布、自然条件、经济条件相差很大，一本教材难以适应不同地区的学校和学生的要求。从90年代开始，出现了多种版本的生物学教材，使生物学教师在教材上有了更多的选择。多种教材的出现，也使得生物学教材市场有了竞争，促进了教材的发展和提高。

生物学课程加强了环境教育。面对中国和世界范围内日益严重的人口、资源、污染等一系列环境和生态问题，生物学课程加强了环境教育的内容，以提高学生的环保与生态观念和意识，使他们承担起保护家园、保护环境的责任。

课程内容的更新。增加了反映生物学新领域和新进展的内容，适当削减了经典生物学的内容。例如，遗传学、生态学、行为学、细胞生物学的内容被填充到高中课程中。

(二)中学生物学课程应聚焦学生学科核心素养的发展

2017 年，教育部颁布新修订的《普通高中课程方案和语文等学科课程标准(2017 年版)》，"着力发展核心素养"是此次修订工作的一个基本原则和主要变化，也是普通高中培养目标的重要组成部分。中国学生发展核心素养是党的教育方针的具体化、细化，各学科要基于学科本质凝练学科核心素养，明确学生学习该学科课程后应达成的正确价值观念、必备品格和观念能力。

我国正在深化高中课程改革，发展学生的核心素养被置于这一改革的基础地位。高中生物学课程改革的深入进行也将以促进学生核心素养发展为目标。核心素养与学科课程的关系，是近一段时期内的研究热点。梳理中学生物学课程在发展学生的核心素养方面的价值和基本任务是需要予以重视的基础问题。

中学生物学课程的核心教育价值——中学生的核心素养是学生应具有的最关键、最必要的共同素养，是知识、能力和态度等的综合表现。中学生物学课程在学生核心素养发展方面的基本价值，是让学生形成基本的生命观和生物学基本观点，提升科学素养。既要让学生建立生物学核心概念，以达成对生命的理解，又要让学生参与科学探索的实践，体验生物学知识的形成过程、感悟生物学思想、方法，建立对生物学的理解。在此基础上，引导学生进一步理解自然，形成科学态度，养成科学精神，为学生未来的个人生活与社会参与奠定素养基础。

学习生物学课程，达成对生命的理解和对生物学的理解是首要目标。在理解生命和理解生物学的基础上，学生一方面可以更好地理解自然界；另一方面可以更好地理解科学的本质，养成科学态度与精神，并将这些理解应用于未来的生活中、未来的社会角色里。①

三、中学生物学课程具有自身独特的学科价值

(一)中学生物学课程能够促进生命科学文化发展

课程是对文化的传承，作为一种文化形态，课程本身也经历了历史发展的过程。在研究生物学课程时，需要从文化的角度了解生命科学发展的历史，尤其是生物学史上发生过的科学革命。②

科学技术的进步带来辉煌的工业文明，然而，没有足够的人文素养的人是不能真正理解生命的价值、科学技术的价值和正确运用科学技术服务于社会的，科学技术可能会成为压制、残害甚至毁灭人类的野蛮力量。多年以来，我国在基础教育领域存在重视学科知识体系而忽略人文资源，重视智力培养而忽略非智力因素，盲目追求升学率等倾向，导致青少年缺乏信仰、情感冷漠、轻视生命等大量问题。

人类正在对科技理性主义进行反思，科学的发展呈现出自然科学与人文科学相互渗透和融合的趋势。实现科学性与人文性的统一，培养学生的人文素养，这是生物学课程的教育价值取向之一。在生物学课程中，人文素养教育的内容主要是科学精神、全球化与爱国主义、可持续发展、生物学与审美、生物学与文学、生命伦理、生物学学科思想发展对人类的影响等。

(二)中学生物学课程能够促进学生个性发展

当前我国基础教育评价体系中，评价内容过多侧重学科知识，评价方式以纸笔测试为主，评价标准强调共性，评价重心过于关注结果……忽略了学生的兴趣爱好、个性差异和个性化发展的价值，从而使学生失去了童年的乐趣，创新精神和能力下降。

世界上没有两片完全相同的树叶，教育的对象是有血有肉、充满个性差异的生命体，学生是发展中的人，具有极大的发展潜能。尊重学生的独特性，不能用统一标准衡量所有学生，教育不是工厂化生产的过程，要因材施教。在生物学课程的教育中，特别要善待两类学生：一类是处于相对弱势的群体，他们可能基础薄弱、学习方法不适合、缺少兴趣，等等，教师要创设情境，让他们

---

① 谭永平. 中学生物学课程在发展学生核心素养中的教育价值[J]. 生物学教学，2016，41(5)：20-22.

② 余自强. 生物课程论[M]. 北京：教育科学出版社，2006.

能够获得发展和成功的机会，体会到学习生物学的价值和快乐；另一类是对生物学有特别兴趣的学生，教师要积极指导他们开展生物科技活动、参加学科竞赛、阅读专业书籍等，为他们发展自己的特长提供机会，将兴趣与爱好升华为理想、志向。人生历程的每一步都得自己走，生物学课程要求面向全体学生，因材施教，将学生养成具有健全人格、社会责任感、创新精神及终身学习能力的独立个体，让学生在认识世界和认识自我的过程中，增强自主性，在不断自我超越的过程中，体验生命的力量。

（三）中学生物学课程能够加强人类生命关怀

人既是生命科学研究的主体，又是生命科学研究的客体。生物学科的特点决定了生物学课程是开展生命教育的良好载体。加强生命关怀，让学生认识生命、珍惜生命、发展生命是生物学课程独特的教育价值。

认识生命不仅是让学生知道生命从哪里来到哪里去、生命体的结构与功能，而且要体验生命的特点、生命的艰辛、生命的美好。每一个生命都有属于自己的生活方式，每一个物种都有其独特的存在价值。认识生命，让学生学会尊重、欣赏、感恩、宽容，从而创造人与人、人与自然的和谐氛围。

青少年正处在人生观、价值观的形成时期，容易受到非主流文化的影响，极可能出现酗酒、吸烟、吸毒、性犯罪等严峻的问题。面对日益激烈的学习、升学、就业、情感压力，他们如果缺乏正确的认识能力，有时如果会错误地选择极端的做法以求解脱。许多不良的生活方式、生活态度是在儿童和青少年时期就逐步形成的，对个人、家庭和社会有时会造成巨大危害。珍惜生命，不但有利于自己和他人的身心健康，而且有利于保障社会的安宁和国家的繁荣昌盛和可持续发展。对于学生而言，生物学课程的价值直接影响到其发展和成长。[①]

生物学课程通过让学生了解祖国的生物资源和生物科技利用的有关知识，培养学生的爱国主义精神和富民强国的责任感，通过介绍科学家的科研事迹和他们对人类做出的贡献，让科学家成为学生心目中的偶像和奋斗目标；生物学课程还可以引导学生自觉提高环境保护意识，通过对人为破坏环境而改变人类生存条件造成的恶劣后果的描述，使学生产生忧患意识，理解人与自然和谐发展的意义，树立可持续发展的观念，形成热爱自然的情感，进而养成自觉的环保习惯。

---

① 李能国. 生物课程的教育价值取向[J]. 中学生物教学，2007(12)：8-9.

(四)中学生物科学能够帮助学生建立学科思想和方法论体系

在中学生物学课程中课程内容是对浩瀚的人类生物科学研究成果的精选，通过教学过程，学生在掌握这些生物科学信息的同时，能逐步构建自身知识体系中的生物学基础知识。同时，在中学生物学课程中，学生通过亲自动手操作，重复和验证科学实验，在一定范围内进行探索研究，获得生物学基本技能，进而培养各种基本能力。

生物学课程可以引导学生追求健康体魄，通过对人体生命活动规律知识的学习和生理保健教育，学生将主动加强体育锻炼以获得强壮健康的体魄；在中学生物课程中结合致病因素与人体健康的关系，强调讲究卫生的重要性，使学生达到自我保护、提高免疫、预防疾病、避免痛苦的目的，使学生养成良好的卫生习惯；通过对天然食品的营养成分的分析，让学生理解天然食品在人体生长发育过程中的生理作用，进而引导学生自觉改正偏食、挑食等不良饮食习惯，并合理用餐，平衡膳食；根据学生的年龄特点；适时安排人体性健康知识和青春期生理卫生知识教育，使学生形成健康的婚姻生育观念，从而健康地发育成长。

生物科学与人们的衣食住行、卫生保健以及环境保护密切相关。例如，"三农"问题的解决需依据农民生物科学素养的提高。转基因技术、杂种优势在动植物育种中得到广泛应用，在提高人们生活质量的同时也在不断形成新的产业，提供新的发展机会。健康问题中的生殖技术、器官移植、恶性肿瘤研究、干细胞研究等，都受到全人类的关注。科学在推动社会变化的同时，也给人们带来了挑战和新的问题。因此，生物课程将紧跟科学与社会进步的步伐，帮助学生了解和适应这些变化和挑战，并使他们有一定的能力去面对那些在日后必须要面对的、与生物相关的问题。

(五)中学生物科学能够帮助学生树立正确的人生观和价值观

在中学生物学课程中，通过对生物与非生物均统一于物质、生物界是变化发展的而非固定静止的、生物界各种事物与现象之间的相互联系和制约关系以及生物界的一切活动都要受客观规律支配等问题的学习、理解，最终培养学生确立辩证唯物主义世界观和科学的发展观。

在中学生物学课程中，学生可以利用生物学中有关生命起源、生命本质、神经生理、心理基础等内容，解决个人的某些心理问题，珍爱生命，培养开朗的性格、积极乐观的态度、宽容的胸怀、健全的理智，等等。在中学生物学课程中，学生为了完成各种科学探究活动任务，必须改变原有单独操作、费时费力的学习方式，通过分工合作、各司其职，高效保质地完成较大、较难的任务，最后再经过交流沟通，将成果与大家分享，并达到共同提高的目的。这将促使让学生形成团结合作的意识。这些意志和品格都会为学生终身的学习和发展打下基础。

同时，通过生物学课程的学习，学生的高层次认知能力得到发展，能有效地利用不同的学习资源和信息技术去获取、判断、筛选和利用信息，从而掌握终身学习的基本技能，为个人的持续发展打下基础。

综上所述，生物学课程在中学开设确实有其十分重要的教育价值，与其他中学课程相配合，必将对中学生个性的、全面健康的发展起到积极的促进作用。

【学以致用】

设计一个关于中学生物学课程认识和理解的调查，通过调查进一步了解人们如何看待中学生物学课程。

第三节　中学生物学课程标准是生物学课程与教学的指导纲领

【问题聚焦】

1. 中学生物学教学大纲和课程标准有哪些主要区别？
2. 中学生物学课程标准对生物学课程与教学起到了什么作用？

【案例研讨】

21世纪初刘恩山在《课程·教材·教法》上发表了《迎接新世纪的挑战，推进生物教学改革——高中生物教学大纲（试验修订版）的特点及其理念》，此次修订的生物教学大纲是我国最后一次生物教学大纲，此后改用生物课程标准。

问题：

1. 从（生物）教学大纲到（生物）课程标准的变化，除了名称上的变化外，在学科内容的实质上发生了什么变化？
2. 在教育教学理念上发生了哪些变化？
3. 是否还有其他变化？

一、中学生物学课程标准与教学大纲在我国不同历史时期的发展不同

清朝末年洋务派以"西学为用"为指导开始建立新式学校制度，开办新学堂，设置博物学科。《钦定中学堂章程》和《奏定中学堂章程》详细规定了各级各类学堂的目标、性质、年限、入学条件、课程设置及相互衔接关系，是我国中学课程指导纲领的起点。自此以后，我国各类课程的设置以及教学实施具有了政府规定的指导纲领。

【核心概念】

> **教学大纲**是根据教学计划中规定的各门学科的目的、任务而编写的指导性文件，有划框定向的性质。它以纲要的形式，具体规定了每门学科的知识，技能的范围、深度及其体系、结构，同时规定了教学的一般进度和对教学法的基本要求。教学大纲是教学内容的具体化，是狭义课程的具体化，课本撰写和教师教学都要以其为依据。教学大纲是由教育行政部门批准颁布的。

我国中学课程的发展经历了 3 个时期，即清末时期、民国时期和中华人民共和国成立以后。① 各个时期都有其特定的社会背景，因此各个阶段的生物学课程指导纲领各不相同，具体情况如表 2-1 所示。

【核心概念】

> 课程标准是指规定中小学的培养目标和教学内容的文件，是国家对学生接受一定教育阶段之后的结果所做的具体描述，是国家教育质量在特定教育阶段应达到的具体指标，它具有法定的性质，因此，它是国家管理和评价课程的基础，是教材编写、教学、评估和考试命题的依据。

---

① 王满寿，任衍刚. 中学生物学教学大纲和课程标准的发展[J]. 生物学教学，2003，28(12)：10-12.

表 2-1　我国中学生物学课程大纲(课程标准)发展历程

时期	年份	颁布的标准或大纲	主要介绍
清朝末期	1902—1904	《钦定中学堂章程》和《奏定中学堂章程》	开设博物学科,规定:"其植物当讲形体构造,生理分类功用;其动物当讲形体构造,生理习性特质,分类功用;其人体生理当讲身体内外之部位,知觉运动之机关及卫生之重要事宜;其矿物当讲重要矿物之形象性质功用,现出法、鉴定法之要略。"对教师的要求:凡教博物者在据实物标本得真确之知识,使适于日用生计及各项实业之用,万当细审植物动物相互之关系及植物动物与人生之关系,学习年限以 5 年为限,1～4 年开设博物课,每星期 2 钟点
	1909	《学部奏变通中学堂课程分为文科实科析》	仿效德国学制,规定文科和实科开设博物课程的要求,如"实科以外国语、算学、物理、化学、博物为主课"。第 1～2 年讲授,每周 6 钟点
民国时期	1912	《中学校令》	中华民国教育部颁布了《中学校令》,取消了文科和实科,规定中学修业年限为 4 年,要求"博物要皆在习得天然物之知识,领悟其中相互关系及对于人身之关系"。第 1、第 2 学年每周 3 节。第 3 学年每周 2 节
	1913	《中学校课程标准》	规定了博物开设的年级、讲授内容及学时数。第 1 至 3 学年学时数分别为每周 3、3、2 学时
	1923	《新学制课程标准纲要》	包括《初级中学自然课程纲要》和《高级中学第二组必修的生物学课程纲要》。中学修业 6 年,分初级和高级两段,各 3 年。自然课程的内容包括植物、矿物、理化学、天文、气象、地质等,为 16 学分;生物科课程包括普通植物学和普通动物学,为 6 学分
	1929 年	《中小学暂行课程标准》	包括《初级中学自然暂行课程标准》《初级中学植物暂行课程标准》《初级中学动物暂行课程标准》和《初级中学生理卫生暂行课程标准》,内容分目标、作业要项、时间支配、教学大纲、教法要点和最低限度 6 方面内容。实行学分制,植物、动物各为 3 学分。生理卫生 4 学分,生物学 4 学分

续表

时期	年份	颁布的标准或大纲	主要介绍
民国时期	1932	修订《中小学暂行课程标准》	将原来的学分制改成了学时制，包括"初级中学的植物学、动物学、卫生课程标准"以及"高级中学的生物学、卫生课程标准"。上述课程标准实施后，由于教学时数太多，学生负担繁重，教育部组织专家对课程标准进行了修订，于1936年颁布实行。取消了原高级中学的卫生课程标准
	1939—1941	《初级中学博物课程标准》《修正初级中学生理及卫生课程标准》和《修正高级中学生物课程标准》	为适应"抗战建国"的需要，将初中的植物学和动物学合并为"博物"一科，增加了地质、矿物学内容。于1941年颁布了《初级中学博物课程标准》（一学年学完，4节/周）、《修正初级中学生理及卫生课程标准》（两学年学完，讲授和实验1节/周）和《修正高级中学生物课程标准》（第一学年学完，讲授2.5节/周，实验0.5节/周）
	1948	《修订初级中学博物课程标准》《修订初级中学生理卫生课程标准》和《修订高级中学生物课程标准》	为适应抗战胜利后社会的需要，对原课程标准进行了第二次修订，颁布了《修订初级中学博物课程标准》（第一学年开设，3节/周，全年约100学时）、《修订初级中学生理卫生课程标准》（1学年，2节/周）和《修订高级中学生物课程标准》（3节/周）
中华人民共和国成立以后	1949	中华人民共和国教育部召开第一次全国教育工作会议	提出"以老解放区新教育经验为基础借助苏联经验，建设新民主主义教育"。结合我国开始的大规模的经济建设和文化建设，明确提出中学教育的任务就是"用马克思主义的理论，与中国革命实际相结合的毛泽东思想和普通文化知识教育年青一代，使他们的身心获得全面发展"
	1952	《中学生物学教学大纲（草案）》	教育部组成中小学教学大纲起草委员会，由该会生物组编制出我国第一个《中学生物学教学大纲（草案）》。大纲以苏联的中学生物学教学大纲为蓝本，结合我国的实际情况加以中国化。结束了过去我国中学生物学教学缺乏一个完善的教学大纲的状况。教材内容系统性强，强调实验和演示，

续表

时期	年份	颁布的标准或大纲	主要介绍
中华人民共和国成立以后			注重与生物实际的联系，但教学内容烦琐，反映现代科学知识的最新成就较少，与学生实际不符，难于领会
	1954	《精简中学生物学教学大纲（草案）》	教育部制定了《精简中学生物学教学大纲（草案）》和课本的指示，指出：现行中学生物学教学大纲和课本的内容所包含的分量太多，不仅造成学生负担过重，而且影响教学质量的提高。删减的原则为：①删去超越基本科学知识范围的次要的教材；②删去不符合学生年龄特征的难深教材
	1956	《中学生物学教学大纲（修订草案）》	教育部制定了《中学生物学教学大纲（修订草案）》并做如下说明：为了在中学教育中进一步贯彻全面发展的教育方针，实施基本生产技术教育，初中植物学改在一、二年级学习，2 节/周；动物学三年级学习，3 节/周；增加了我国主要栽培植物的栽培条件、方法，米丘林培育新品种的方法及我国常见动物种类
	1963	《全日制中学生物学教学大纲（草案）》	特点是：改革了"以形态解剖为纲，以达尔文进化论为中心"的教学体系，建立了"以生理为纲，以改造自然为中心"的教学。注重培养学生的辩证唯物主义世界观；增加了实验、习验比重，指出了理论联系实际和培养基本技能的方法和方向；结合生产和最新科学成就；着重抓基础知识和基本技能的掌握，但对学习智力开发与培养不够重视
	1978	《全日制中学生物学教学大纲（试行草案）》和《中学生物卫生教学大纲（试行草案）》	大纲的内容包括以下几方面：明确指出生物学课程的性质和任务；确定生物学课程的教育目标；说明选取教学内容的原则和教学安排；教学方法要求；教学评价

续表

时期	年份	颁布的标准或大纲	主要介绍
中华人民共和国成立以后	1985	高中生物学两种要求的教学纲要	为大面积扎扎实实地提高教学质量，原国家教委在调查研究的基础上制定了高中生物学两种要求的教学纲要，并出版了高中生物学两种不同教学要求的课本（甲种本、乙种本），要求各校从实际出发，根据学生基础和学校条件选用
	1988	《九年义务教育全日制初级中学生物教学大纲（试用）》	人民教育出版社根据原国家教委颁布的《九年义务教育全日制初级中学生物教学大纲（试用）》的规定和要求编写的初中生物学分科教材，一套三册，于1993年开始使用
	1996	《全日制普通高级中学生物教学大纲（供实验用）》	1996年，原国家教委基础教育司颁布了《全日制普通高级中学生物教学大纲（供实验用）》，自1998年秋季开始在山西、江西和天津进行试验。在实验取得经验的基础上，1999年6月，教育部基础教育司对该大纲进行了修订
	2000	《全日制普通高级中学生物教学大纲（实验修订版）》	主要内容由7个部分组成：课程目的、课程目标、课程安排、教学内容、教学中应注意的几个问题、教学评价和教学设备。此外还有附录：关于教学要求层次的说明。大纲具有以下特点：①按照素质教育要求，突出了先进的课程理念；②对原大纲的知识体系做了较大的改变；③对教学内容的知识点进行适当更新；④更加重视全面提高学生的科学素养；⑤更加注重理论联系实际；⑥增加弹性，以适应不同学校和不同学生的需要
	2001	《全日制义务教育生物课程标准（实验稿）》	这是中华人民共和国成立以后首次颁布的生物课程标准。新研制的课程标准在继承我国现行生物学教学优势的基础上，力求更加注重学生的发展和社会的需要，更多地反映生物科学技术的最新进展；更加关注学生已有的生物学研究经验；更强调学生的主动学习，并增加实践环节
	2003	《普通高中生物课程标准（实验）》	与生物教学大纲相比，《普通高中生物课程标准（实验）》在课程性质、课程理念、课程目标等方面都有突破性的发展，在指导基础教育高中生物课程改革方面发挥了重要作用，在引领生物教学实践方面取得了显著成效

续表

时期	年份	颁布的标准或大纲	主要介绍
中华人民共和国成立以后	2011	《义务教育生物学课程标准（2011年版）》	教育部颁布的《义务教育生物学课程标准（2011年版）》是在《全日制义务教育生物课程标准（实验稿）》施行近十年的基础上修订的，该标准广泛征集意见和反馈，同时紧跟国际生物学教育发展前沿
	2017	《普通高中生物学课程标准（2017年版）》	该标准是在培养学生发展核心素养的背景下修订的，主要特点是凝练了生物学学科核心素养，课程内容聚焦大概念，教学过程重实践，学业评价促发展

与课程大纲相比，课程标准更加服务于课程与教学，为课程设置和教学实施提供了切实可依的准则，具体表现在：在课程目标方面更加细致、易操作；在内容设置方面更加注重知识的更新、科学技术与社会的关系，以及学生身心的健康发展。① 充分体现义务教育阶段的生物学课程价值，体系结构方面更加完善，具体内容如表 2-2 所示。

表 2-2 我国课程标准与教学大纲体系结构比较

课程标准或教学大纲	《义务教育生物学课程标准（2011年版）》	《普通高中生物学课程标准（2017年版）》	《全日制普通高级中学生物教学大纲（试验修订版）》	《九年义务教育全日制初级中学生物教学大纲（试用修订版）》
体系结构	第一部分　前言 一、课程性质 二、课程基本理念 三、课程设计思路 第二部分　课程目标 第三部分　课程内容 一、科学探究 二、生物体的结	一、课程性质与基本理念 （一）课程性质 （二）基本理念 二、学科核心素养与课程目标 （一）学科核心素养	一、课程目的 二、课程目标 三、课程安排 四、教学内容 五、教学中应该注意的几个问题 六、教学评价 七、教学设备	一、教学目的要求 二、确定教学内容的原则 三、教学中应该注意的几个问题 四、教学内容

---

① 汪忠.《生物课程标准》和《生物教学大纲》的比较[J]. 生物学通报，2002，37(2)：33-36.

课程标准或教学大纲	《义务教育生物学课程标准（2011年版）》	《普通高中生物学课程标准（2017年版）》	《全日制普通高级中学生物教学大纲（试验修订版）》	《九年义务教育全日制初级中学生物教学大纲（试用修订版）》
体系结构	构层次 三、生物与环境 四、生物圈中的绿色植物 五、生物圈中的人 六、动物的运动和行为 七、生物的生殖、发育与遗传 八、生物的多样性 九、生物技术 十、健康地生活 第四部分　实施建议 一、教学建议 二、评价建议 三、教材编写建议 四、课程资源开发与利用建议 附录 　附录1　教学与评价实例 　附录2　学习目标的说明	（二）课程目标 三、课程结构 （一）设计依据 （二）结构 （三）学分与选课 四、课程内容 （一）必修课程 模块1　分子与细胞 模块2　遗传与进化 （二）选择性必修课程 模块1　稳态与调节 模块2　生物与环境 模块3　生物技术与工程 （三）选修课程 现实生活应用 职业规划前瞻 学业发展基础 五、学业质量 （一）学业质量内涵 （二）学业质量水平 （三）学业质量水平与考试评价的关系	附录：关于教学要求层次的说明	附录：关于教学要求层次的说明

续表

课程标准或教学大纲	《义务教育生物学课程标准（2011年版）》	《普通高中生物学课程标准（2017年版）》	《全日制普通高级中学生物教学大纲（试验修订版）》	《九年义务教育全日制初级中学生物教学大纲（试用修订版）》
体系结构		六、实施建议 （一）教学与评价建议 （二）学业水平考试与命题建议 （三）教材编写建议 （四）地方和学校实施本课程的建议 附录 附录1　学科核心素养水平划分 附录2　教学与评价案例		

二、中学生物学课程标准是生物学课程与教学的指导纲领

我国现行中学生物学课程标准分别是《义务教育生物学课程标准（2011年版）》和《普通高中生物学课程标准（2017年版）》，课程标准作为生物学课程与教学的指导纲领，为地方与学校实施生物学课程、生物学教学及评价、学生学业水平考试与命题和生物学教材编写等提供依据。步入21世纪，以生物科学技术和信息技术为标志的科学技术在迅猛发展，科技对人类的社会生活产生越来越大的影响。理科课程的改革首先是科学教育理念的变化。"科学素养"理念的形成使科学教育有了新的目标：努力提高全体学生的科学素养，并力求使学生能够在日常生活中热爱科学、理解科学和运用科学。

（一）课程名称由生物变为生物学

《全日制普通高级中学生物教学大纲（试验修订版）》中课程名称为"生物"，在2003年发布的《普通高中生物课程标准（实验）》中，课程名称也为"生物"，与2001年发布的《全日制义务教育生物课程标准（实验稿）》相同。2011年发布的《义务教育生物学课程标准（2011年版）》中首次将中学生物学课程名称修订

为"生物学",《普通高中生物学课程标准(2017 年版)》沿用了"生物学"这一课程名称。从"生物"到"生物学"并非一字之差,而是课程理念的变革。修订后的"生物学"课程,从课程内容、课程结构等角度均有调整,课程内容的内在联系更为紧密,学科特色凸显。

(二)课程理念注重培养生物科学素养和生物学学科核心素养

科学课程理念是人们关于科学教育的一些基本信念,其中包含了对科学教育(或科学课程)价值的认识,以及对科学的性质和科学教育特点的理解。课程理念也代表了课程设计者或教师对课程方向和重点的选择。科学课程的理念也会随着时代的进步而发展。生物课程标准强调了 3 个课程理念:面向全体初中学生;提高生物科学素养;倡导探究学习。普通高中生物学课程理念还包括"注重与现实生活的联系"。

在《普通高中生物学课程标准(2017 年版)》中,课程理念修订为"核心素养为宗旨""内容聚焦大概念""教学过程重实践""学业评价促发展",进一步与新时代发展背景相适应。生物学学科核心素养包括生命观念、科学思维、科学探究和社会责任。

该课程标准提出了"面向全体初中学生、全面提高学生的生物科学素养和倡导探究性学习"的课程理念。同时,也强调根据不同学生的发展状况和需求因材施教,以保证每个学生都得到充分的发展;标准从课程目标、课程内容、实施建议等方面指出要提高每个学生的生物科学素养;在内容标准中单列"科学探究"主题,在其他主题中给出多项活动建议和探究案例,并在教材编写建议和评价建议中特别要求实现学生学习方式的改变。

(三)课程目标由三维目标到生物学学科核心素养

我国生物学课程目标的设置经历了由注重基础知识与技能的"双基教学"到以知识、能力和情感态度价值观为要素的"三维目标",再到以生物学学科核心素养为核心的"素养目标"。

1. 明确以知识、能力和情感态度为基础的三维目标

课程目标是生物学教学活动的出发点和归宿,它指导和制约了学校的一切教学活动。《全日制义务教育生物课程标准(实验稿)》(表 2-3 中简称《标准》)和《九年义务教育全日制初级中学生物教学大纲(试用修订版)》(表 2-3 中简称《大纲》)提出的课程目标相比较,主要变化如表 2-3 所示。[①]

---

① 汪忠.《生物课程标准》和《生物教学大纲》的比较[J]. 生物学通报,2002,37(2):33-36.

表 2-3　《标准》和《大纲》中课程目标的比较

《大纲》	《标准》	说明
知识方面： ①初步获得生物的生活习性、形态结构、生理功能、分类、遗传、进化和生态等基础知识，了解这些知识在生产、生活中的应用； ②初步获得人体形态结构、生理功能和卫生保健的基础知识，养成良好的卫生习惯	知识： ①获得有关生物的结构层次、生命活动、生物与环境、生物进化以及生物技术等生物学基本事实、概念、原理和规律的基础知识； ②获得有关人体结构、功能以及卫生保健的知识，促进生理和心理的健康发展； ③知道生物科学技术在生活、生产和社会发展中的应用及其可能产生的影响	和《大纲》相比，《标准》首次： ①不仅要求获得"生物的生活习性、形态结构等知识"，还要求"生物技术"等基础知识； ②不仅要求知道知识的应用，而且要求知道"可能产生的影响"； ③不仅提出"促进生理健康发展"，还提出"促进心理健康发展"； ④不仅提出"知道生物科学技术在生活、生产中的应用"，还提出"在社会发展"中的应用。 这些变化表明，《标准》比《大纲》更加关注知识的更新、科学技术与社会的关系、学生身心的健康发展。充分体现了义务教育阶段生物学课程的价值
能力方面： ①能够对生命现象进行观察、记录、整理和报告； ②能够正确使用生物实验中的常用工具和仪器，具备一定的生物实验操作技能； ③初步学会科学探究的一般方法，能够运用所学知识、技能分析和解决一些身边的生物学问题； ④初步具有进一步获取课本以外的生物学信息的能力	能力： ①正确使用显微镜等生物学实验中常用的工具和仪器，具备一定的实验操作能力； ②初步具有收集和利用课内外的图文资料及其他信息的能力； ③初步学会生物科学探究的一般方法，发展学生提出问题、做出假设、制订计划、实施计划、得出结论、表达和交流的科学探究能力。在科学探究中发展合作能力、实践能力和创新能力； ④初步学会运用所学的生物学知识分析和解决某些生活、生产或社会实际问题	和《大纲》相比，《标准》首次： ①不仅提出"科学探究的一般方法"，而且明确而完整地提出"科学探究"的内涵，并进一步提出发展合作能力、实践能力和创新能力； ②不仅要求"分析和解决一些身边的生物学问题"，而且要求"分析和解决某些生活、生产或社会实际问题"。这些变化表明，《标准》比《大纲》更加强调科学探究在生物学教学中不可替代的作用，力图切实发展科学探究的能力，并以此推动学习方式的改变。同时，《标准》不像《大纲》那样，仅仅关注学生解决"身边生物学问题"，未能摆脱学科中心的束缚；《标准》要求"分析和解决某些生活、生产或社会实际问题"，强调学科间的综合、强调更多地关注生活、关注社会实际问题

续表

《大纲》	《标准》	说明
思想情感方面： ①热爱大自然，热爱生命，形成保护生物多样性、保护环境的意识，增强爱国主义情感； ②乐于探索生命的奥秘，具有一定的探索精神和创新意识； ③初步形成生物学的基本观点，受到辩证唯物主义教育的影响，能够以科学的态度去认识生命世界	情感态度与价值观： ①了解我国的生物资源状况和生物科学技术发展状况，培养爱祖国、爱家乡的情感，增强振兴祖国和改变祖国面貌的使命感与责任感； ②热爱大自然，珍爱生命，理解人与自然和谐发展的意义，提高环境保护意识； ③乐于探索生命的奥秘，具有实事求是的科学态度、一定的探索精神和创新意识； ④关注与生物学有关的社会问题，初步形成主动参与社会决策的意识； ⑤逐步养成良好的生活与卫生习惯，确立积极、健康的生活态度	和《大纲》相比，《标准》首次： ①明确提出"理解人与自然和谐发展的意义"； ②明确提出"初步形成主动参与社会决策的意识"； ③明确提出"确立积极、健康的生活态度"。 这些变化表明，《标准》比《大纲》更加强调"理解人与自然和谐发展的意义"的重要性；突出"主动参与社会决策的意识"是培养公民素养的重要组成要素，是义务教育性质决定的；"积极、健康的生活态度"是学会健康生存的必要前提，是义务教育的目标之一

重视学生情感态度和价值观的培养，例如，在内容标准的"生物与环境"主题中，列入"确立生物圈保护意识"；在"健康的生活"主题中，列入"拒绝毒品"；在"生物的多样性"主题中，列入"关注我国特有的珍稀动、植物"和"保护生物多样性"等。

2. 由三维目标到培养学生生物学学科核心素养

学科核心素养融合了原有的"三维目标"（知识、能力、情感态度与价值观），是学科育人价值的集中体现，是学生通过学科学习逐步形成的正确价值观念、必备品格和关键能力。生物学学科核心素养是学生在生物学课程学习过程中逐渐发展起来的，在解决真实情境中的实际问题时所表现出来的价值观念、必备品格与关键能力，是学生知识、能力、情感态度与价值观的综合体现，包括生命观念、科学思维、科学探究和社会责任。

生命观念是对观察到的生命现象及相互关系或特性进行解释后的抽象，是人们经过实证后的观点，是能够理解或解释生物学相关事件和现象的意识、观念和思想方法。科学思维是指尊重事实和证据，崇尚严谨和务实的求知态度，运用科学的思维方法认识事物、解决实际问题的思维习惯和能力。科学探究是指能够发现现实世界中的生物学问题，针对特定的生物学现象，进行观察、提问、实验设计、方案实施以及对结果的交流与讨论的能力。社会责任是指基于生物学的认识，参与个人与社会事务的讨论，作出理性解释和判断，解决生产生活问题的担当和能力。

生物学学科核心素养满足"面向全体学生""提高生物科学素养""倡导探究性学习""注重与现实生活的联系"等原有课程理念，同时加强了原有"三维目标"的融合，实现综合性提升，关注范围更加广泛。

3. 调整课程内容并重视"大概念"教学

在《普通高中生物学课程标准（2017 年版）》中，课程设计在必修和选择性必修课程模块中聚焦"大概念"，让学生理解并应用重要的生物学概念，"大概念"是在《义务教育生物学课程标准（2011 年版）》"重要概念"的基础上发展而来的。教学过程方面更加重视学生的实践经历。在学业评价方面，课程重视以评价促进学生的学习与发展。例如，在内容标准中强调通过自主观察、调查等探究活动的开展，形成学生的生物体的结构和功能相适应的观点、生物进化观点和生态学观点。这与《普通高中生物学课程标准（2017 年版）》中提出的培养学生生物学学科核心素养有重要关联，生物学学科核心素养包括生命观念、科学思维、科学探究和社会责任 4 个方面。结构与功能相适应正是体现了"生命观念"中的"结构与功能观"。

4. 构建起课程目标和课程内容相对统一的体系

构建起课程目标和课程内容相对统一的体系，是中华人民共和国成立以来颁布的生物教学大纲一直试图解决而未能解决好的一个问题。课程目标体现了国家对教师的教和学生的学的具体要求，课程内容应该为完成课程目标服务。50 多年来，虽然我国生物教学大纲的课程目标一直制定得比较全面，不仅包括知识、技能方面的要求，也包括能力、思想道德和态度等方面的要求，但是，大纲中的课程内容主要体现为知识和技能的要求。例如，《九年义务教育全日制初级中学生物学教学大纲（试用修订版）》全面明确地提出了"知识方面、能力方面和思想情感方面"的课程目标，特别值得肯定的是明确提出了"热爱大自然，热爱生命，形成保护生物多样性、保护环境的意识，增强爱国主义情感"等。但是，在课程内容方面，则仅有"鱼类资源的利用和保护""保护鸟类的多样性""保护哺乳动物的多样性""保护生物多样性和建立自然保护区的意义"和"保护植被的意义"等知识性内容以及部分实验和实践活动。如果说上述内容确实能够使学生学习到有关保护生物多样性和保护环境的意识方面的知识，那么，其中含有的情感态度与价值观的课程目标则明显缺乏必要的课程内容的支撑。

《全日制义务教育生物课程标准(实验稿)》在构建课程目标和课程内容相对统一的新体系方面迈出了坚实的一步。它将知识要求和能力、情感态度与价值观的要求都列入课程标准的"具体内容标准"中，真正将课程目标和课程内容统一于一体。例如，《全日制义务教育生物课程标准(实验稿)》在各主题中分别列入"确立保护生物圈的意识""参加绿化家园的活动""设计一份营养合理的食谱""关注食品安全""拟订保护当地生态环境的行动计划""认同优生优育""关注我国特有的珍稀动植物""形成生物进化的基本观点""关注生物技术的发展对人类未来的影响""养成青春期的卫生保健习惯""关注癌症的危害""拒绝毒品"及"运用一些急救的方法"等融知识、技能、能力、情感态度与价值观于一体的内容，有利于课程目标的真正达成。再如《全日制义务教育生物课程标准(实验稿)》制定的"热爱大自然，珍爱生命"的课程目标也得到充分体现，《全日制义务教育生物课程标准(实验稿)》的"具体内容目标"删除了过去教学大纲中较多的解剖动物、采摘植物标本的内容，代之以观察、栽培、饲养和保护动植物的内容，并通过案例的形式，明确而具体地传递出这一信息，例如在"探究影响鼠妇分布的环境因素"案例中，明确提出"活动完成后将鼠妇放回大自然"。

另外，《九年义务教育全日制初级中学生物学教学大纲(试用修订版)》虽然也提出要指导学生"初步学会科学探究的一般方法"，但主要停留在能力和技能方面。《全日制义务教育生物课程标准(实验稿)》则明确提出"将科学探究引入义务教育阶段生物课程的内容标准，是为了促进学生学习方式的改变，使学生能主动地获取生物科学知识，体验科学过程与科学方法，形成一定的科学探究能力和科学态度与价值观，培养创新精神"，并在此基础上将"科学探究"作为课程内容的一个一级主题。这样，《全日制义务教育生物课程标准(实验稿)》提出的课程目标就得到了具体的贯彻。

5. 义务教育阶段课程体系以"人与生物圈"为主线设计 10 个主题

我国历年的生物教学大纲一般提出"从学生今后进一步学习和参加社会主义现代化建设的需要出发，认真选取生物学基础知识；选取生物学基础知识，必须做到理论密切联系实际；适当选取反映现代生物科学水平的生物学基础知识"等确定教学内容的原则。2000 年，《九年义务教育全日制初级中学生物学教学大纲(试用修订版)》在原有 3 项确定教学内容原则的基础上又增加了 3 项原则:"从培养学生实践能力的需要出发,选取有关的观察、实验、参观、实践活动等内容,培养学生的观察能力、实验操作能力、探究能力和自学能力;从加强思想情感教育和建立生物学基本观点的要求出发,重视选取有利于对学生进行这方面教育的生物学基础知识;选取生物学基础知识,注意知识的纵向和横向联系"等。

《义务教育生物学课程标准(2011 年版)》没有像《九年义务教育全日制初级中学生物学教学大纲(试用修订版)》一样,提出确定教学内容的原则,而是在鲜明地提出 3 项课程理念的基础上,明确提出"人与生物圈"为主线的课程设计思路。综合考虑初中学生发展的需要、社会需求和生物科学发展 3 方面,《义务教育生物学课程标准(2011 年版)》选取了 10 个主题:科学探究,生物体的结构层次,生物与环境,生物圈中的绿色植物,生物圈中的人,动物的运动和行为,生物的生殖、发育与遗传,生物的多样性,生物技术,健康地生活。

考虑到具有关心、保护环境的意识和行为是九年义务教育重要的培养目标,结合生物学科特点,内容标准突出了人与生物圈。植物和人是生物圈中两类作用最大的生物,因此,将生物圈中的植物和生物圈中的人各列为一个主题。动物和细菌、真菌等生物在生物圈中也具有重要作用,考虑到各门类动物形态结构和生理知识比较繁多,其中很多生理知识和人体生理知识有较大的相似性,因此,除了将"动物的运动和行为"单列为一个主题外,其他知识主要分散在相关主题中。考虑到生物技术发展迅猛,已经显现出巨大的社会和经济效益,并正在越来越多地影响每个普通公民的生活和发展,因而安排"生物技术"主题。考虑到使每个学生学会健康生活是义务教育阶段培养目标之一,也是生物学课程的一项重要任务,因而设置"健康地生活"主题。

6. 高中生物学设置选择性必修课

《普通高中生物学课程标准(2017 年版)》为满足学生的多元需求,突出课程的基础性和选择性,依据普通高中课程方案在原有必修课程、选修课程的基础上设置了选择性必修课程。课程结构与课程内容的变革将直接改变未来高中生物学科教科书的基本格局,同时也会影响高考命题的整体趋势,进而影响一线教师及准教师的从业内容。

(1)必修课程。

必修课程是全体学生必须学习的,共计 4 学分,包含 2 个模块,分别为"分子与细胞""遗传与进化",与实验稿课程标准中的必修 1、必修 2 模块名称相同,但在具体内容上有明显调整。每个模块包含内容要求、教学提示、学业要求 3 部分。2017 年版课程标准强调"大概念"，必修模块内容要求部分包含 4 个大概念(概念 1，细胞是生物体结构与生命活动的基本单位；概念 2，细胞的生存需要能量和营养物质，并通过分裂实现增殖；概念 3，遗传信息控制生物性状，并代代相传；概念 4，生物的多样性和适应性是进化的结果)。每个大概念下包含多个重要概念，重要概念下阐明了具体学习目标。教学提示方面为教学工作提供了可行性参考。学业要求部分与实验稿课程标准课程目标中的具体目标类似，指向了生物学学科核心素养的不同维度。

(2)选择性必修课程。

对于选择性必修课程，学生可根据个人需要选择学习或不学习，学分在 0~6。其中，选择生物学纳入高校招生录取总成绩的学生需要选修全部 6 学分、3 个模块的内容，分别为稳态与调节(概念 1，生命个体的结构与功能相适应，各结构协调统一共同完成复杂的生命活动，并通过一定的调节机制保持稳态)、生物与环境(概念 2，生态系统的各种成分相互影响，共同实现系统的物质循环、能量流动和信息传递，生态系统通过自我调节保持相对稳定的状态)、生物技术与工程(概念 3，发酵工程利用微生物的特定功能规模化生产对人类有用的产品；概念 4，细胞工程通过细胞水平上的操作，获得有用的生物体或其产品；概念 5，基因工程赋予生物新的遗传特性；概念 6，生物技术在造福人类社会的同时也可能会带来安全与伦理问题)。选择性必修课程融合了实验稿课程标准中必修 3 与选修 1、选修 3 的内容，并在此基础上新增了前沿科技。

(3)选修课程。

选修课程包含"现实生活应用""职业规划前瞻""学业发展基础"，共计 20 学分的内容，选修课程旨在帮助学生更好地生活、就业，不超过 4 学分，不安排考试评价。

7. 新增学业质量评价

高中生物学学业质量标准是依据生物学学科核心素养中的生命观念、科学思维、科学探究和社会责任的四个维度及其划分的水平，结合必修课程和选择性必修课程的重要概念、方法等对学生学习相应的课程后所表现出的核心素养水平的描述。学业质量分为四个水平，每个水平对应四个维度。学业质量标准是阶段性评价、学业水平考试命题的重要依据。在四个水平中，学业质量水平二是高中毕业生在本学科应该达到的合格要求，仅限于必修课程内容，是本学科学业水平合格考试的命题依据；学业质量水平四是学业水平等级性考试的命题依据，包括必修课程和选择性必修课程的全部内容，不包含选修课程。

【学以致用】

德国北莱茵—威斯特法伦州中学生物学课程标准

自 2004 年以来，北莱茵-威斯特法伦州逐步引入了普通教育学校所有科目的核心课程。核心课程描述了初中教育结束时的完成情况，并指明了在某些年级结束时必须具有中级水平的能力期望。这种以能力为导向的教学形式最初是为常设会议提交跨国教育标准的科目制定的，它现在将逐渐转移到那些没有 KMK(德国文化部长联席会议)教育标准的科目中。

以能力为导向的核心课程是发展和保证综合全面学校工作质量的核心要素。它们为所有参与学校工作的人提供指导，明确在课程的特定时间务必实现哪些能力，并提供反思和评估绩效的框架。

以能力为导向的核心课程是专注于预期学习成果的课程指导方针，以主题相关能力的形式描述预期的学习成果，这些能力被分配到相关领域的教学中。教学中教授这些能力的变化可以通过描述所选课程结束时的预期能力来实现，以认知过程以及相关对象为中心，这对于继续教育是不可或缺的，通过设定约束期望来确定义务学习成绩评估和学习成绩评估中学习成果与成绩水平的参考点，从而为在个别学校和州内确保定义的权利级别创建了先决条件。

将这一代的核心课程局限于核心能力，为学校提供了专注于这些课程的机会并确保其掌握。基于此，学校可以深化和扩大所列的能力范围，关注核心课程中纯技术和可验证的能力并不意味着跨学科和可能不太明显的能力——特别是在人力和社会能力方面——正在失去其重要性，或其发展不再是学校教育和培训使命的一部分。但是由于其最重要，因此有关该主题的陈述应在特定主题的核心课程之外进行。

北威州初中生物学、化学、物理学和地理学的课程标准整体结构保持一致，基本框架分为三部分。

第一部分为任务与目标。其中自然科学核心课程生物学、化学和物理学都包含"研究领域是自然科学""教育标准和基础科学教育""关于基本概念的网络科学知识""跨学科网络"和"中学科学教育条件"5 方面。地理学从整体上阐述了该学科的任务和目标。

第二部分为能力范围、内容领域和能力期望。该部分是课程标准最主要的组成部分。"能力范围"代表职业行动的基本方面，它们用于构建主题核心的各个子操作，并阐明参与教学过程的人员的访问；"内容领域"及其各自的主题优先级，使中学课堂中的必修和必不可少的科目系统化，并提供教学内容取向的提示，生物学、化学和地理学分别包含 9 个内容领域，物理学包含 10 个内容领域；"能力期望"将过程和对象结合在一起并描述专业要求和预期的学习成果，这些要求将分两个阶段实现，直到 10 年级结束。

第三部分为学习成功评估和绩效评估。以第二部分"能力期望"为评价标准，使用不同的形式针对学生在课堂上所获得的能力进行评估。

问题：

比较分析德国北莱茵-威斯特法伦州初中生物学课程标准内容框架与我国初中生物学课程标准的异同，简要说明其对我国初中生物学课程教学的启示。

【拓展延伸】

1. 总结哲学、心理学和社会学等理论对中学生物学课程的作用，以案例为载体说明这种作用的具体体现。

2. 结合自身对中学生物学课程与课程标准的认识和理解，以及国外发达国家的相关探索和尝试，预测未来我国中学生物学课程与课程标准的发展趋势。

第三章　中学生物学课程理念

【学习目标】

学习本章内容后，你应该能够：

• 解释"面向全体学生"课程理念的具体含义；

• 阐明科学素养和生物科学素养的内涵；

• 理解大概念的内涵与外延；

• 简述核心素养提出的背景，列举国际上有代表性的核心素养的研究成果，阐明核心素养的内涵。

【内容概要】

本章主要介绍中学生物学课程理念，分为义务教育阶段生物学和高中生物学。义务教育阶段，提出了面向全体学生、提高生物科学素养、倡导探究性学习的课程理念。高中阶段，我国《普通高中生物学课程标准(2017年版)》对课程理念进行了较大的修订，提出了"核心素养为宗旨""内容聚焦大概念""教学过程重实践""学业评价促发展"的课程理念。《普通高中生物学课程标准(2017年版)》也为课程目标的确定、课程内容的选择、课程教学的途径等课程改革实施指明了方向。

【学法指引】

本章主要探讨义务教育阶段生物学和高中生物学的课程理念，详细阐述了义务教育阶段生物学与高中生物学提出的课程理念，并对课程理念的内涵与实质进行了详细的解读。建议读者首先明确本章的学习目标和主要学习内容，把握本章的总体要求和内容概要。

课程理念集中体现了课程决策者和制定者对学习、教学、学习环境和学习内容等课程和教学基本问题的看法或者观点。课程理念代表了课程的价值取向，是课程改革的核心，为课程目标的制定、课程内容的选择等课程改革实施的各个环节提供指引，并直接影响了课程改革的质量和方向。我国基础教育课程改革的新课程理念以建构主义学习理论、多元智能理论等为基础，将学习看作学生主动参与实践和沟通的过程。因而，教师和学生都是沟通实践的参与者。新课程理念还强调知识的建构过程，强调学生的自主学习、合作学习和探究学习，反对教师对知识机械的灌输，强调教学应贴近生活、回归生活等。在这一理念的指引下，我国基础教育课程改革稳步推进，并取得了显著的成效。① 近年来，随着基础教育改革的稳步推进，课程改革在教学、评价等多个方面都取得了显著成效，但是教学过程中依然存在三维目标虚化、合作探究流于形式等问题。有专家认为，教师对课程理念的深入理解、主动适应与运用关系到课程改革的成败。本章将对义务教育阶段生物学和高中生物学的课程理念展开系统介绍。

第一节　义务教育阶段生物学课程理念

【问题聚焦】

1. 义务教育阶段生物学的课程理念主要包括哪些内容？
2. 为什么要提高学生的生物科学素养？
3. 为什么说探究性学习是实现科学素养的重要途径？

【案例研讨】

郭老师是一名新入职的初中生物学教师，自从入职以来，她就紧跟课程标准的要求，开展一系列探究性学习活动，旨在提高学生的生物科学素养。其中，创设情境是自学探究的关键。郭老师经常为学生提供真实情境，并提供一系列学习材料，如标本、实物、图表、资料等，并经过简短的导入提示后让学生进行自学探究。学生在自学探究中，能把学、思、疑、问联结在一起，从而给自学探究增添无限的乐趣和动力。

问题：

初中生物学教材安排了具体的科学探究活动，包括观察与思考、探究实验、资料分析、调查、课外实践等。那么教师在具体教学中应如何引导学生进行探究性学习呢？

《义务教育生物学课程标准（2011 年版）》通过国际比较研究和对国内生物

---

① 郭建鹏. 基础教育课程改革理念的反思与建构——基于学习心理学的视角[J]. 教育科学，2015，31(4)：36-40.

学课程现状的调查分析，提出了面向全体学生、提高生物科学素养、倡导探究性学习的课程理念。

一、面向全体学生

《义务教育生物学课程标准(2011 年版)》在阐述面向全体学生的课程理念时明确指出："所有初中学生都需要学习生物学，也可以学好生物学。因此，本课程的设计是面向全体学生、着眼于学生全面发展和终身发展的需要。课程目标和课程内容提出了全体学生通过努力都应达到的基本要求，同时也有较大的灵活性，可以适应不同学校条件和不同学生的学习需求，实现因材施教，以促进每个学生的充分发展。"面向全体学生的基本含义是指义务教育阶段的生物学课程要面向所有的在校学生，无论他们的年龄、性别、文化背景、家庭背景如何，教师都应赋予他们同等的学习生物学的机会，使所有学生都能接受尽可能好的教育，并达到课程目标的要求。① 面向全体学生这一课程理念充分体现了教育公平的思想，体现了我国基础教育发展的核心价值。其核心内涵体现在三个方面：一是全体性——生物学教育是面向全体的教育，应该为所有的学生提供发展的资源和机会；二是个体性——学生在学习生物学的过程中存在个体差异，生物学教育应该充分认识并面对这些差异，满足学生不同层次的需求；三是发展性——义务教育阶段的生物学课程应促进全体学生充分发展生物科学素养，并为这种发展提供一切可能的观念、教学及资源支持。我们可以从以下几个方面来具体理解这一课程理念。

(一)要为全体学生提供同样的学习资源和机会

2015 年，联合国教科文组织发布《2030 教育行动框架》，明确提出"确保全纳、公平的优质教育，使人人可以获得终身学习的机会"。我国也对此做出了回应，并提出了"确保包容和公平的优质教育，让全民终身享有学习机会"的落实方案。可见，教育公平是目前世界范围内共同关注的话题。在价值观念上，面向全体学生这一课程理念与全纳教育(inclusive education)有许多共同之处，都是从平等的价值视角，力图为学生提供均等的、有效的学习机会，培养学生成为社会的正式成员。② 我国是一个人口大国，学生人数庞大，基础教育本身涉及面广、复杂性大，不同地区的经济发展不均衡带来了教育的不均衡，使得我国基础教育阶段学习资源的供求关系矛盾凸显，处理不好这一矛盾，将会加

① 生物课程标准研制组.《普通高中生物课程标准(实验)》解读[M]. 南京：江苏教育出版社，2004.
② 王辉. 差异教学的开展与全纳教育的实施[J]. 中国特殊教育，2008(8)：1-4.

大学生之间的差距，不利于教育的可持续发展，有违教育公平的理念。生物学是一门自然科学，对学生自身的全面发展，以及对以后社会生活中相关问题的理性决策能力具有重要价值。因此，中学生物学课程的学习对每一位学生科学素养的发展都是必需的。7～9 年级的生物学课程属于义务教育、大众教育，是所有初中生都应该学习的。这就要求教师在教学中应该尊重并平等对待每一个学生，为他们提供同等的学习生物学的机会，而不是仅仅关注一部分学习努力、成绩优秀的学生。这不仅是教育公平的要求，也是普通学校的道德责任。例如，在教学过程中，教师可以通过多元化的评价方式为所有学生提供展示自己学习成果的机会，从而保护学生学习的积极性和主动性。同时，教育管理者在课程设计、教材编写、资源配置的过程中也要重视整体学生的发展，不能仅仅关注城市，关注所谓的重点学校、重点班级。例如，在教材编写的过程中，探究实验材料和器具的选择需要兼顾不同地区的生产、生活实际，兼顾城乡学生的生活经验。[①] 只有这样才能缩小学生之间因为社会经济地位、生活环境、文化、父母受教育程度等外在因素造成的差距，实现我国公民科学素养的整体提高。

（二）充分考虑学生的个体差异，注重因材施教

面向全体学生的课程理念不仅仅是从群体的层面上意图制造整齐划一的"同类"。从个体的层面看，这一课程理念是以承认学生之间的差异为前提的。依据多元智能理论（Multiple Intelligences Theory），人的智能并非是一元的，而是包含多个层面和多种要素，包括语言智能、逻辑-数学智能、空间智能、肢体动觉智能、音乐智能、人际智能、内省智能等，这些智能要素没有优劣之分。[②] 在不同的社会文化背景下，个体在解决实际问题的过程中会综合运用这些智能要素，使其以不同的方式、不同程度地结合在一起，从而逐渐形成自身独特的智能。个体的智能结构虽然存在差异性，但其在本质上是平等的。[③] 布鲁姆的掌握学习理论也支持这一观点，认为学生所拥有的本然学习能力并无差别，后天的生活和教育使学生在学习能力上表现出不同的水平，这种差异是可

---

① 赵占良. 强化概念教学，提高教材适用性——人教版义务教育生物学教材（2012年版）简析[J]. 课程·教材·教法，2012，32(8)：40-45.

② GARDNER H E. Multiple intelligences：the theory in practice[M]. New York：BosicBooks，1993.

③ 毛景焕，赵淮胜. 从多元智能理论看教学的公平性和学生发展的平等性问题[J]. 外国教育研究，2002，29(6)：5-8.

以通过适当的教学加以改变的。由此，我们可以认为每个学生在学习生物学的过程中都具有自己独特的优势，也会在某些方面存在劣势，他们在解决生活问题或生物学相关的问题时，对生命的理解方式和深度会有差异。生物学课程的设计应该关注学生的个体差异，促进每个学生的个性和潜能充分、自由地发展。这就要求生物学课程的课程目标、课程内容以及教师的日常教学都要有一定的弹性，将多元化、个性化的思维落实到课程实施的各个环节。例如在教学中能够多渠道地分析和判断学生的不同特点和发展潜力，选择合适的教学策略，设计适合学生发展的教学活动，关注学生个体的学习进度，实行分层、分类和分级教学，从而满足不同学习风格和学习能力学生的需要，真正做到因材施教。

（三）面向全体学生，不是忽视教育质量

面向全体学生不是要降低初中生物学教育的质量。公平和效率并不是一对矛盾的概念，两者是紧密联系、相互影响的。教育公平和教育质量是我国基础教育改革的双重目标，让每个孩子都能享有公平而有质量的教育是我国基础教育改革新的追求。以此为出发点，面向全体学生强调初中生物学教育不仅要为学生提供公平的学习生物学的机会和权利，也要获得高质量的成果。课程标准中也明确指出，其中规定的课程目标和课程内容是所有学生都应该达到的最低标准，并未做上限的规定。不同地区、不同学校在保证达到基础要求的同时，学校和教师要敢于对生物学课程的内容、目标等进行适切性地改变，尤其是对那些对生物学有浓厚兴趣并学有专长的学生，可以提出更加宽泛和高层次的学习目标，为优秀的学生提供必要的发展空间和机会。这样，所有学生都可以在已有的起点上获得最大可能的发展，全体学生的生物科学素养都能够获得提升。

总之，面向全体学生的初中生物学课程要为每一位学生打下终身学习生物学的基础。

二、提高生物科学素养

公民的科学素养已经成为社会进步的基本因素，被认为是国家竞争力的根本，因而，提高学生的科学素养已经成为当前国际科学教育公认的教育目标。生物学是自然科学的一门学科，生物学教育的根本任务就是要培养和提高学生的生物学学科学素养。①

---

① 生物课程标准研制组.《普通高中生物课程标准（实验）》解读[M]. 南京：江苏教育出版社，2004.

(一)科学素养的内涵

科学素养是一个动态发展的概念，其内涵也随着科学技术的发展、社会的进步而发生变化。1952 年，美国著名教育家、化学家、哈佛大学校长科南特(James Bryant Conant)在其著作《科学中的普通教育》中首次提出"科学素养"这一名词，提出科学教育的目的是将学生培养成合格的公民，而不是专门的科学技术人员。科南特是从大学通识教育的角度提出的科学素养，指向的是全体学生，明确了科学教育的取向是大众教育而非精英教育。① 人们开始敏锐地认识到，对于社会发展而言，普通公民理解科学和技术，并将其应用于自己的生活经历当中，具有非常重要的意义。美国科学教育家赫德(Paul DeHart Hurd)首先将科学素养引入到基础教育领域。在 1958 年发表的文章《科学素养：对美国学校的启示》中，赫德把科学素养解释为"理解科学及其在社会中的应用"。由于他关于科学与社会的关系、科学与科学史的作用等问题的解释并不与课程改革运动的主旨合拍，所以未能引起重视。② 赫德对于科学素养的定义不仅仅是从科学自身的目的出发，而是立足于社会进步和经济安全，关注了科学知识的社会化。③

20 世纪六七十年代，许多研究人员对科学素养教育展开讨论，并在当时的课程运动受到批评之后达到高潮，研究人员围绕科学素养的内容和范围展开经验性的总结。1966 年，美国威斯康星大学的佩勒(Milton O. Pella)通过对前人科学素养研究的成果分析，综合概括出科学素养的 6 个共同主题，包括：科学和社会的相互关系、科学的伦理、科学的本质、学科知识、科学和技术、人文中的科学。这使得科学素养理论模型的基本框架得以形成。1974 年，美国俄亥俄州立大学的索尔特(Showalter V.)对科学素养的概念又一次进行综合概括，提出了科学的本质、科学中的概念、科学过程、科学的价值、科学和社会、对科学的兴趣、与科学有关的技能等科学素养 7 个维度。可以看出，这一阶段科学素养的内涵出现了要素分化和扩展，科学的本质、科学知识、科学过程等要素获得了公认。此外，这一阶段对科学素养的研究并不局限于对内容和形式的讨论，出现了对科学素养类型和层次的关注。申(B. S. P. Shen)认为不同环境中的人们对科学素养有不同的需求，由此可以将科学素养划分为实用

---

① 陈博，魏冰. 科学素养概念三种取向的界定[J]. 上海教育科研，2012(2)：48-52.

② 魏冰. 西方科学素养理论的形成与发展[J]. 外国中小学教育，2003(6)：16-18.

③ 冯翠典. 科学素养结构发展的国内外综述[J]. 教育科学研究，2013(6)：62-66.

的、市民的和文化的科学素养 3 个水平，从而满足人们在解决日常问题、参与社会决策和探求科学事业等多方面的需求。同时，研究者还认为个体科学素养的形成是一个从低级到高级，从不成熟到成熟的连续的、逐步发展的过程。之后的萨默斯(Shamos M.)继承并发展了这一观点，将科学素养划分为 3 个水平：文化的科学素养、功能的科学素养和真实的科学素养。其中，文化的科学素养是指理解普通文化意义上的科学词汇，是科学素养的基础水平；功能的科学素养是指能够阅读、书写和参与相关科学问题的讨论；真实的科学素养需要深入理解科学事业的发展变化、科学概念的来龙去脉和科学过程的本质，这是科学素养的最高水平，只有专业的科学工作者才能够达到，普通的公众难以企及。① 这些研究体现出科学素养内涵正逐渐立体化和系统化。

20 世纪 80 年代，对科学素养内涵的讨论已日渐成熟，人们开始关注用什么标准去测量公众科学素养的问题。1983 年，美国学者米勒(Jon Miller)在已有研究的基础上，结合实地调查，将科学素养定义为"个体阅读、理解和表达关于科学事务见解的能力"，并提出了公众科学素养测量的三维模型，即理解科学过程、理解基本的科学概念和命题、理解涉及科学技术的当代政治问题。② 米勒的这一理论模型极具概括性，突出了科学素养的核心，成为日后各国科学素养测量的重要依据。这一时期，科学素养也开始跨越了理论的建构，走向实践。1983 年，美国国家卓越教育委员会(Nation Commission on Excellence in Education，NCEE)发布了《国家处于危机之中：教育改革势在必行》的报告，指出"国家在培养一代科技文盲的美国人，而这种庸才的潮流将国家和人民的未来至于危险之中"。该报告确立了科学素养在学校教育中的核心地位，被认为是美国现代教育改革的里程碑。到了 80 年代末，美国的科学素养由理念向实践迈出了实质性的步伐，在其出版的研究报告《面向全体美国人的科学》中将科学素养定义为："一个具有核心素养的人应该：熟悉自然界、尊重自然界的统一性；懂得科学、数学和技术相互依赖的一些重要方法；了解科学的一些重大概念和原理；有科学思维的能力；认识到科学、数学和技术是人类共同的事业，并认识到它们的长处和局限性。同时，还应该能够运用科学知识和思维方法处理个人和社会问题。"

20 世纪 90 年代之后，美国、加拿大等国家纷纷出台了一系列政策文件，

---

① 魏冰. "科学素养"探析[J]. 比较教育研究，2000(S1)：105-108.

② 任定成，郑丹. 美国公民科学技术素质标准的设立和演变[J]. 贵州社会科学，2010(1)：16-30.

对科学素养的内涵、具体内容、教学和评价等多个方面进行了界定，推动了科学素养从理念到实践的步伐，为科学素养教育在基础教育阶段的实施提供了政策保障。

我国在 20 世纪 80 年代引入了科学素养的概念，将科学素养解释为 4 个方面：概念性知识，科学理智，科学伦理和科学与人文、社会、技术之间的相互联系。[①] 之后，国内对科学素养展开了活跃的研究和讨论，在陆续出台的一系列政策文件和课程文件中，都将科学素养置于重要的地位。《全民科学素质行动计划纲要（2006—2010—2020）》将公民科学素养定义为："了解必要的科学技术知识，掌握基本的科学方法，树立科学思想，崇尚科学精神，并具有一定的应用它们处理实际问题、参与公共事务的能力。"《义务教育生物学课程标准（2011 年版）》借鉴米勒科学素养的三维模型，将科学素养定义为："一个人参加社会生活、经济生活、生产实践和个人决策所需要的生物科学概念和科学探究能力，包括理解科学、技术和社会的相互关系，理解科学的本质，以及形成科学的态度和价值观。"[②]

（二）生物科学素养

科学素养以学生为中心，以能力为导向，是一个动态的、整体的概念。我国中学课程体系的设置以学科为主线，因而学生科学素养的形成无法通过某一门单独的学科来实现，而是所有科学领域的科目都应该完成的目标和任务。生物科学素养是科学素养的重要组成部分，两者之间有不可分割的包含关系。[③]美国 BSCS 在其出版的"发展生物科学素养"的课程指南中对生物科学素养做了详尽的描述，认为生物科学素养的基本要点包括理解科学知识的特点和科学的价值、理解和掌握科学探究的过程和方法。BSCS 还具体描述了具备生物科学素养的人应该能够：①理解生物学的基本概念、原理，领悟科学探究的过程，知道生物学概念的形成过程；领悟科学探究的过程，对科学探究有正确的态度；②对生物的多样性、文化的多样性具有正确的态度，对生物学的价值有正确的认识；③对自然现象提出不同的问题，具备创造性思维，正确利用生物学知识和技术解决现实生活中的实际问题，做出理性的个人或社会决策。

---

① 魏冰. 科学素养教育的理念与实践：理科课程发展研究[M]. 广州：广东高等教育出版社，2006.

② 中华人民共和国教育部. 义务教育生物学课程标准（2011 年版）[M]. 北京：北京师范大学出版社，2012.

③ 朱正威. 我对"提高生物科学素养"的理解[J]. 中学生物教学，2006(Z1)：4-6.

　　我国《义务教育生物学课程标准(2011 年版)》将生物科学素养作为课程的目标,同时也是课程的基本理念,彰显了我国中学生物学课程对生物科学素养的重视。生物科学素养是指学生参加社会生活、经济生活、生产实践和个人决策所需的生物科学概念和科学探究能力,包括理解科学、技术与社会的关系,理解科学的本质,以及形成科学的态度和价值观。① 简言之,一个具备生物科学素养的学生能够更多、更好地掌握生物学的概念、原理和规律,并将其运用于生物学研究和解决现实世界具体问题的过程之中。我们可以从科学态度和科学的世界观、科学探究方法与技能、科学·技术·社会、生物学知识 4 个维度来理解生物科学素养。

　　1. 科学态度和科学的世界观

　　科学态度(scientific attitudes)可以理解为个体具有的以符合科学的方式待物做事的一种行为倾向。例如,对知识的渴望、对证据的尊重、对逻辑的需求、对信息的质疑等。② 科学教育的一个重要目标就是要促进学生形成对科学及科学事业持有积极的科学态度。一个人是否具备科学态度,将直接或者间接地影响他们对可靠的科学知识的获取,也会影响他们对科学的理解,影响他们在面临科学或者伪科学情境时的决策。对于学生而言,具有积极的科学态度可以表现出以下的行为:利用额外的时间进行科学探索,认为科学是有趣的,自愿参加校内外的科学活动等。③ 科学态度内涵丰富,目前研究者对其包含的具体内容还没有统一的界定。例如,PISA 在 2006 年的科学素养评估框架中对科学态度进行了评价,认为科学态度是影响最终行为的重要因素,对科学态度的评估从对科学的兴趣、对科学探究的支持、对资源和环境的责任心 3 个指标展开。④也有学者认为理性态度、实证态度、怀疑态度和非功利态度是最能体现科学本性的态度。⑤ 我们认为中学生物学课程应该注重培养学生以下方面的科学态度:对生命现象的热情与好奇心,主动探索;实事求是,尊重事实和证

　　① 魏冰. 科学素养教育的理念与实践:理科课程发展研究[M]. 广州:广东高等教育出版社,2006.

　　② 应向东,张晓岩. 中学生科学态度特点的调查研究[J]. 课程·教材·教法,2016(1):110-115.

　　③ 李秀菊,陈玲. 我国高中生科学态度的实证研究[J]. 科普研究,2016(2):31-35.

　　④ OECD. Assessing scientific, reading and mathematical literacy: a framework for PISA 2006 [M]. Paris: OECD, 2006:35-39.

　　⑤ 同②.

据；能接受他人观点，勇于提出自己的观点并积极与他人交流；具有团队合作意识、具有自我实现的创造力。

世界观是人们对世界总的看法。科学的世界观是人们对自然界和科学持有的一些基本的信念和态度。科学教育中的科学世界观是指学生在与其所生活的社会文化及外在环境的互动交往中，对周围事物及自然现象的认识、解释与反应所形成的一套自成逻辑的思维方式。[①] 科学的世界观体现了个体思维的倾向性，学生科学的世界观的形成可以为其科学概念的转变提供一个总的意义框架。中学生物学课程对于学生科学的世界观的形成具有独特价值，学生在学习生物学的过程中可以更加深入地理解生命的物质性、多样性、复杂性，通过揭示生命世界的基本规律，建立系统观，发展辩证唯物主义的世界观。科学的世界观属于信念体系，对于学生的情感、态度、价值观的形成也有重要意义，可以帮助学生认识人与自然的关系、认识科学精神和科学共同体，从而形成对科学本身的基本认识。例如，学生通过中学生物学的学习认识到生命是可以被认知的；生物学研究需要在客观事实的基础上，综合运用多种方法得出结论；科学研究也不仅仅是个人的行为，需要科学共同体的合作。总之，科学世界观对学生认识周围世界和科学都有重要意义。

科学的态度和价值观还应包括爱国主义的态度和价值观。[②] 学生通过学习生物学课程，逐渐形成热爱大自然、热爱家乡、热爱祖国的情感；认识到生命的价值和意义，珍爱生命；理解人与自然和谐发展的意义，认识到自然资源的宝贵，了解我国和自己家乡的资源现状，关心我国最新的生物学研究进展，逐渐增强振兴祖国、改变祖国面貌的使命感、危机感和责任感。

学生的科学态度和科学世界观的形成都是渐进的，需要在科学实践活动中不断地体验、反思并逐步建构。

2. 科学探究方法与技能

科学探究（science inquiry）是人们获取科学知识、认识世界的重要途径。学校的科学探究活动通常是指学生用以获取知识、领悟科学思想观念、领悟科学家研究自然界方法的各种活动。[③] 因此，科学探究技能不仅仅是科学家在科

---

①　蔡铁权，陈丽华. 从世界观的培养探讨我国的科学教育[J]. 全球教育展望，2011（4）：38-43.

②　刘恩山. 中学生物学教学论[M]. 北京：高等教育出版社，2009.

③　林静. 《义务教育课程标准（2011年版）案例》解读——初中生物学[M]. 北京：教育科学出版社，2012.

学研究的过程中必须具备的最基本的思维方法和操作技能，一个具有科学素养的现代公民在解决科学相关的问题时也需要运用科学探究的方法和技能。科学探究技能是科学研究或科学学习过程中最典型的技能，是对复杂的知识进行有序信息加工的、需要动作技能辅助的心智活动技能。① 科学探究技能由一系列技能构成要素组成，由于科学的发展性和多样性，这些技能构成要素也在不断地变化。有学者将科学探究技能划分为基本过程技能(包括观察、测量、分类、交流与质疑、预测、推论、空间或时间关系的使用、数字的使用等)和综合过程技能(包括操作性定义、控制变量、数据解释、提出假说、实验)两大类。前一类技能是基础，后一类技能是综合。② 我国中学生物学课程标准依据科学探究的过程提出了中学生应该具备的科学探究的一般技能，包括提出问题、做出假设、制订计划、收集证据、得出结论、表达和交流。③ 对于科学探究技能要素的分解，有利于中学生物学课程对科学探究技能的整体设计和统一安排，随着学习阶段的上升，学生的科学探究技能也逐步进阶。例如，做出假设这一技能要素的发展过程为：从一开始的主观猜想，逐步发展为运用简单的推理做出合理的假设，再到运用逻辑、发散、创造思维来做出假设。

总之，科学探究技能既是学生学习科学的重要途径，也是科学学习的结果；既强调探究过程中的动作操作技能，也需要逻辑思维、批判性思维、发散性思维等科学思维的保驾护航。

3. 科学·技术·社会

科学素养的内涵随着社会、经济和文化的发展处于动态变化之中。早在20世纪80年代，科学素养就包含了"理解科学特性的一般观念，了解科学、技术、社会之间重要的相互作用"。④ 随着科学素养内涵的变化，科学教育的目标也一直处于发展之中。20世纪90年代，全美科学教师协会(National Science Teachers Association，NSTA)颁布的《综合计划》(Project Synthesis)提出了科学教育的4个目标群：一是满足个人需要——让个人利用科学改善自己的

---

① 樊琪. 科学探究技能的内隐与外显学习的比较研究[J]. 心理科学，2005，28(6)：1375-1378.

② 罗敏玲. 探析学生科学探究过程技能的培养[J]. 现代中小学教育，2012(9)：53-55.

③ 生物课程标准研制组.《普通高中生物课程标准(实验)》解读[M]. 南京：江苏教育出版社，2004.

④ CHAMPAGNE A B，KLOPFER L E. Action in a time of crisis[J]. Science Education，1982，66(4)：503-514.

生活和应对日益科技化的世界；二是解决当前社会问题——培养能够负责任地处理与科学有关的社会问题的有见识的公民；三是协助职业选择——使学生了解与科学和技术有关的职业的性质和范围；四是为进一步的研究做准备——获得在专业研究中需要的学术知识。① 科学、技术、社会(Science，Technology and Society，STS)对前三个目标的实现有重要价值，因而有学者倡导应将社会问题作为科学课程的中心组织者。② 教育应致力于全面、系统、整体地展现科学、技术与社会的互动关系。我们可以从以下两个方面理解 STS。第一，STS 强调学生应当理解科学、技术和社会自身的本质。例如，通过初中生物学的学习，学生应该认识到"科学就其本质而言实际上是人类对所观察或者认识到的自然现象的解释或说明，是人类长期努力研究自然界形成的概念体系，科学还是人们对自然界的探究过程，科学作为一个开放的体系不断向前发展；技术通常被认为是改造世界的方法、手段和过程，同科学一样，技术既包括不同科学概念和技能应用的知识，也包括为了满足各种需要来改造世界的一种求知方法和一个探究、实验、解决问题的过程"。③ 第二，STS 也强调科学教育应当帮助学生理解科学、技术和社会三者之间的关系。④ 例如，具备科学素养的学生应该认识到科学与技术既相互区别，又紧密联系。科学注重知识的发现与创造，技术则强调知识的实践应用。科学对技术的发展提供必要的知识，解决技术问题经常需要新的科学知识，需要数学、创造力、逻辑性和独创性；同时科学的发展又依赖于技术，新技术的应用本身常常会促进科学的进步；科学和技术与社会紧密联系，科学与技术的发展常常受到社会文化、经济等方面的影响，又会反过来影响社会的各个领域，影响到每个公民。⑤ 将 STS 作为科学教育的一个发展方向，突破了原有的只关心学生科学知识和技能的个体目标，体现了科学教育的社会功能。⑥

———————

①　HARMS N C. Project synthesis：an interpretative consolidation of research identifying needs in natural science education[M]．Boulder：University of Colorado，1977.

②　BYBEE R W. Science education and science-technology-society theme[J]．Science Education，1987，71(5)：667-683.

③　朱正威. 对科学本质的一些探讨[J]．生物学通报，2011(9)：25.

④　董坤，许海云，罗瑞，等. 科学与技术的关系分析研究综述[J]．情报学报，2018(6)：642-652.

⑤　班华. STS 与素质教育[J]．中国教育学刊，1993(2)：28-33.

⑥　生物课程标准研制组.《普通高中生物课程标准(实验)》解读[M]．南京：江苏教育出版社，2004.

在初中生物学课程中开展 STS 教育，需要将学生对科学概念的学习置于解决问题的活动之中，使学生在具体的操作中学习到过程技能，还能帮助学生正确认识科学技术发展的利与弊。

4. 生物学知识

什么知识最有价值？早在 1859 年，英国教育家斯宾塞就给出了明确的答案：科学知识最有价值。科学知识一直以来都是科学素养的最基本的要素。科学知识是科学中有意义的事实、概念、原理和理论等方面的知识，人们在日常生活中可以运用这些知识解决现实问题。学生掌握必要的科学知识是他们理解科学的前提。① 后现代主义知识观认为：作为科学素养的知识，不再是独立于主体之外的、纯粹的对客观世界的"真理性解释"，而是在各种社会因素相互作用的过程中对客观世界的建构性的描述，随着社会情境的变迁，科学知识也处于动态变化之中；同时，科学知识还应该是建立学生与其生活的"意义"世界的桥梁，而不是外在于学习者的冷冰冰的理性工具。知识是科学素养的基础、先导和载体。② 在知识爆炸的年代，学生对科学知识的认识应该从表层的要素深入到知识的深层结构。

生物科学素养反映了一个人对生物学领域中核心基础内容的掌握和应用水平，以及在已有基础上不断提高自身科学素养的能力。生物学基础知识不仅包括事实、概念、原理、定律、理论和模型，还包括生物学思想观念的互相联系与运用。③ 义务教育阶段的生物学课程要促进学生的健康发展，要以最好的学习方式给予学生最基本的、最有用的知识营养。具体而言，学生通过义务教育阶段生物学的学习，应获得有关生物体的结构层次、生命活动、生物与环境、生物进化以及生物技术等生物学知识，从而对生物学整体画面有一个大致的了解。

三、倡导探究性学习

科学探究是当今国际基础科学教育所努力的共同方向，科学教育工作者都期望能通过真实情境中的探究过程来帮助学生建构概念、掌握技能、认识科学的本质，并最终形成科学素养。"倡导探究性学习"是我国义务教育阶段生物、

---

① ROYAL SOCIETY. The public understanding of science[R]. London：The Royal society，1985.

② DOLL，W E Jr. A post-modern perspective on curriculum[M]. New York：Teachers College Press，1993.

③ 朱正威. 我对"提高生物科学素养"的理解[J]. 中学生物教学，2016(1)：4-6.

物理、化学等多个学科课程标准中的基本理念，其重要性不言而喻。探究性学习是实现科学素养的重要途径。一方面，因为科学探究反映了科学的本质属性，生物学是自然科学，生物学不仅是一个结论丰富的知识体系，也是一种探究的过程；另一方面，探究性学习符合人的学习心理和特点。

（一）探究性学习的起源

探究（inquiry）的传统可以追溯到苏格拉底的"产婆术"教学法。这一教学法通过教者与学者的对话，在两者互相交流的过程中探索世界和自我的本质，教者只是起到一个引导的作用，学者才是学习的中心，教学的逻辑起点是学生的学习经验。[①] 19 世纪，科学教育的开创者、英国的赫胥黎（Huxley）提出，那种通过教学把一切知识教给每个学生的想法是荒唐且有害的，科学教育应着眼于科学方法的训练，如实地观察、比较和分类、演绎和验证。他的这一思想对美国的杜威产生了巨大的影响。探究在杜威的教育哲学中占有极其重要的位置。杜威认为，儿童具有社交、制作、艺术和探究的本能，教育的目的正是要通过组织某种适当的课程来发展儿童的本能。探究是学生在解决特定情境下的问题时主动获取知识的过程，一般都遵循 5 个步骤：①设置一种真实、不确定的情境；②确定问题；③收集和获取解决问题的材料；④提出可能的假设，制订解决问题的方案；⑤检验解决问题的方案。杜威的探究模式为探究性学习的正式提出打下了理论基础。

此后，教育学家们陆续提出了各种探究性学习的方式，到 20 世纪五六十年代，探究作为一种教学和学习方式的合理性已经被教育者接受。美国教育学家施瓦布提出"科学即探究"和科学探究教学。他认为学生应该用探究的方式学习科学，教师要到实验室去，引导学生体验科学实验的过程，而不是在教室里照本宣科地教学。探究性学习使得学生不再是被动的知识接受者，而是积极发现和解决问题的主动探究者，教师要具备探究性和反思性能力，对学生的探究学习进行鼓励和指导。[②] 通过探究性学习，学生获得既定的知识并创造新知识，同时还体验科学知识的产生过程。

探究性学习理论的发展从本质上反映了人们对"科学是探究的过程"理解的深入。同时，教育学、心理学，尤其是学习理论的发展使得探究性学习成为各国基础教育改革倡导的教学方式，探究能力的培养也逐渐成为各国科学教育的主要目标。

---

① 高新芝. 从教育概念溯源辨析探究式教学［J］. 成都师范学院学报，2013(4)：40-42.
② 韦冬余. 论施瓦布科学探究教学的基本内涵［J］. 全球教育展望，2015(4)：28-35.

(二)探究性学习的内涵

《美国国家科学教育标准》对科学探究做出了如下的定义:"科学探究指的是科学家们用来研究自然界并基于此种研究所获得的事实和证据做出种种解释的多种不同途径。科学探究也指学生用以获取知识、领悟科学的思想观念、领悟科学家们研究自然界所用的方法而进行的各项活动。"可见,科学探究既是科学家的科学探究活动,也可以是学生的探究学习活动——探究性学习。虽然科学家的科学探究与学生探究性学习的探究目标和对象不同,但两者在本质上并无差异,都是在好奇心的驱使下运用多种科学方法探索和发现未知的过程。

我国《义务教育生物学课程标准(2011年版)》倡导探究性学习是课程的基本理念,科学探究是课程的重要内容,也是一种有效的教学方式。作为课程内容,科学探究与生物体的结构层次、生物与环境等9个生物学主题相提并论;作为一种有效的教学方式,科学探究是学生在教师的指导下,以类似科学家的科学探究的方式所开展的学习活动。与科学家的探究相对应,学生的探究性学习也要经历形成问题、收集数据、提出假设、检验假设、交流结果的典型程序,问题、证据、解释、评价和表达即是探究性学习的5个基本特征。[1] 探究性学习是学生围绕问题或任务开展的探索活动,问题是探究学习的出发点,也是探究的核心,科学探究的过程就是发现问题、解决问题的过程。学生的探究性学习是一类认知活动,要经历一系列类似的活动过程或程序,但不存在绝对统一的模式。在解决问题的过程中,学生要运用不同形式的探究方法和技能,例如观察、比较、分类、预测等,针对不同类型的问题,学生在不同的发展阶段可以运用不同的科学探究方法和技能(没有万能的科学方法)。

倡导探究性学习课程理念的目标之一就是要改变学生的学习方式,学生变"被动地听"为"主动地学",在活动中学,在做中学。探究性学习是学生主动建构的活动。当学生面对未知的问题时,会利用自己已有的经验解决问题,当已有的经验不足以对问题做出合理的解释时,他们会围绕问题展开思考,做出计划,通过各种途径获取信息并对信息进行评估。在这一过程中,学生逐步建立已有经验和新知识的联系,从而形成新的认知结构。探究性学习还可以有利于学生理解知识,掌握技能,形成科学思维,提高探究能力。学生开展探究性学习,可以经历提出问题、设计方案、收集和解释证据、交流解释的实际过程。

---

[1] 李高峰,刘恩山. 美国《国家科学教育标准》倡导的科学探究[J]. 教育科学,2009(10):87-91.

在这一过程中，学生不仅加深了对研究对象和已有知识的理解，更重要的是他们从中发展了推理和逻辑思维能力及科学探究技能，从而形成正确的科学知识观。①

生物学中的科学探究是学生积极主动地获取生物学知识、领悟科学研究方法而进行的各种活动。倡导探究性学习作为一种课程理念，将为义务教育生物学课程的目标、内容、教与学的方式和评价带来深远的影响。

【学以致用】

根据本节学习内容，请尝试结合初中生物学教材，设计一个探究性实验活动。

第二节　高中生物学课程理念

【问题聚焦】

1. 高中生物学的课程理念主要包括哪些内容？

2.《普通高中生物学课程标准（2017 年版）》提出的生物学学科核心素养，怎样体现了高中生物学课程的育人价值？

3.《普通高中生物学课程标准（2017 年版）》用大概念构建课程内容框架，体现了哪些特点？

【案例研讨】

《普通高中生物学课程标准（2017 年版）》的颁布，是我国生物学教育发展中的标志性进步。新的课程标准在课程理念、课程结构、内容标准、教学指向等方面都有很大变化。这些变化强调了生物学科的育人价值、培养学生的生物学核心素养，对本学科的课程建设、教学和教师专业发展都提出了新的要求。

问题：

1.《普通高中生物学课程标准（2017 年版）》与《普通高中生物课程标准（实验）》相比，最突出的特点是什么？

---

① 杨向东. 教育中的"科学探究"：理论问题与实践策略［J］. 全球教育展望，2011（5）：18-26.

2. 新版的课程标准在教学过程中倡导学生的主动学习与实践，并强调跨学科的认识与实践，试着说说你的理解。

近年来，随着经济的全球化和数字化时代的到来，"教育要培养什么样的人"这一问题又成为各国基础教育改革必须要面对的紧迫问题。学生需要具备什么样的知识、品格和能力才能适应 21 世纪未来社会的需求。在这种形式下，核心素养的研究成为全球教育研究的热点，同时，围绕核心素养的课程标准的研制和修订也成为各国新一轮课程改革的重要任务。2018 年 1 月 16 日，我国教育部正式公布了新的普通高中课程方案和各学科的课程标准，其中就包括《普通高中生物学课程标准（2017 年版）》。新的课程方案进一步明确了普通高中的培养目标是提升学生综合素质，发展学生核心素养。《普通高中生物学课程标准（2017 年版）》对课程理念进行了较大的修订，提出了"核心素养为宗旨""内容聚焦大概念""教学过程重实践""学业评价促发展"4 个课程理念，为课程目标的确定、课程内容的选择、课程教学的途径和课程评价指明了方向。

一、核心素养为宗旨

高中生物学课程是自然科学领域的一门重要课程，具有独特的学科特点和育人价值。高中生物学课程应致力于培养学生的生物学学科核心素养，以满足学生适应未来社会发展和个人生活的需要。《普通高中生物学课程标准（2017 年版）》将"核心素养为宗旨"列为第一个课程理念，指出高中生物学课程应"着眼于学生适应未来社会发展和个人生活的需要，从生命观念、科学思维、科学探究和社会责任等方面发展学生的学科核心素养，充分体现本课程的学科特点和育人价值，是本课程的设计宗旨和实施中的基本要求"。我们在前面的内容学习中已经对高中生物学课程的性质有了基本的认识，要理解"核心素养为宗旨"这一课程理念，我们首先需要理解核心素养的相关理论。

（一）核心素养研究的国际背景

目前，世界上多个国际组织和国家都提出了各具特色的核心素养的框架，尽管对于核心素养的语言表述不尽相同，但是他们都一致认同核心素养是个体在面对复杂的、不确定的现实生活情境时，通过综合运用在特定学习方式下孕育出来的知识、能力和情感，在分析情境、解决问题的过程中所表现出来的综合性品质。核心素养是能够满足个体发展和社会发展需要的最关键、最重要的必备品格、关键能力和价值观念。① 国际上具有代表性的核心素养框架有：以OECD 为代表的实现成功生活与发展健全社会型、以欧盟为代表的终身学习型、以美国为代表的教育系统型、以新加坡为代表的凸显核心价值观型。

国外核心素养研究较早、较为系统且有代表性的是 1997 年国际经济合作与发展组织（OECD）的"素养的界定与遴选：理论和概念基础"研究项目。该项目确定了关于核心素养 3 个维度 9 个方面的素养②（表 3-1），并指出素养是指在特定情境中，通过利用和调动心理社会资源（包括技能和态度），满足复杂需要的能力。③ OECD 的核心素养框架是从功能的视角来构建的，只有那些能够实现个人成功和社会良好运行的、有价值的素养才能称得上是核心素养。④ 核心素养的各个维度不是孤立的，而是相互依存的，在不同的情境下，3 个维度的核心素养发挥的作用不同。

表 3-1 国际经济合作与发展组织的学生核心素养概念框架

Ⅰ. 能动地使用工具	Ⅱ. 能在异质群体中互动	Ⅲ. 能自律自主地行动
（1）互动地使用语言、符号和文本； （2）互动地使用知识与信息； （3）互动地使用新技术	（1）与他人建立良好关系的能力； （2）合作能力； （3）管理与解决冲突的能力	（1）在复杂大环境中行动； （2）设计人生规划与个人计划的能力； （3）维护权利、利益、限制与需求的能力

1996 年，联合国教育、科学及文化组织出版了《教育：财富蕴藏在其中》，提出应把"终身学习"作为指导未来教育的时代理念，提出 21 世纪公民必备的四大核心素养（学会求知、学会做事、学会共处和学会生存），并将其作为终身学习的四大支柱；2003 年，又提出了"学会改变"的主张，并将其视为终身学习的第五支柱。

联合国教育、科学及文化的核心素养以终身学习为取向，在核心素养框架中新增了创造性、领导力、批判性的决策、数字化学习、个人理财和心理弹性

① 左璜. 基础教育课程改革的国际趋势：走向核心素养为本[J]. 课程·教材·教法，2016(2)：39-46.
② 褚宏启，张咏梅，田一. 我国学生的核心素养及其培育[J]. 中小学管理，2015(9)：4-7.
③ 张华. 论核心素养的内涵[J]. 全球教育展望，2016(4)：10-24.
④ 张娜. DeSeCo 项目关于核心素养的研究及启示[J]. 教育科学研究，2013(10)：39-45.

等 21 世纪素养的具体内容，具有强烈的时代感和指导意义。[①]

2002 年，美国对学生 21 世纪应具备的基本能力进行整合，美国企事业和教育界提出了"21 世纪技能"的研究性课题，制定了《21 世纪技能框架》，并于 2007 年 3 月发布了该框架的最新版本（图 3-1），提出了以核心课程和 21 世纪主题课程为基础，培养学生生活与职业能力，学习与创新能力，信息、媒体与技术能力 3 类技能。这 3 类技能相互联系，相互促进，共同形成完整的美国 21 世纪能力体系。美国的核心素养框架的提出建立在一个完整的教育系统的基础之上，核心素养的 3 个维度是学生学习的结果，而每一项核心素养的落实都必须依赖学生对核心学科知识和 21 世纪主题的理解，需要标准与评价、课程与教学、教师专业发展、学习环境的支持。[②] 这种综合性取向的核心素养体系更加有利于核心素养的落实与推进，对于课程与教学的改革和实践也更加具有指导性。

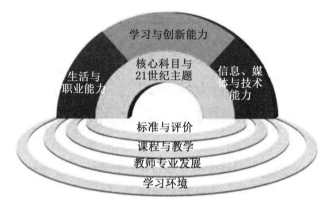

图 3-1　美国 P21：21 世纪学习框架[②]

新加坡政府自成立以来，紧随经济的发展，进行过多次课程改革。近年来为了顺应时代的要求，通过对 21 世纪所需要的劳动力的特点进行分析，先后颁布了《新加坡教育法》《理想的教育成果》，并在此基础上提出了核心素养的框架"21 世纪素养（Century Competencies）"（图 3-2）。基于建立"思考型学校和学

① 张娜. 联合国教科文组织的核心素养研究及其启示[J]. 教育导刊，2015(7)：93-96.

② 左璜. 基础教育课程改革的国际趋势：走向核心素养为本[J]. 课程·教材·教法，2016(2)：39-46.

③ 师曼. 21 世纪核心素养的框架及要素研究[J]. 华东师范大学学报（教育科学版），2016(3)：29-37.

习型社会"的教育愿景，核心素养框架提出了理想教育的目标：培养充满自信的人、能主动学习的人、能做出贡献的人和心系祖国的人。这一目标的实现需要 21 世纪的教育以价值观为核心，因为价值观决定了个体的性格特征、态度、信仰及行动。围绕着价值观，学生必须培养自我意识、自我管理能力、个人决策，并具有社会意识和人际素养。尤其是在 21 世纪，学生还应该具备全球意识、跨文化素养、信息沟通素养和批判与创造性思维等核心素养。新加坡的核心素养框架是凸显核心价值观的代表，不仅强调学生的知识和能力，更加关注学生品格的养成。

图 3-2　新加坡 21 世纪素养框架[①]

　　纵观不同国家或组织的核心素养框架，尽管不同经济组织和国家的核心素养的关注点和具体内容存在差异，但是也表现出一些共性的特征。首先，现有的核心素养框架都具有很强的时代性，反映了社会发展的新要求，不仅对传统的素养提出了新的要求，还强调创新素养、信息素养、全球视野、自我规划与管理、沟通与交流等适应 21 世纪挑战的素养；其次，核心素养的框架都体现出学科的综合性，需要通过整合不同学科的内容、设置跨学科的主题来实现；

---

　　① 顾秀林，丁念金. 核心素养导向的课程改革——新加坡基础教育课程改革刍议[J]. 外国中小学教育，2017(4)：68-75.

最后，核心素养关注人的全面发展，素养的发展不局限于特定的目标或者领域，而是要寻求个人发展与社会发展的统一，能力发展和品格养成的统一。①国外核心素养研究和实践的经验可以为我国学生发展核心素养框架的研制提供宝贵的经验。

(二)我国学生发展核心素养框架

国际核心素养的研究是立足于本国的国情，对 21 世纪"教育要培养什么样的人"这一问题的回答。在这种背景下，我国也开启了关于核心素养的研究，构建中国化的核心素养框架体系。

党的十八大以来，党中央、国务院都多次强调把"立德树人"作为教育工作的根本任务。中国学生发展核心素养框架回答了"立什么德、树什么人"的问题，将党的教育方针细化为具体的人才培养的目标。2013 年，我国启动了"基础教育和高等教育阶段学生核心素养总体框架研究"重大项目，正式开始了核心素养的研究。我国核心素养框架的研制，坚持以马克思主义为指导，明确了人才培养的目标指向，充分体现了社会主义核心价值观，并吸收中华优秀传统文化的营养，批判性借鉴了国际核心素养研究的成果，提出了符合我国国情的核心素养框架。② 中国学生发展核心素养以"全面发展的人"为核心，分为文化基础、自主发展和社会参与 3 个方面，每个方面又细化为 6 项素养：人文底蕴、科学精神、学会学习、健康生活、责任担当、实践创新(图 3-3)。③ 其中，文化基础重在强调能习得人文、科学等各领域的知识和技能，掌握和运用人类优秀智慧成果，涵养内在精神，追求真善美的统一，发展成为有宽厚文化基础、有更高精神追求的人；自主发展重在强调能有效管理自己的学习和生活，认识和发现自我价值，发掘自身潜力，有效应对复杂多变的环境，从而成就出彩人生，发展成为有明确人生方向、有生活品质的人；社会参与重在强调能处理好自我与社会的关系，养成现代公民所必须遵守和履行的道德准则和行为规范，增强社会责任感，提升创新精神和实践能力，促进个人价值的实现，推动社会发展进步，发展成为有理想信念、敢于担当的人。④

---

① 张传燧，邹群霞. 学生核心素养及其培养的国际比较研究[J]. 课程·教材·教法，2017(3)：37-44.

② 林崇德. 构建中国化的学生发展核心素养[J]. 北京师范大学学报(社会科学版)，2017(1)：66-73.

③ 核心素养研究课题组. 中国学生发展核心素养[J]. 中国教育学刊，2016(10)：1-3.

④ 林崇德. 中国学生核心素养研究[J]. 心理与行为研究，2017(2)：145-154.

该素养体系的提出对我国"要培养什么样的人"做出了具体的回应，也为我国课程标准修订、课程建设和新高考改革面临的综合素质评估指明了方向。

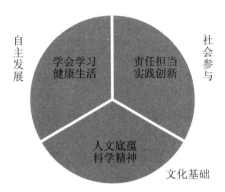

图 3-3　中国学生发展核心素养体系图

(三)核心素养的内涵

素养最初是指人在应对一定的情境时所表现出来的综合性的能力。目前，国际上有代表性的核心素养框架，如 OECD 的核心素养框架，都强调素养是适用于特定情境下的知识、能力和情感的综合。① 因此，可以将素养界定为"人在特定的情境中综合运用知识、技能和态度解决问题的高级能力与人性能力"。相对于我国提倡的素质教育中的"素质"而言，素养强调后天的养成。素养超越了知识和技能的范畴，还包括个体的情感态度和价值观。素养是可教、可学、可测评的，形成素养的目的不仅仅是为了升学和就业，更是为了个体能够在复杂的现实情境中更好地生活，从而实现个体的发展和社会的良好运作。②

目前，国际上对核心素养并未有一个统一的定义。我国学生发展核心素养框架将核心素养定义为"学生应具备的，能够适应终身发展和社会发展需要的必备品格和关键能力，是学生知识、能力、情感、态度、价值观等多方面要求的综合体现"。③ 核心素养是伴随着人才观的改变对以往"基本技能"的发展和超越，是个体能够适应未来不可预测情境的高级能力和人性能力，因此，也被

---

① 辛涛，姜宇，刘霞. 我国义务教育阶段学生核心素养模型的构建[J]. 北京师范大学学报(社会科学版)，2013(1)：5-11.

② 柳夕浪. 从"素质"到"核心素养"——关于"培养什么样的人"的进一步追问[J]. 教育科学研究，2014(3)：5-11.

③ 核心素养研究课题组. 中国学生发展核心素养[J]. 中国教育学刊，2016(10)：1-3.

称为"21世纪素养"。①

国内学者对核心素养的研究有两种代表性的观点：一种认为核心素养是个体在当下及未来社会中应具备的关键知识、能力及情感态度。另一种认为核心素养是个体运用各学科知识与能力解决复杂问题的一种跨学科素养，是适用于所有情境和所有人的普遍素养。② 我们在理解核心素养时要关注以下两点：一是对"核心"的理解，核心素养不是全面的素养，而是可以满足人的个体发展和社会发展的所有素养中最关键、最重要的少数素养；二是核心素养是高级素养，不是基础素养，是学生面对未来的竞争和挑战需要的创新素养、信息素养等交际素养。③

在理解了核心素养的内涵之后，我们就可以厘清核心素养与三维目标的关系。三维目标是第八次课程改革为了打破学科教学过于注重"双基"的局面，而提出的知识与技能、过程与方法、情感态度与价值观全面发展的学科教育目标。但是，在教学实践中，三维目标割裂的问题非常突出，教学和评价往往过分关注零碎的知识。造成这些问题的主要原因是三维目标虽然强调了要培养全面发展的人，但是对全面发展的人是什么样的并没有给出具体的要求。核心素养不仅回答了教育要培养什么样的人，而且明确了全面发展的人应该具备的必备品格和关键能力。④ 核心素养和三维目标都关注人的发展，核心素养本质上是三维目标在学生身上的综合表现，进一步确立了人的发展才是教育的终极目标，两者呈现出一脉相承的继承关系，核心素养是对三维目标的超越。同时，核心素养又是三维目标的上位概念，核心素养来自于三维目标，是三维目标的提炼与整合。我们可以将三维目标理解为过程性的目标，而教学的最终目标是学生在解决现实问题时所表现出来的必备品格和关键能力。相对于以往的三维目标，核心素养更加强调关键性、情境性、动态性和终身性。

(四)核心素养的特点

(1)核心素养具有共同性。学生发展的核心素养必须是社会群体成员的共同素养，也是每个学生适应社会生活、适应个人终身发展以及适应社会发

---

① 张华. 论核心素养的内涵[J]. 全球教育展望，2016(4)：10-24.

② 李艺，钟柏昌. 谈"核心素养"[J]. 教育研究，2015(9)：17-23.

③ 褚宏启. 核心素养的概念与本质[J]. 华东师范大学学报(教育科学版)，2016(1)：1-23.

④ 李润洲. 继承与超越——"三维目标"与"核心素养"的异同辨析[J]. 当代教育科学，2016(22)：11-16.

展的必不可少的关键素养，贵精而不贵多。核心素养的共同性和基础性使其不同于特定职业所要求的专业素养。专业素养面向的是具体某个行业的从业人员，它更强调在个人职业发展中成功完成一份特定专业工作所需要的知识、能力和态度；而核心素养是面向所有社会成员的，是每个社会成员为了生活和工作顺利而需要的基本知识、能力和态度，它更强调教育的价值功能和过程标准。

（2）核心素养具有发展性。一方面，核心素养的发展性体现在学生身心发展的连续性和阶段性上。核心素养的形成不是一蹴而就的，而是具有终身的连续性——最初在学校中培养，随后在一生中不断发展完善。个体在成长的不同阶段里，对核心素养的需求和可接受程度不同，因此，在不同的教育阶段（如义务教育阶段、中等教育阶段和高等教育阶段），核心素养培养的效果会有极大差异。另一方面，核心素养的发展性还体现在核心素养的培养需要贴近时代的发展。不同的时代发展特征不同，对于核心素养的内容界定自然也不一样。例如，在 21 世纪这个以信息技术飞速发展为主要特征的时代，信息技术素养等成为"核心素养"的重要内容。

（3）核心素养具有综合性。核心素养的综合性体现在核心素养的本质上。核心素养的本质是人成功应对或完成某种实际活动所需要的"胜任力或竞争力"，但这种能力无法通过单一学科或独立领域的学习而获得，需要培养学生跨学科思维和处理问题的综合能力，以助其获得个人成长和社会生活所需的综合性素养。

（五）核心素养的意义和价值

学生发展核心素养框架阐明了这个全球化、信息化的知识型社会对个人发展新的要求，进一步明确了"教育要培养什么样的人"的问题。

发展学生的核心素养，首先是提升学生的综合能力，增强学生的竞争力和提升学生的学习兴趣，以使学生能适应未来社会变化。从核心素养的内涵来看，知识和能力是其中的重要组成部分，因此，学生发展核心素养，首先是要以发展智慧为基础，成为一个智慧、完整的人。其关键就是提升学生自身的综合能力，使学生具备在当下和未来能够自主、幸福生活的生存能力。

核心素养除了学生需具备的知识和能力外，还包括情感、态度和价值观，现今的教育应从核心知识教育走向核心素养教育，更强调培养学生的情感、态度和价值观，使学生不仅具备能力，而且具备品德、文化和修养等这些内在的品质。

核心素养是基于学生个性发展和长远发展的需要，为学生终身学习和发展奠定基础。根据马斯洛需要层次理论，工作或职业能使人获得安全感和自我价值感。因此，发展核心素养是为当下和未来的发展服务，培养学生养成做有价值、有意义的事情的习惯，以便学生具备终身学习的能力，在未来的生活中能迅速适应职业变化和职业环境，从而实现学生的终身价值追求。

核心素养是高中生物学阶段要达成的终极目标，需要落实到各学科课程中去。国际上有代表性的核心素养实践途径有三类：第一类是核心素养的研制独立于课程体系之外，之后再与课程和教学相融合；第二类是在课程体系中直接设置了核心素养；第三类是没有提出整体的核心素养体系，但通过课程标准的内容设置体现核心素养。① 不论是哪种类型的实践途径，都反映出了核心素养的发展对促进课程发展和转变的积极意义，不同国家课程标准的课程内容、教学建议和质量标准都围绕着发展学生能力展开。我国为了落实教育要立德树人的根本任务，构建了学生发展核心素养框架。为了建立核心素养与课程教学的内在联系，充分发挥各学科在发展学生核心素养中的育人价值，高中阶段的各学科课程基于学科本质凝练了本学科的核心素养，明确了学生在学完该学科课程之后应达到的必备品格、关键能力和价值观念。高中生物学课程作为高中阶段科学教育的重要课程，其根本任务就是要落实核心素养。《普通高中生物学课程标准(2017年版)》凝练的生物学学科核心素养包括生命观念、科学思维、科学探究和社会责任，较全面地表达了高中生物学课程的育人价值。生物学学科核心素养变革是教学目标、教学内容、教学和评价方式的宗旨。

核心素养的提出被认为是当前对"教育要培养什么样的人"这一问题的有力回答，核心素养为高中生物各学科课程改革指明了方向。那么，接下来就需要弄清楚我们应该"教什么"以及"如何教"的问题。

二、内容聚焦大概念

从历史上不同时期的不同课程来看，很长一段时间课程内容都被看作系统化了的知识随着现代科学的飞速发展，知识表现为爆炸式的增长。如果还按照以往的认识选择课程内容，将浩如烟海、门类众多的学科知识都归入课程内容之中，就会造成学校课程的内容拥挤不堪，学生在有限的学习时间内很难学习到无限增长的学科知识。更为重要的是，如果仅仅从学科知识的角度去选择课程内容，就容易将课程内容和学科知识等同起来，将课程内容看作静态的、既定的知识，就会导致教材编写或者教学的过程中只关注知识，而忽略了学习者

① 辛涛，姜宇，王烨辉. 基于学生核心素养的课程体系建构[J]. 北京师范大学学报(社会科学版)，2014(1)：5-11.

的心智发展、情感陶冶。① 因而，近年来国际科学教育普遍强调在课程内容选择时要遵循"少而精"的原则，选择那些最有价值的学习内容。"教什么知识"看似是一个简单而又直观的问题，其实不然，尤其是在核心素养的背景下，更应该思考什么样的知识才是对人的发展最有意义的知识。

(一)知识是形成核心素养的基础

素养是知识、能力和情感态度价值观的综合。我们以往的高中生物学课程在选择和组织课程内容时往往以学科为出发点，教师在教学时对知识也投入了较多的关注。诚然，素养的发展离不开知识，抛开知识谈能力，或者抛开知识谈素养都是不现实的。离开了知识的素养就像无源之水、无根之木。但是知识的积累一定会带来素养的发展吗？答案显然是否定的。核心素养强调的是学生在真实的情境中，能够综合运用知识、能力和价值观去解决问题的综合素养，在这一过程中，学生需要运用所学的知识解释并理解所观察到的自然界，这就需要对知识的深入理解，而不是通过死记硬背记住一些琐碎的事实。比如一个学生，即使他能够说出多个细胞器的结构，也知道这些细胞器所执行的功能，但是如果他不能领会细胞器结构与其功能的关系、不能理解不同细胞器的分工与合作，就不能说他真正地理解了细胞为什么是组成生命系统结构与功能的基本单位。

理解知识在发展学生核心素养中的价值，需要我们深入理解知识的本质。早在古希腊时期，哲学家苏格拉底就提出了"知识即美德"，揭示了知识对孕育人的美德素养的潜在价值。随着理性哲学的发展，传统的知识论继承和发扬了古希腊哲学中"知识具有普遍必然性"的观点，将知识看作绝对的真理，认为知识是绝对正确、绝对有效、绝无矛盾的。② 这种对知识的认识过于强调理性，将知识绝对化，割裂了知识与人、与社会生活的联系。传统知识论对课程教学最直接的影响就是教师会将知识看作客观的真理、固定的事实，认为这些知识是可以直接传授给学生的，而且越多越好。因而，在课程内容选择时，往往只是从学科概念的逻辑和学科发展出发，课堂之上以机械灌输和训练的方式教授知识的现象普遍。这种把学生当作储存知识的容器的做法不仅不利于学生素养的发展，反而会摧毁学生的能力和人格。现代知识观不仅承认知识的真理性和确定性，还主张通过实验、推理等科学方法来发展知识体系，强调知识的实证

---

① 左菊，孙泽文. 课程内容选择：取向、依据及其环节[J]. 教育与职业，2012(12)：135-137.

② 吴俊明. 科学知识观刍议[J]. 化学教学，2015(10)：3-6.

性、可证伪性。马克思主义知识论超越了以往对知识本质的认识，认为知识不仅仅是观念性的存在，也烙有人类创造精神的痕迹，更是实践性的存在，知识不仅仅是理论，也意味着实践智慧，一个人就算掌握了再多的理论知识，如果不能将这些知识应用于实践和创造的过程当中，那么也不应该被承认是有知识的人。

核心素养的形成离不开知识，那么，什么样的知识对学生核心素养的养成最有价值？英国教育哲学家赫斯特（Hirst P. H.）认为"最有价值的知识，是人类理解世界时形成的七八种独特的、基本的和逻辑上明确的认知世界的形式"。在他看来，知识并不是一个不可分割的整体，而是具有多层次的内部结构。[①] 知识是由符号表征、逻辑形式和知识的意义三个部分组成的有机整体。[②] 作为人类认识世界的成果，任何知识都以一定的符号作为表征，我们将其理解为知识的具体内容，包括概念、命题和理论。这些"关于世界的知识"可以帮助学生更好地理解客观世界并发现世界的奥秘。但是，我们的教学不能仅仅停留在关注知识的符号表征上；更应该关注通过这些符号表征的学习，学生的认知、情感、意志、价值观等内在的精神世界是否获得了发展。知识的逻辑形式包括知识构成的逻辑过程和逻辑思维形式。任何知识的形成，尤其是科学知识的形成都要经历从感性到理性的过程，在这一过程中，需要经历分析与综合、归纳与演绎、抽象与概括等逻辑思维过程。知识的逻辑形式体现的是人们认识世界的一系列方法、思想和思维方式。相对于知识的符号表征，知识的逻辑形式对学生素养的发展更为重要。学生学习知识，最重要的不是记住一个个名词，而是要通过体验、认识和内化等过程逐步形成相对稳定的思考问题、解决问题的思维方法和价值观，获得认识世界和改造世界的方法论和世界观。对知识中隐含着的"认知方式"的认识，将知识转化为内在的思维品质。知识的意义是其蕴含的人文情怀和科学精神，知识产生的过程是艰辛而曲折的，人们之所以还苦苦地寻求真理，是受人们求真、向善、至美的意志的驱动。科学知识是在一定的文化背景下产生的，都是特定文化背景的产物，知识蕴含的人类认知世界的方式、文化价值观念和文化精神等意义成分才是组成知识的内核。知识的三重结构直接指向了核心素养的内涵。学生掌握了知识的逻辑形式——方法与思维方式，自然而然地就达成了学会学习这一素养，学生掌握了知识的意义——价值

---

① SOLTIS J F. Knowledge and the curriculum：a review [J]. Teachers College Record，1979，80（4）：771-784.

② 郭元祥. 知识的性质、结构与深度教学[J]. 课程·教材·教法，2009(11)：17-23.

观念、文化精神和科学精神，也就会更加清楚地认识到他们作为个体如何去健康生活，并积极地参加到社会事务中，具有责任与担当。① 因而，我们说教育并不在于教多少知识，而是在于如何实现知识的深度学习，实现知识向素养的转化。

(二)围绕大概念组织课程内容

随着科学技术的飞速发展，知识呈现出爆炸式增长的趋势。在这一时代背景下，基础教育阶段的科学教育应该如何进行，特别是如何选择学习内容是近年来国际科学教育的一个热点问题。其中，最具代表性的研究是温·哈伦(Wynne Harlen)等国际科学教育专家在《科学教育的原则与大概念》一书中提出的科学教育的 10 项原则和基础教育阶段应该学习的 14 个大概念，包括 10 个科学内容的大概念和 4 个科学本质的大概念。② 书中还明确提出了科学教育的目的是为了培养学生在面临个人生活或社会生活中的真实问题时，能够做出理性决策的知识和能力。这些能力的获得需要科学内容少一点，但深一点。科学的大概念是科学领域有结构有联系的科学概念或模型，可以解释较大范围内的一系列现象。科学大概念对于学生决策判断能力和创新能力的形成都具有重要的价值。

我国高中阶段各学科课程标准在修订过程中，不仅对课程结构进行了调整，还特别强调每门学科在课程内容上的优化。要求改变传统的知识观，走向理解取向的知识观，课程内容的选择应走出知识点越多越好的误区，基于少而精的原则选择课程内容。③《普通高中生物学课程标准(2017 年版)》顺应时代的要求，结合学习科学和我国生物学教育近年来的研究成果，必修和选择性必修的课程内容都是围绕着生物学大概念来组织的。

那么，到底什么才是大概念呢？大概念并非指的是一个包含了很多内容的庞大概念，如果我们从这个角度去理解大概念就很容易走进这样一个误区：到底概念的内涵丰富到何种程度才能被称为大概念？是否存在一个明确的标准或界限？显然这样的理解失去了对知识教育价值的关注。埃里克森认为，大概念是在事实基础上产生的深层次、可迁移的抽象概念，具有概括性、抽象性、永

---

① 李润洲. 知识三重观视域的核心素养[J]. 教育发展研究，2016(24)：37-44.

② WYNNE H，等. 科学教育的原则和大概念[M]. 韦钰，译. 北京：科学普及出版社，2011.

③ 崔允漷. 普通高中课程结构为何调整？如何调整？[J]. 人民教育，2018(3-4)：37-39.

恒性和普遍性的特征。① 维金斯和麦克泰格认为大概念是那些"能够强有力地解释现象，提供对科学的综合考察"的重要的、持久的概念，可以将分散的知识联结起来，具有概念聚合器的作用。大概念超越了个别的知识和技能，可以应用到学科之内甚至跨学科的情境中。大概念有助于使新的、不熟悉的概念看起来更熟悉。② 也有学者将大概念称为可以带回家的信息，是具体的经验和事实忘记之后还能够长期保存的中心概念。还有学者将大概念比作一个认知文件夹，可以归档无限数量的信息，为学习者提供认知的结构或框架，不同的文件夹之间还具有交叉引用的功能。从以上众多的对大概念的理解之中，我们可以总结出大概念的内涵。

大概念是居于学科的核心，对学科知识起统整和联结作用的上层综合概念，是概念的概念。大概念即奥苏泊尔所说的上位概念，具有最高的抽象性、概括性、包容性，解释力最强。美国教育学家肖瓦特（Showalter）提出的知识结构图，展示了从学科事实到学科一般概念，再到学科核心概念，最终形成科学主题的进阶过程。这里的科学主题其实就是我们所说的大概念。如果我们把学科知识的结构呈现为同心圆式的"内核＋围绕带"的结构的话，大概念就是这个结构中最核心的部分，而其他知识则构成了大概念形成的基础和土壤。可以说，一切外围知识都是学习者最终理解和构建大概念的垫脚石和助跑器。③ 大概念位于学科知识结构体系的最高层次，统摄性最强。对大概念的获得需要通过反复地探究和反思，对大概念的全面理解也就相当于对整个学科知识的理解。

大概念具有持久的价值并能在新情境中迁移应用。大概念具有强大的解释力，不仅可以帮助学生揭示当下他们遇到的学习和实际生活中的问题，还可以帮助学生在毕业之后的生活中解释和理解不断变化的世界。从前面我们讲过的知识论的角度分析，大概念属于内含知识逻辑和意义的知识，可以为学习者提供学科思维的方式、方法，代表了学习者认知世界的一种眼光、心态和尺度。④ 在学习的过程中，学生可以以大概念为"纲"或"组织者"，将知识形成一

① ERICKSON H L. Stirring the head，heart，and soul：rede fining curriculum and instruction[M]. 2th ed. California：Thousands Oaks，2000.

② 威金斯，麦克泰格. 追求理解的教学设计[M]. 2 版. 闫寒冰，等，译. 上海：华东师范大学出版社，2005.

③ 龙宝新. 走向核心知识教学：高校课堂教学的时代意蕴[J]. 全球教育展望，2012（3）：20-24.

④ 余文森. 论学科核心素养形成的机制[J]. 课程·教材·教法，2018(1)：4-11.

个整体。学习者对大概念的深入理解会影响到他们所关注的事物，影响到他们如何组织、再现和理解信息，又会影响到他们记忆、推理和解决问题的能力。

由于科学是一个整体，不同领域的科学具体学科在学科内容、研究方法上常常存在相互的关联和交叉，因而不同学科提炼出来的最上层的大概念往往具有跨越学科界限的普适性。[①] 例如，物理学、化学和生物学中都涉及物质的结构和功能、能量变化、稳定性、系统与相互作用等方面的知识，建立在这些事实和概念基础上的大概念会有相似甚至相同之处。这些大概念揭示了科学知识的本质及其相互联系，将不同领域的科学联系起来，形成一个具有逻辑关系和内聚力的知识结构。

总之，大概念是学科知识的精华，是发展学生核心素养最有价值的知识。

埃里克森指出"教学需要的内容需要聚焦和限定，让大概念来决定教学的方向和深度，课程不需要覆盖所有内容而是要抽样具体的内容形成大概念"。[②] 在核心素养的指导下，将课程内容的确定从以学科知识体系为依据转向以促进学生核心素养的形成为依据，这是对学生素养形成的基本保障。因此，基础教育科学课程的内容应该要少一点，深一点，将课程内容组织为围绕大概念的、连续的、有联系的整体。用大概念构建课程内容框架，淡化细枝末节的内容，降低对记忆背诵的要求，强调对重要概念的深入理解，为主动学习留出更多的课时，是课程内容少而精的保障。[③] 在《普通高中生物学课程标准（2017 年版）》中，课程内容就是围绕大概念构建的由大概念、重要概念和一般概念组成的层级知识框架。例如，必修模块 1"分子与细胞"的内容要求就提出了"概念 1 细胞是生物体结构与生命活动的基本单位"和"概念 2 细胞的生存需要能量和营养物质，并通过分裂实现"。这不仅体现了课程标准呈现方式的变化，也是高中生物学课程对"课程内容少而精"的具体落实。

三、教学过程重实践

科学教育的目标不仅仅是帮助学生在学校中有出色的表现，更是为了帮助他们在未来的社会生活中能够生活得更好。因此，不同国家和组织的核心素养

① 胡玉华. 科学教育中的核心概念及其教学价值[J]. 课程·教材·教法，2015(3)：9-84.

② ERICKSON H L. Stirring the head，heart，and soul：rede fining curriculum and in-struction[M]. 2th ed. California：Thousands Oaks，2000.

③ 刘恩山，刘晟. 核心素养做引领 注重实践少而精——《普通高中生物学课程标准》修订思路与特色[J]. 教育发展研究，2016(24)：37-44.

框架中都强调学生面临复杂情境时能够做出理性的决策，采取负责任的行动。例如，我国学生发展核心素养框架就明确提出了"实践创新"这一素养。我国《普通高中生物学课程标准(2017年版)》提出："高中生物学课程高度关注学习过程中的实践经历，强调学生学习的过程是主动参与的过程，让学生积极参加动手和动脑的活动，通过探究性学习活动或完成工程学任务，加深对生物学概念的理解，提升应用知识的能力，培养创新精神，进而能用科学的观点、知识、思路和方法，探讨或解决现实生活中的某些问题。"可以看出，我国高中生物学课程的理念重视科学实践的育人价值。

长期以来，科学探究一直是科学教育的核心理念，尤其是在1996年美国发布了《美国国家科学教育标准》，其中就提出要将"科学探究"作为科学教育的核心理念，让学生在"做科学"的过程中对知识的理解和探究能力有明显的提升。从此之后，"科学作为探究"的科学观、科学探究教学和探究性学习等围绕着"科学探究"理念的理论和实践研究成为国际科学教育关注的焦点，也深刻影响了国际科学教育的改革方向。我国2001年开启的第八次基础教育课程改革也将科学探究作为我国科学教育的基本理念和重要内容。

随着对科学教育研究和实践的发展，美国在2011年发布了《K-12科学教育框架：实践、跨学科概念、核心概念》(A Framework for K-12 Science Education：Practices，Cross-cutting concepts and Core ideas)，以"科学实践"取代了"科学探究"，以应对时代发展和科技变革所带来的挑战。这一变化受多方面因素的影响。首先是人们对科学本质认识的深入。早期人们讲科学理解知识，认为科学教育的目标就是为了将现有的知识或者结论传授给学生。直到20世纪80年代，"科学作为探究"的科学观才逐渐被人们普遍接受。但是，人们对科学探究的理解并不统一，有人将其理解为"科学中的探究"，既是指科学家科学研究的过程，也是学生获得科学知识的重要方式；还有人将其理解为"关于科学的探究"，认为科学的本质就是探究，科学教育的目标就是帮助学生理解科学本质并获得科学探究能力。[①] 在很多课程标准文件中，科学探究即作为课程目标，也在课程内容部分作为独立的主题与学科知识并列存在，还在课程理念或教学建议中将其作为倡导的学习方式或教学策略。这些对科学探究的多种理解直接导致了课堂教学中各种形式的科学探究。有些将科学探究看作机械、僵化的流程，课堂中严格按照"提出问题、做出假设、设计实验、实施实验、

---

① 卢珊珊，毕华林. 从"科学探究"到"科学实践"——科学教育的观念转变[J]. 教育科学研究，2015(1)：65-70.

得出结论、表达交流"的步骤进行，导致科学探究的形式化；有些课堂的探究教学仅仅是为了让学生通过探究理解知识产生的过程，掌握科学方法，至于科学理论和科学共同体的价值等因素都被忽略掉了。这种将科学探究作为获取知识和科学方法的教学方式，只是把科学探究当作一种"工具"，根本无法体现"科学探究是一项认知、社会、行为等多维学习活动"的价值。① 因而，学校教育中的科学探究并未达到预期的效果。

随着科学学习心理学的发展，人们对学习者学习科学有了新的认识。例如，儿童是天生的研究者，儿童学习科学的起点是对大自然好奇心和最初的观念，他们并不像我们以往认为的那样在低年龄段只能进行具体简单的活动，无法接受相对抽象的概念和解释。然而，最新的研究表明，即使刚入学的学生也可以进行简单的推理和解释。因此科学探究等活动的开展可以在各年级段基于学生的已有知识和能力逐步深入。最重要的是人们对科学理解的进步，科学不仅是对自然世界运行机制进行解释的知识体系，还包括形成、扩展和完善这些知识所进行的实践。这些新的认识都推动了从"科学探究"到"科学实践"的转向。

科学探究和科学实践并不是对立的，我们可以认为科学探究是科学实践的组成部分，科学实践可以更好地阐述科学探究在科学中的含义。《K-12科学教育框架：实践、跨学科概念、核心概念》以概念图的形式描述了科学实践在3个领域的主要活动(图3-4)，包括以实验为主导的调查研究、运用科学理论和模型的认知活动以及学生交流和论证的社会活动。②③

科学实践与科学探究的不同主要表现在以下方面：第一，科学实践强调理论性探究的主导地位。科学实践需要引导学生参与以下核心活动：提出(科学)问题、明确工程学难题，制作和使用模型，制订并实施研究方案，分析并解释数据，运用数学和计算思维，形成(科学)解释，设计(工程学)解决方案运用证据进行辩论，获取、评估并交流信息。④ 可见，科学实践并不只是"动手"的活

---

① National Research Council. A framework for K-12 science education：practices，crosscutting concepts，and core ideas[M]. Washington，D. C.：The National Academies Press，2012.

② 同①.

③ 唐小为，丁邦平. "科学探究"缘何变身"科学实践"？——解读美国科学教育框架的首位关键词之变[J]. 教育研究，2012(11)：141-145.

④ 普通高中生物学课程标准修订组.《普通高中生物学课程标准(2017年版)》解读[M]. 北京：高等教育出版社，2018.

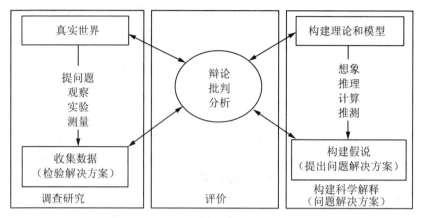

图 3-4　科学实践 3 个领域的活动

动，更是"动脑"的理论性探究活动，将学生的科学思维作为科学教育的核心目标，帮助学生自发地运用科学证据展开科学推理和论证活动，不断建构和改进自己的科学理论。这样的科学实践教学关注的是学生这一学习主体的想法是如何改变的，而不是具体的程序化的步骤或结构化的探究过程。第二，科学实践强调真实情境或问题的解决。在以往的科学探究活动中，学生所探究的问题、获得的结论常常有明确的答案；而科学实践中的问题往往涉及多个学科领域的内容，有些难题并没有一个统一的答案。科学实践将工程教育整合到科学课程之中，不仅可以为学生提供检验和运用科学知识的情境，使他们体验到用科学技术解决实际问题的乐趣，还可以促使学生理解科学、技术、工程、数学（STEM），对他们日后步入社会有非常积极的作用。第三，科学实践突出了科学的社会性特质。科学是一项社会活动，需要考虑科学与技术、社会、政治、文化之间相互的影响。科学家在研究的过程中需要与科学共同体展开多种形式的互动，使不同的理论发生碰撞，解决不同科学家之间的争端。因此，科学教育中的科学实践同样也是一项群体活动，不仅强调"动手"和"动脑"，还要在学习过程中凸显话语的交流，学习者需要像科学家群体一样，通过平等和公开的对话来呈现和反思自己的观点，提出问题、建构解释、组织论证、交流信息本质上就是通过语言或文本开展的交流活动。通过体验科学发展的社会性过程，学生对科学本质和科学价值的理解会更加透彻。

　　实践是人的成长与发展的重要途径。[①] 科学实践可以帮助学生将科学探

---

　　①　郭元祥. 论实践教育［J］. 课程·教材·教法，2012(1)：17-22.

究、科学概念、实践技能、科学思维和社会责任等方面的素养融会贯通,进而发展为可以帮助他们形成满足个人发展和社会发展的必备品格和关键能力。

四、学业评价促发展

评价是保证课程质量的重要环节,学业评价是依据课程标准,采用定量与定性的方法,对学生的学习效果进行判断的活动。我国的学业评价在早期为了凸显评价的客观性,主要是通过标准化的考试对学生进行评价,过度地强调了评价的甄别和选拔功能,导致了实践教学中"考什么教什么"的应试教育。2001年,我国启动了第八次基础教育改革,发布的《基础教育课程改革纲要》中提出在评价的过程中要淡化评价的甄选功能,重视发展,重视综合及多元化的评价,重视过程,强调参与和互动,实现评价理念由"以选拔为导向"向"以发展为导向"的转变。这一时期的学业评价在评价内容上不仅关注知识,同时也关注技能,要体现出学业评价对学生发展的促进作用。[1] 当前,我国基础教育的课程目标面临着全面的升级,核心素养是各学段、各学科都要达成的共同目标,教育评价也需要指向核心素养。

(一)采用多元化的评价方式

核心素养的形成并非一蹴而就,而是一个循序渐进的过程。因此,对核心素养的评价不仅要关注在某些时间点上学生核心素养的水平,更要把对素养的评价贯穿于学习的整个过程,关注如何通过评价促进他们核心素养的发展。《普通高中生物学课程标准(2017年版)》明确界定了高中生物学学习阶段学生生物学学科核心素养应该达到的4个水平(表3-2)。

表3-2　学科核心素养水平划分(部分内容)

素养水平	素养1：生命观念
水平一	初步具有结构与功能相适应的观念以及生物进化观念,能从分子与细胞水平认识生物体的结构与功能是相适应的,生物的适应性是长期进化的结果。初步具有物质和能量观
水平二	具有结构与功能相适应的观念和生物进化观念,并能运用这些观念分析和解释简单情境中的生命现象。具有物质和能量观,结合简单情境说明生命活动的维持,包括物质代谢和能量代谢

---

① 辛涛. 新课程背景下的学业评价:测量理论的价值[J]. 北京师范大学学报(社会科学版),2016(1):56-61.

素养水平	素养 1：生命观念
水平三	具有结构与功能相适应的观念和生物进化观念，并能运用这些观念分析和解释较为复杂情境中的生命现象。综合物质和能量观以及稳态与平衡观，在特定情境中说明生态系统中时刻存在着物质循环和能量流动
水平四	具有结构与功能相适应的观念和生物进化观念，并能基于这些观念识别身边的虚假宣传和无科学依据的传言。具有物质和能量观，并能指导、解决生产和实践中的具体问题。具有稳态与平衡观，并能指导人的健康生活方式；指出某一生态系统中的构成要素及影响其平衡的因素

首先，核心素养的评价应该兼顾形成性评价和总结性评价。通过形成性评价可以及时全面地了解和诊断学生素养发展的状况，然后根据学生的素养水平有针对性地调整教学。其次，核心素养是知识、能力和情感态度价值观的整合，是学生通过后天学习获得的综合性的学习结果。因此，核心素养的评价不可能通过单一的方式完成。例如，可以通过建立成长档案袋对学生的素养表现进行持续、完整的记录；也可以开发专门的形成性评价的工具。我国 2014 年发布了《关于加强和改进普通高中学生综合素质评价的意见》，指出要观察、记录、分析学生的全面发展状况，每学期末，教师要指导学生整理和遴选具有代表性的重要活动记录和典型事实材料。

（二）在真实的情境中开展素养的评价

欧盟将核心素养界定为"素养是适用于特定情境（包括个人情境、社会情境和职业情境）的知识、技能和态度的综合"。素养不同于知识，也不同于技能，素养的形成和发展植根于情境之中，无论是科学思维、科学探究，还是生命观念和社会责任都必须通过解决各种复杂问题、完成各种任务的过程中才能得以培养。那么，对素养的评价也一定要依赖于真实、合理的任务情境才可以实现。情境是联结学科领域和现实生活的桥梁，为引发学生的必备品格、关键能力和价值观念提供了载体。[1] 在国际大规模学业评价中，情境是评价的重要组成部分。例如，PISA 中的情境有多种类型，从试题情境的范围来看包括学科的、个人的、区域的和全球的情境，从试题情境的主题来看包括学习内容、日常生活、科技史、科技前沿、环境与自然等，可以考查学生在真实情境下的逻

---

① 杨向东. 指向学科核心素养的考试命题[J]. 全球教育展望，2018(10)：39-51.

辑思维能力、问题解决能力。① 以往我们的评价中也不乏情境，但是很多情境都相对简单，从这些简单的情境中学生很容易从事实出发，提炼形成概念，或者说学生可以通过对某些概念的应用解决问题。对于核心素养的评价需要开放而复杂的情境，这样学生在解决问题或完成任务的过程中需要整合相关的概念和原理、灵活运用学科观念、学科思维方式或探究模式去理解和分析情境，解释和论证复杂开放的现实情境，逐渐发展灵活、有效的问题解决策略。在这一过程中，学生外在表现出的行为可以作为评价的具体指标。因此，核心素养是可测量的，可以通过检测学生在许多真实情境下的表现来间接推算核心素养的水平。

【学以致用】

从生物学核心素养的角度，试着分析近几年高考理综全国卷中的某一道生物试题，说说该试题给你带来了哪些启示。

【拓展延伸】

从 2006 年开始，我国已经在生物学核心概念学习进阶方面开展研究，经过 10 年的努力，已经积累了一定的成果和认知。以我国的研究为基础，加之吸纳国际上学习进阶的研究成果，我国高中生物课程标准颁布后，就基本实现了从小学 1 年级到高中 12 年级在生物学(及小学科学)课程内容上的循序渐进和连贯一致，符合学生年龄特点的整体设计和有针对性的要求。我国《义务教育生物学课程标准(2011 年版)》和 2017 年颁布的《义务教育小学科学课程标准》都参照了同样的学习进阶成果，这就相当于在课程内容的设计上，使用了同一把尺子为小学、初中和高中学生"量体裁衣"，这是我国生物学课程建设具有国际水平的标志性进步。而在 2010 年以前，这样的工作是无法完成的。

结合所学知识，试着从《普通高中生物学课程标准(2017 年版)》中选取某一个概念，尝试构建其学习进阶路径。

---

① 王俊民，卢星辰，唐颖捷. 国际大规模科学学业评估的试题情境比较研究[J]. 中国考试，2019(2)：32-40.

第四章　中学生物学课程目标

【学习目标】

学习本章内容后，你应该能够：

• 简要说明教育目的、教育目标、课程目标、教学目标的内涵及各层次目标之间的关系，并能简述相关理论对我国生物学课程目标的影响；

• 概述科学本质观的内涵，尝试运用多种教学策略进行科学本质教学。

【内容概要】

本章主要探讨课程目标和科学本质观。课程目标是生物学课程的重要组成部分，是课程的出发点和归宿，规定了课程内容的选择和组织、教学活动的方式。科学本质观作为科学素养的重要组成部分，已经被越来越多的学者视为提高学生科学素养的核心。

【学法指引】

在本章的学习过程中，建议学习者可以结合课程目标的分类理论研读《普通高中生物学课程标准(2017年版)》，理解课程目标的地位、功能。另外，要将科学本质观融入科学本质教育实践中，积极尝试科学本质教学。

第一节　课程目标概述

【问题聚焦】

1. 课程目标是什么？它有什么功能？

2. 课程目标、教育目的、教育目标、教学目标有什么区别和联系？

3. 布鲁纳和加涅的教育目标分类理论对我国课程目标分类有怎样的启示和借鉴？

4. 课程目标的主要来源有哪些？

【案例研讨】

在日常教学中，常常会有这样的现象：有的教师把教育目的或教育目标、课程目标作为教学目标，有的甚至把教学内容与进度作为教学目标；在钻研教材、制订教学目标时，许多教师往往仅着眼于一节课的目标，很少全盘考虑，忽视各级目标之间的区别与联系。许多教师对课堂教学目标的内涵理解存在误区，有的直接将教学参考书中对教师的教学要求作为教学目标。

问题：

教育目的、教育目标、课程目标、教学目标如何区分？四者之间存在怎样的关系？

课程目标是课程的核心要素，课程目标的研制和实现贯穿课程运行的全过程。中学生物学课程目标对课程的框架、内容、实施和评估等重大环节都有着决定性的影响和作用，规定了教师的"教"和学生的"学"的方向和应该达到的总体水平。我们只有充分认识课程目标，才能科学地研制和设计课程目标，最终理想地实现课程目标。

课程目标是课程论研究的一个重要概念，下面我们将从课程目标的含义、功能、取向、分类等方面展开对课程目标的理解。

一、课程目标的含义和功能

(一)课程目标的含义

目前不同专家学者对课程目标从不同视角给出了多元化的阐释，但这些不同的观点的相同之处是都将课程目标理解为"学生学习所要达到的结果"。教育是一项有目的、有计划的系统性实践活动。教育领域关于目标的表述有很多，例如教育目的、教育目标、课程目标、教学目标，这些目标既相互联系又具有明显的差异，分别表征了教育领域中目标问题的不同层次。我们要理解课程目标可以从理解不同层次的目标开始。

教育目的是指"培养人的总目标，关系到把受教育者培养成什么样的社会角色和具有什么样的素质的根本性问题，是教育实践活动的出发点"[①]。目的具有方向的意味，表现为普遍的、总体的、终极的价值。因而教育目的层次最高，指导范围最广，是一个国家在较长的历史阶段内对社会人才培养的终极目

---

① 顾明远. 教育大辞典(增订合编本)[M]. 上海：上海教育出版社，1998.

标。教育目的是国家教育的起点和终点，体现在国家、地方、学校的办学理念和教育实践活动之中。它的核心是规定"培养什么样的人"，具有一定的历史性和相对的稳定性，不同历史时期的教育目的会依据社会的政治、经济、文化和科学技术发展的要求，提出不同的教育目的。

教育目标是教育目的的下位概念，又称为培养目标，是根据人与社会发展的需要，各级各类学校及各学段应具体达到的教育目标，具体表现为对学生知识、能力、品德以及其他非智力因素等的发展和变化所做出的规定和要求。[①]它是教育目的的具体化，具有阶段性、灵活性和层次性等特点。[②] 教育目标一般不涉及具体的学科领域，而是针对特定的对象提出的，由于各级各类学校的教育对象不同的特点，制订教育目标必须研究自己学校学生的特点。教育目标相对于教育目的虽然更加具体化，但是以这样的目标作为课程设计的依据还是过于概括了。为了将教育目的和教育目标更好地落实，还需要确定课程目标。

课程目标是教育目标的下位概念，是某一门课程门类或科目学习完以后学生所要达到的发展状态和水平，是课程设计的基础环节和重要因素。课程目标是对学生完成某一阶段、某一门课程的学习之后在品德、智力、体质、素养等方面所达到的程度，是学生学习的预期效果。因此，课程目标具有两方面的规定性：一是时限性，即课程目标要同特定教育阶段相联系，不是对所有教育阶段学习结果的笼统描述；二是针对性，即课程目标主要针对某类学科领域，是学生通过某门课程的学习所应该达到的结果。课程目标直接影响和制约着课程内容、课程组织、教学实施等后续课程设计和操作。课程目标反映了社会的政治、经济文化和科技发展的要求，因而会随着社会的发展和认识的深化而不断调整、补充、修正和更新。课程目标还需要进一步落实到具体的教学活动中，也就是要规定具体的教学目标。

教学目标是课程目标的下位概念，是教学活动事实的方向和预期达成的结果，是一切教学活动的出发点和最终归宿。教学目标设计的范围可以是一个单元、一节课，甚至是一个教学环节。教学目标是课程目标进一步的具体化，是指导、实施、评价教学的基本依据。

按照上述对教育目的、教育目标、课程目标、教学目标的理解，我们可以

---

① 崔鸿，张秀红，等. 中学生物学教学设计[M]. 北京：高等教育出版社，2016.
② 钟启泉. 课程论[M]. 北京：教育科学出版社，2007.

按照从抽象到具体、从一般到个别，概括程度从高到低的顺序将 4 类目标的关系表述为：教育目的→教育目标→课程目标→教学目标。国家提出的教育目的在四者中是最高层次，指明了教育活动的总体方向，体现的是普遍的、终极的、最宏观的教育价值(图 4-1)。

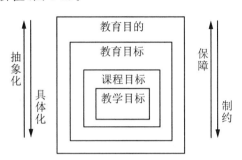

图 4-1 教育目的、教育目标、课程目标和教学目标的关系图

教育目的、教育目标、课程目标和教学目标的关系具体体现在如下几个方面。第一，课程目标受教育目的的制约，必须体现教育目的的主旨和意图。第二，教育目标是各类学校、各门课程乃至各项教育活动都要服从的目标，因而，课程目标的内涵和外延都要限制在教育目标规定的范围内，而且，不同课程的目标既具有一定的共性，同时又具有明显的学科性，例如，科学领域的课程目标就是要培养学生的科学素养，这样不同学科在体现学科个性的基础上共同达成教育目标；但课程目标和教学目标又都具有一定的主观性，由于人们所持的教育观不同，会有不同的课程目标或教育目标被制订出来。第三，课程目标和教学目标联系紧密，两者都为教育目标的达成发挥各自的作用，但两者也有明显的区别，例如课程目标一般是由教育行政部门或者课程专家研制完成的，具有较强的方向性和规定性，而教学目标是由教师制订的，具有较强的灵活性、实用性和可操作性。

课程目标的确定是课程改革的逻辑起点，要确定"教什么""怎么教"之前首先就要确定"为什么而教"或者"为什么而学"这一基本问题。我们需要在不同层次的目标体系中准确理解课程目标的内涵、价值和功能。

(二)课程目标的功能

课程目标是课程的出发点和归宿，规定了课程内容的选择和组织、教学活动的方式。美国教育学家麦克唐纳曾经指出：不同层次的教育目标有着共同的功能，即通过明确教育活动的目标，提示达到目标最优化的内容和方法，并且成为评价教育教学活动组织结果的一种标准。他归纳了课程目标 5 种功能：第一，明示教育进展的方向；第二，选择理想的学习经验；第三，界定教育计划的范围；第四，提示教育计划的要点；第五，作为评价的重要基础。① 我国有学者认为课程目标具有导向、中介、调控和评价功能。② 还有学者认为课程目标的功能主要应体现为课程内容选择、课程组织、课程实施和课程评价提供依据。③

　　课程目标最核心的功能在于其导向和标准的功能。课程目标是教育目标在具体课程、具体学段的体现，因而负载着特定时期的教育价值观，体现了国家的教育方针，为课程的设计和实施明确了方向，为评价课程的实施效果提供了标准。

二、课程目标的分类理论

　　关于学习者的学习结果的研究一直是课程理论研究和教学设计实践关注的焦点，对我国课程目标分类具有启示和借鉴意义的主要有布鲁姆和加涅的教育目标分类理论。

(一)布鲁姆教育目标分类

　　美国芝加哥大学教授布鲁姆首次将分类学的理论应用于教育领域。布鲁姆教育目标体系包括认知、情感和动作技能三大领域。1956 年，布鲁姆等人将认知领域的教育目标分为知识、理解、运用、分析、综合、评价 6 个层次。后来以安德森为首的专家小组对布鲁姆认知领域的教育目标进行了修订，将其分为知识和认知过程两个维度，具体而言，他们将知识划分为事实性知识、概念性知识、程序性知识、元认知知识 4 种类型，将学习这些知识的认知划分为记忆、理解、运用、分析、评价和创造 6 个认识层次。知识维度和认知过程维度形成了认知目标的过程模型。布鲁姆教育目标分类学自问世以来，对课程的设计和评价产生了深远的影响。但是，也有学者对这一教育目标的分类产生了质疑，认为人在现实发展的过程中是各方面整体协调一致的发展，而对认知、情感和动作技能的目标划分是对全人发展的割裂。而且，布鲁姆的教育目标分类系统将主要目光放在认知领域的详解上，动作技能和情感领域的目标成为孤悬于认知领域之外的存在，常常被忽略。

---

① 钟启泉. 课程论[M]. 北京：教育科学出版社，2007.
② 靳玉乐. 课程论[M]. 北京：人民教育出版社，2015.
③ 张华. 课程与教学论[M]. 上海：上海教育出版社，2000.

(二)加涅的学习结果分类

加涅将学习的结果分为智慧技能、认知策略、言语信息、态度和动作技能。[①] 智慧技能指的是能够利用符号做事,是程序性的知识。例如,将事物划分为不同的类型、利用规则和原理解决问题。这些技能是个体与他们的环境相互作用的结果。认知策略是支配个体自身学习、记忆和思维活动的特殊智慧技能,可以控制学习者在学习和思维中的行为,有效地解决在学习中遇到的各种实践问题。元认知是一种特殊的认知策略。言语信息是"知道什么"或者陈述性的知识,例如对生物体特性的描述等科学事实就属于言语信息,学生对言语信息的学习属于较低水平的学习,但是能够从记忆中回忆出这些事实的能力却有助于高级智慧技能的学习。动作技能是指学习者可以完成某一项技能操作,例如操作显微镜或者绘制生物结构示意图。态度是指学习者对各种事物、人和情境具有的积极或者消极反应。

无论是布鲁姆还是加涅的教育目标分类都是将学习的结果划分为若干个平行的领域,在操作的过程中难免出现各维度的割裂。我国第八次课程改革提出的"三维目标"就大量借鉴了国外的成果,将课程目标描述为知识、能力、情感态度与价值观三方面,其目的也是要实现学生的全面发展。在实践的过程中,存在对三维目标的多种理解。有人根据教育目标分类理论,将三维目标理解为"学习者的情意、认知和动作经过调控统整后得到的学习结果";也有人将作为课程目标的三维目标直接拿来作为教学目标套用,不可避免地会出现教学目标僵化、形式化和标签化的现象。教育工作者很难将三维目标统一起来。要解决这些问题需要我们从以人为本的教育思想出发,实现课程目标由"三维目标"到"核心素养"的跨越式发展。

三、课程目标的来源

课程目标的来源主要包括学生、社会、学科 3 方面。

(一)学生的需要

教育是培养人的活动,学生是教育的主体。促进学生的身心发展是各级各类课程的基本任务,因而,课程目标的确定首先应该考虑的就是学生发展的实际需求。作为个体,学生的生存需要满足最基本的生理性的需求,如吃、穿、休息等作为社会群体中的一员,学生在今后的社会生活中还有自尊的需要、自

[①] 加涅,等. 教学设计原理[M]. 5 版. 王小明,等,译. 上海:华东师范大学出版社,2007.

我实现的需要、道德的需要等。这些需要不是孤立的，而是相互联系共同构成学生的实际需要。而且，学生的需要会随着身心的发展和年龄的差异而不断变化、生成和提升，并具有一定的个体性。

（二）社会的需要

教育是一项社会活动，学生个体的发展总是和社会的发展交织在一起，因而，课程目标的确定还需要考虑社会的需求，才能实现课程为社会发展和进步服务的职责。社会的需求包含多个方面，泰勒曾将当代生活分为健康、家庭、娱乐、职业、宗教、消费、公民 7 个方面。确定课程目标需要结合课程自身的属性综合考虑社会不同方面的需求。随着信息化、全球化社会的到来，科学技术迅猛发展，对公民的科学素养提出了新的要求。因而，我们在确定课程目标时不能仅仅考虑当下、考虑本国、本民族的需求，还应面向未来，具有国际视野。

（三）学科的发展

知识是任何形式课程的本原。学科课程的具体内容包括学科的基本概念、思想、思维方式、学科价值等多个方面。在课程标准研制过程中，要考虑课程知识中的哪些知识对学生的发展最有价值，既考虑本学科对学生发展的特殊功能，也要考虑课程的一般功能。近年来，生物科学取得了突飞猛进的发展，由于生命科学研究对象的复杂性与特殊性，生物学的研究对人类生存环境、资源、食物、健康等问题密切相关，生命科学很有可能成为未来科技发展的中心生物学课程，因而也要顺应学科发展的现状和趋势，对课程目标做出适当的调整，在生物学知识、研究方法和技能、生物学思想等方面提出新的要求，并充分体现本学科德育和美育等方面的价值。

中学生物学课程目标的研制需要正确处理学生、学科和社会三者之间的关系。从各国、各时期课程改革的经验分析，突出学科需求为中心的课程可以较好地传递人类历史积累的知识和经验，有利于学生建构完整的知识结构并实现知识的迁移，但是由于忽视了社会的需要和学生发展的需要，容易造成与社会的脱节，课程难度过大。以社会需求为中心的课程虽然可以培养学生积极参与社会活动的意识和能力，但是容易忽视学生的个性特点和知识的内在逻辑，使课程失去完整性和连贯性。以学生为中心的课程通常以学生个体的学习兴趣、经验为出发点，容易忽视教育的社会功能。因而，课程目标的确定应当寻求学生、社会、学科需求的最佳组合。

【学以致用】

教育目的、教育目标、课程目标、教学目标的分类

下面列举了 10 个关于目标的描述，小组讨论并分析这些目标描述有哪些相同点与不同点。你认为哪些属于教育目的，哪些属于教育目标，哪些属于课程目标，哪些属于教学目标？对这些目标进行归类并尝试分析不同目标的特点。

(1)对幼儿实施德、智、体、美、劳方面全面发展的教育，促进其身心和谐发展。

(2)提高全体公民素质，增强人的体质，发展人的个性，使受教育者在德、智、体、美、劳方面全面和谐发展，为社会主义现代化国家培养合格的建设者和接班人。

(3)培养具有社会主义觉悟的、有相应的文化程度的、掌握一定专业基础知识和生产技能的、德智体全面发展的劳动后备力量和初、中级技术管理人员。

(4)获得生物学基本事实、概念、原理和规律等方面的基础知识，了解并关注这些知识在生产、生活和社会发展中的应用；初步具有生物学实验操作的基本技能、一定的科学探究和实践能力，养成科学思维的习惯；理解人与自然和谐发展的意义，提高环境保护意识；初步形成生物学基本观点和科学态度，为确立辩证唯物主义世界观奠定必要的基础。

(5)说出马铃薯的新品种，理解"脱毒""原种"的概念和育种技术；概述马铃薯种植的科学方法；能够分析、整理信息资料。

(6)使儿童少年在品德、智力、体质等方面全面发展，为提高全民族的素质，培养有理想、有道德、有文化、有纪律的社会主义建设人才奠定基础。

(7)能够鉴赏意象，说出婉约派的特点；能够运用写景抒情、情景交融和虚实结合的写法；通过反复朗读，感知作品内容和思想感情。

(8)学习终身发展必需的物理基础知识和方法，养成良好的思维习惯，在分析问题和解决问题时尝试运用科学知识和科学研究方法；经历科学探究过程，具有初步的科学探究能力，乐于参加与科学技术有关的活动，有运用研究方法的意识；保持探索科学的兴趣与热情，在认识自然的过程中获得成就感，能独立思考、敢于质疑、尊重事实、勇于创新；关心科学技术的发展，具有环境保护和可持续发展的意识，树立正确的世界观，有振兴中华、将科学服务于人类的使命感与责任感。

(9)知识方面：描述内环境的组成和理化性质，说明内环境是细胞与外界环境进行物质交换的媒介；能力方面：尝试建构人体细胞与外界环境的物质交换模型；情感态度与价值观方面：关注维持内环境稳态与健康的关系。

(10)学生通过本课程的学习，能认识到生物学在坚持人与自然和谐共处、促进科技发展、社会进步和提高人类生活质量等方面的重要贡献；树立生命观念，能够运用这些观念认识生命现象，探索生命规律；形成科学思维的习惯，能够运用已有的生物学知识、证据和逻辑对生物学议题进行思考或展开论证；掌握科学探究的思路和方法，形成合作精神，善于从实践的层面探讨或尝试解决现实生活问题；具有开展生物学实践活动的意愿和社会责任感，在面对现实世界的挑战时，能充分利用生物学知识主动宣传引导，愿意承担抵制毒品和不良生活习惯等社会责任，为持续学习和走向社会打下认识和实践的基础。

第二节　科学本质观的界定

【问题聚焦】

1. 什么是科学的本质？
2. 科学本质教育方法有哪些？

【案例研讨】

"生物膜的流动镶嵌模型"教学过程①

1. 导入

回忆上一节物质跨膜运输的实例，强调生物膜对物质进出细胞是有选择性的。提问：为什么生物膜能够控制物质的进出？这与生物膜的结构有什么关系？使学生产生探究生物膜结构的强烈愿望。

2. 生物膜结构的探索过程

(1)探究细胞膜的组成成分是什么？

资料1：1895年，欧文顿的实验

【事实】欧文顿用500多种物质对植物细胞进行上万次的通透性实验，发现

---

① 俞丽萍. 基于当代科学本质观的生物课堂教学设计[J]. 教学月刊(中学版)，2010(11)：38-40.

脂溶性物质更容易通过细胞膜。

【推论】细胞膜是由脂类物质组成的。

【显性语言】在实验中有一些结论是观察到的，有一些结论是在观察的基础上推论得出的。换句话说，知道的并不都是看到的。观察是通过人的感官或这些感官的扩展收集的，推论是对这些观察的解释。

资料 2：20 世纪初，膜的化学成分鉴定

【事实】科学家将膜从红细胞中分离出来。化学分析表明，膜的主要成分是脂质和蛋白质。

【讨论】在推理分析得出细胞膜的成分后，还有必要对膜的成分进行提取、分离和鉴定吗？

【显性语言】有必要。通过鉴定能更准确地说明问题。科学中的假说是在实验与观察的基础上作为试探性的想法提出来的，同时又需要进一步用实验来证明。

(2)探究这些物质是如何组成膜的？

资料 3：1925 年，两位荷兰科学家的实验

【事实】从人的红细胞中提取脂质，在空气-水界面上铺成单层分子，测得单分子层的面积是红细胞表面积的 2 倍。

【推论】细胞膜中的脂质分子排列为连续的两层。

资料 4：1959 年，罗伯特森提出单位膜模型

【事实】用超薄切片技术获得了清晰的细胞膜照片，显示暗-明-暗 3 层结构，厚约 7.5 nm，它由厚约 3.5 nm 的双层脂质分子和内外表面各为厚约 2 nm 的蛋白质构成。

【推论、假说】所有的生物膜都由蛋白质-脂质-蛋白质 3 层结构构成，电镜下看到的中间的亮层是脂质分子，两边的暗层是蛋白质分子。

【讨论】罗伯特森提出的膜的结构模型为什么被越来越多的人质疑否定？因为他把生物膜描述为静态的统一结构，不能解释细胞膜的一些功能，如细胞的生长、变形虫的运动等现象。它假定所有的生物膜都是相同的，这显然与不同部位的生物膜的功能不完全相同是矛盾的。

资料 5：【实验证据】科学家发现膜蛋白并不是全部平铺在脂质表面，有的蛋白质是镶嵌在脂质双分子层中

资料 6：1970 年，Larry Frye 等的实验

【事实】将人和鼠的细胞表面的蛋白质分子用不同的荧光染料标记后，让两种细胞融合，杂交细胞一半发红色荧光，另一半发绿色荧光，放置一段时间后

发现两种荧光均匀分布。

【假说推论】细胞膜具有流动性。

【显性语言】在继承前人的结论的基础上，结合新的观察和实验证据，又有科学家提出一些关于生物膜的分子结构模型。迄今为止，已提出了几十种不同的膜分子结构的模型，如板块镶嵌模型、晶格镶嵌模型、流动镶嵌模型等。其中 1972 年桑格(S. J. Singer)和尼克森(G. Nicolson)提出的流动镶嵌模型为大多数人所接受。

(3)生物膜的流动镶嵌模型的构建。

【简介】膜的流动镶嵌模型的内容：磷脂双分子层构成了膜的基本支架，这个支架不是静止的。磷脂双分子层是轻油般的流体，具有流动性。蛋白质分子有的镶在磷脂双分子层表面，有的部分或全部嵌入磷脂双分子层中，有的横跨整个磷脂双分子层。大多数蛋白质分子也是可以运动的。

3. 讨论与反思

(1)为什么生物膜的流动镶嵌模型为大多数人所接受？生物膜的流动镶嵌模型是在继承前人结论的基础上，以实验观察为基础而提出的：该模型能够较为满意地解释生物膜的一些功能，如生物膜对物质进出细胞是有选择性的细胞的生长等。

(2)生物膜的流动镶嵌模型是不是就完美无缺了呢？(流动镶嵌模型是目前人们普遍认同的，但它无法完美地回答生物膜的所有功能。人类对自然界的认识永无止境，随着实验技术的不断创新和改进，对膜的研究将更加细致入微，对膜结构的进一步认识将能更完善地解释细胞膜的各种功能，不断完善和发展流动镶嵌模型。)

(3)分析生物膜模型的建立过程，你受到什么启示？科学研究要在实验和观察的基础上，通过严谨的推理和大胆的想象，提出假说，再通过实验进一步验证假说。观察和推论之间有明显的区别，科学是观察与推论的结合。科学研究依赖于技术的进步。科学知识是在继承的基础上不断验证、修正和完善发展的。科学理论的产生方式是建构式。科学理论之所以被人们接受，是因为它能够较为满意地解释相关的事实。科学家的观点并不全是客观的。

问题：

这个案例运用了哪些科学本质教育方法和教学策略？你认为这个案例有哪些值得学习和需要改进的地方？

一、科学本质的内涵

本质(nature)在《辞海》中的释义是"事物本身所固有的，决定事物性质、面貌和发展的根本属性"。因此，"本质"指的是某类事物的本体性特征，是区别于其他事物的基本特质，回答"是什么""怎么样"的问题。"科学本质(nature of science，NOS)"即回答的是"科学是什么""科学怎么样"的问题，科学本质阐明了科学的基本特征。科学本质观是人们对于科学本质属性的正确认识。鉴于科学本身的多面性与复杂性，不同的人对其持有不同的看法，迄今为止，人们对于这一问题的讨论从未停止。随着科学的进步和发展，人们对科学本质的看法也在不断地深化与发展。事实上，人们对科学本质的认识最初起源于哲学，而科学本质哲学观点的演进和发展也推动了科学教育领域对科学本质的研究。

(一)哲学视角下的科学本质

从科学哲学的角度看，科学本质观可以划分为传统科学本质观与现代科学本质观。[①]

1.传统科学本质观

传统科学本质观认为科学是用严谨的观察和实验收集到的事实和从这些事实中推导出的真理，强调科学知识的真理性，反对主观意志存在于科学研究中。传统的科学本质观包含经验主义的科学本质观、理性主义的科学本质观和逻辑实证主义的科学本质观。

(1)经验主义的科学本质观

经验主义流派的代表人物主要有培根、休谟、洛克等人。其基本观点是：科学始于观察和经验，进而归纳和推理。这一观点认为科学是经过经验和事实而被证明了的知识，是绝对客观且持久可靠的；尤其强调五官感触的重要性，个人的主观态度、看法和情感在科学中没有任何价值，因此进行观察的研究者都是中立的，不应带有个人偏见。

(2)理性主义的科学本质观

理性主义流派的代表人物主要有笛卡尔、黑格尔、康德等人。与经验主义相反，理性主义认为经验是不可靠的，要想获取知识必须要经过逻辑的推理与分析，也就是说理性才是知识的来源，不同学科体系的知识各自有独立的体系和语言。"我思故我在"这一句话就是出自这一流派，它体现了理性在科学中的

---

①　袁维新.简论科学本质观的类型与特征[J].科学技术与辩证法，2006(1)：17.

重要地位。与经验主义类似的是，理性主义科学本质观认为知识是"客观的""绝对的""科学的"，它基于大量的证据，并经过了严格的理性思维的推敲，是不容置疑的，认为科学是区别于人主观信念的真理信念。

(3)逻辑实证主义的科学本质观

逻辑实证主义代表人物主要有石里克、卡尔纳普等人。逻辑实证主义是经验主义和实证主义的继承和发展。这一流派同样认为科学来自于客观的观察，但是在这个过程中需要经过一系列的科学方法。首先观察者通过归纳找出观察现象中存在的某种规律，然后提出假说，接着验证假说是否成立，一旦成立，假说就可以变成知识，因此知识是可被证实的。整个过程应该是中立且客观的，不受任何因素影响(如观察者自身的意愿和态度)，因而获得的知识也是客观的，知识就是绝对的真理。知识的不断增加也就意味着真理会以一种线性的方式不断累积。

2. 现代科学本质观

现代科学本质观包括证伪主义科学本质观、历史主义科学本质观、建构主义科学本质观。

(1)证伪主义科学本质观

证伪主义流派中最为著名的代表就是英国的波普尔。他反对逻辑经验主义"知识是可被证实的"这一观点。他认为，经验都是单称命题，反映的是某一特定观察现象的情况，是个别的；而科学理论是全称命题，适用于所有对象，是一般的。通过归纳单称命题不可能完全确凿地推论出全称命题。即"不能通过看到一万只白天鹅就得出所有的天鹅都是白的"这样的理论。因此科学是不能被证实的，但是可以通过观察和经验去证明假说是错误的，如果暂时还没有足够证据去证明假说是错误的，那么目前只能去接受它。因此证伪主义认为科学知识并不是来源于经验，而是来自科学家们的假设与猜想。因而科学知识具有很大的主观性和偶然性，受科学家们的情感意愿、生活环境、文化背景等因素影响。从这里也可以看出证伪主义已经开始出现建构主义思想的萌芽。

(2)历史主义科学本质观

历史主义流派的代表人物有库恩等人。库恩提出"范式转换"理论，认为科学不是逐渐积累的过程，而是从一个旧范式革命性地转变为新范式，这是一次彻底的更迭过程，受到社会背景、科学家的性格习惯以及个人爱好等因素的影响。

(3)建构主义科学本质观

建构主义科学本质批判了知识的可证实性和绝对客观性，认为知识是由人类自己建构的。建构主义的观点与逻辑实证主义相反，认为科学知识是暂时性、建构性和主观性的，是科学家依据现有理论建构出来的①，它会不断地被修正和推翻。

综合上述观点可知，以经验主义、理性主义、逻辑实证主义为代表的传统客观主义科学本质观认为科学知识是已被证实了的存在，是毋庸置疑的真理；科学的发展则是人类不断发现已被证实了的知识的过程，是一个静态的以单一的线性方式发展的过程；此外，由于传统客观主义过于强调科学的绝对性和客观性，因而个人的主观性在科学发展中的作用被忽略。而以证伪主义、历史主义和建构主义为代表的现代科学本质观点则认为科学是由人类自己建构的，具有主观性、偶然性和创造性的特点，同时也体现出科学中蕴含的人文和社会价值。证伪主义认为科学知识是不能被证实的，需要通过不断的考证来找出其错误，这说明科学还具有暂时性的特点。

由传统观点向现代观点演变的过程也是人类对科学的认识不断深入的过程，目前而言，越来越多的人更加倾向于接受现代科学建构主义科学本质观点。这对于科学教育领域无疑也是一场变革，在科学教育中如何平衡众多科学哲学观中的科学本质，发展学生对科学本质哪些方面的理解已经成为这一领域热门的话题。

（二）科学教育视角下的科学本质观

近年来，科学教育机构和科学教育研究者继承并进一步发展科学哲学中的科学本质观点，从不同的视角出发，对科学本质的内涵进行了界定。自1907年科学与数学教师学会提出要在科学教育中加强对科学方法和科学过程的训练，人们对科学本质的理解开始聚焦于科学探究和科学过程与技能（如进行观察、提出假说、解释数据、设计并实施实验）。这一思想对后续的科学教育机构和科学教育研究者都产生了重大的影响。其中最具代表性的莫过于基亚佩塔（Chiappetta）等学者提出的"科学本质探究观"。他们认为科学是探究自然界的一种方式，并将科学看作一套知识的集合体，一系列的研究方法和一种思维方式。②在他看来，科学关键术语、概念、科学事实以及科学探究过程技能都算是科学本质的体现。目前国内外仍有不少学者在自己的研究中支持并使用这套理论。

到了20世纪70年代，由于科学本质哲学观的演进，以库恩、波普尔等人为代表提出的后现代科学本质观使科学教育领域对科学本质的理解发生了转

①　袁维新. 简论科学本质观的类型与特征[J]. 科学技术与辩证法，2006(1)：17.

②　COLLETTE A T，CHIAPPETTA E L. Science instruction in the middle and secondary schools[J]. Classroom Techniques，2014，40(9)：632.

变。1974 年科学教育统一中心(The Center of Unified Science Education)对科学知识的性质进行了描述，包括暂定性、公开性、重复性、创造性等 9 个特征。随后各学者和研究机构从科学的不同维度(主要有科学知识、科学探究和科学事业)出发对其进行了性质上的描述(如 Rubba，Andersen，1978[1]；NAEP，1989[2]；AAAS，1990[3]；等等)，这些描述已经带上了浓重的后现代主义色彩，人们对科学本质的理解不再过多地侧重于科学过程和实验技能，而更关注科学知识、科学探究或科学事业背后所蕴含的深层次的、内隐的性质和特点。这一系列的变化使莱德曼(Lederman)等人提出了对科学本质的新的理解模式，科学本质即对科学的认知(epistemology of science)，即科学是一种认知方式，是在科学知识及其发展过程中所体现出来的内在的价值观和信念。[4] 在该认知论视角下，Lederman 提出了中小学教育阶段学生应当被教授的科学本质内容。现在，科学教育领域普遍接受并认同 Lederman 的观点。虽然随着时代的变迁，科学本质的具体内涵也在发生改变，但是大体上都是以认知论作为研究的出发点。以科学本质研究的时间线为轴，各科学教育机构/研究组对于科学本质内涵的不同界定如表 4-1 所示。

表 4-1　各科学教育机构/研究者对于科学本质内涵的不同界定

科学教育机构/研究者	科学本质的基本内涵
科学与数学教师学会 (1907)	提出应重视并加强科学方法教育，注重科学过程与技能的训练
科学教育统一中心 (1974)	对科学知识的性质提出了 9 个方面的特征：暂定性(可能会发生变化)、公开性(可共享)、重复性、概率性(非绝对的)、人文性(受到人类的干预)、创造性、历史性、独特性、整体性
鲁巴，安德森 (Rubba，Andersen) (1978)	科学知识具有 6 个特征：非道德性、创造性、发展性、简洁性、可验证性、统一性

---

① RUBBA P A，ANDERSEN H O. Development of an instrument to assess secondary school students understanding of the nature of scientific knowledge[J]. Science Education，1978，62(4)：449-458.

② 黄晓. 体现科学本质的科学教学[D]. 上海：华东师范大学，2010.

③ American Association for the Advancement of Science. Science for all Americans [M]. New York：Oxford University Press，1990.

④ LEDERMAN N G. Students' and teachers' conceptions of the nature of science：a review of the research[J]. Journal of Research in Science Teaching，1992，29(4)：331-359.

续表

科学教育机构/研究者	科学本质的基本内涵
NAEP，1989	描述了关于科学的 3 个维度。 (1)科学知识：暂定性、公开性、可验证性、可重复性。 (2)科学方法与科学过程：观察、分类与推测、及时、假说、实验探究。 (3)科学事业中的准则和价值：知识是有价值的，证据是基础，质疑、验证、逻辑都是必要的
AAAS(1990)	(1)科学世界观：通过观察和理性的思考，世界是可被理解的；科学观念是不断变化的；科学知识是持久的；科学不能回答所有问题。 (2)科学探究：科学需要证据；科学是逻辑与想象的融合；科学既能解释当前的现象也能进行预测；科学家们试图识别并避免偏见，科学不是绝对权威的。 (3)科学事业：科学是一项复杂的社会活动，由不同领域和背景的人共同参与；科学是由各机构将所有科学学科内容组织在一起形成的；在科学研究过程中存在普适的道德原则；科学家在参与公共事务时既是专家也是公民
Lederman(1992)	(1)科学知识是中性的。 (2)科学知识的产生具有艺术性。 (3)科学知识是不断变化的。 (4)科学解释现象尽可能简约。 (5)科学知识是可检验的。 (6)不同研究方向的科学知识形成了一个整体
Collete，Chiappetta (1996)	(1)科学是探究自然的思维方式(a way of thinking)。 (2)科学是一种探究方法(a method and a way of investigation)。 (3)科学知识是一套知识体系(a body of language)，具有暂定性和动态性的特征
Good(1996)	科学本质即"科学思维的本质"(nature of science thinking，NOST)和"科学知识的本质"(nature of science knowledge，NOSK)的综合
McComas(1998)	(1)科学依赖但不完全依赖与经验证据、理性思考和质疑。 (2)科学是社会文化传统的一部分。 (3)科学知识是暂定但可靠的。

科学教育机构/研究者	科学本质的基本内涵
McComas(1998)	(4)理论和定律之间相互联系，但却是不同类型的科学知识。 (5)科学具有创造性。 (6)科学具有主观性。 (7)历史、文化和社会对科学都有影响。 (8)科学和技术不一样但互相影响。 (9)科学及其方法不能回答所有问题。 (10)科学试图解释自然现象。 (11)科学的变化是进化性和革命性的。 (12)来自不同文化背景的科学家都致力于科学研究。 (13)新产生的科学知识应被清楚地公开。 (14)科学家具有创造性
NSTA(2000)	(1)科学知识是暂定的。 (2)不存在一种单一的逐步的科学方法。 (3)创造性是产生科学知识的重要成分。 (4)科学知识的产生排除超自然因素。 (5)规律是对现象的描述，而理论是对现象的解释。 (6)科学研究需要合作。 (7)科学受先前存在的知识以及社会文化背景的影响。 (8)科学的变化是进化性和革命性的。 (9)基础科学研究与实际成果没有直接关系
Lederman，Khalick （2000）	(1)科学知识具有暂定性、动态性：科学知识不是绝对真理，可能随着研究的深入而改变，但在一定时间内具有稳定性。 (2)科学知识以经验为基础，是基于观察或实验的证实。 (3)科学工作依赖于观察和推论，但观察和推论是有区别的，科学观察是基于人的感觉而获得信息，科学推论是科学家提出的对观察到的事物的解释。 (4)科学是创造性的工作，科学研究的整个过程都需要科学家丰富的创造力和想象力。 (5)科学会受到社会与文化的影响。 (6)科学研究会不可避免地受到研究者个人的教育背景、思想观点等主观因素的影响。 (7)理论和定律都具有科学解释的能力，但它们是不同类型的科学知识体系，两者不能相互转化。

续表

科学教育机构/研究者	科学本质的基本内涵
Lederman，Khalick（2000）	(8)科学研究方法是多种多样的，科学家们并没有按照固定的标准程序去进行科学研究
Moss(2001)	(1)科学知识方面：科学知识依赖于实证，并需经过检验；科学不能为一切问题提供答案；科学知识具有发展性和暂定性。 (2)科学事业方面：科学是我们认识自然界的一种方式，通过科学探究，我们可以感知、描述和理解自然界；科学用于理论之间的比较、基于预测和解释自然现象、对已有的研究成果进行检验并提出新的问题；科学探究需要逻辑思维、好奇心、想象力和偶然发现新奇事物的天赋；科学是一种影响并反映社会需要的社会活动，科学家的工作受到社会文化背景和个人经验的影响(主观性)；科学研究中包含提出问题、收集与分析数据、得出结论、交流和讨论、观察和进行实验
Osborne(2004)	(1)实验是用来检验观点的。 (2)科学知识是可以改变的(暂定性)。 (3)科学使用多种方法，不存在单一的科学方法。 (4)假设和预测对新知识的产生是必要的。 (5)科学知识的发展与历史相伴随。 (6)科学中存在创造性和想象力。 (7)新的科学知识是从质疑到找寻答案这样一个不断循环的过程中产生的。 (8)虽然科学知识是从数据材料中产生的，但却是一个科学解释和理论的建立过程，科学家往往持有不同的观点、见解。 (9)科学研究工作是一项共同合作又相互竞争的活动
邱明富，高慧莲（2004）	(1)科学知识的本质：累积性、暂定性、创造性、可复制性、公开性。 (2)科学探究的本质：实证性观察是一种理论负载的行为，是科学方法的多样化。 (3)科学事业的本质：伦理和道德原则、科学家的身份、科学团体的重要性(STS)

科学教育机构/研究者	科学本质的基本内涵
刘健智(2006)	(1)科学知识的本质：认识性、相对性、公开性、累积性、重复性、局限性。 (2)科学探究的本质：实证性、归纳性、创造性、预见性、非固定性、非权威性、非绝对客观性。 (3)科学事业的本质：科学与道德、技术、社会、身份、科学共同体
Ackerson，Morrison，McDuffie(2006)	(1)科学知识是暂定的。 (2)科学方法是多样的，这些方法需要实验证据。 (3)发展科学知识需要创造性。 (4)科学知识是主观的。 (5)科学知识是在一定社会文化背景下发展起来的。 (6)理论是基于证据对现象进行解释，而定律则是基于证据对其进行推测。 (7)推测是对观察的解释
美国《下一代科学教育标准》(NRC，2013)	(1)科学知识基于实证。 (2)科学知识是开放的，随着新证据的出现而不断修订。 (3)科学模型、定律、机制和理论可解释自然现象。 (4)科学探究应用多样化的方法。 (5)科学是一种思维方式。 (6)科学假设在自然系统中存在某种秩序和共性。 (7)科学是人类努力建构的。 (8)科学致力于解决自然和物质世界的问题
Vesterinen(2015)	(1)科学试图解释自然现象。 (2)科学中不存在唯一的方法。 (3)模型和建模对于科学非常重要。 (4)科学和技术相互影响。 (5)科学发展过程中需要创造力。 (6)科学是一个大的社会文化背景的产品。 (7)科学的发展具有历史性。 (8)科学对文化和社会的影响。 (9)科学本质上是一种全球化的现象，对当地和全球都有影响。 (10)科学知识的可靠性和暂定性。 (11)科学活动具有理论负载的性质

上述观点既包含了"科学基于实证""科学知识的可靠性"等经典实证主义哲学观，也包含了如"科学的暂定性""科学是由人类建构的""科学具有创造性""科学研究由来自不同领域、不同文化背景的人从事，他们之间相互合作"等现代主义哲学观，反映出科学本质本身的复杂性与两面性。同时从表4-1可以看到，大多数科学教育机构和学者都是从认知论视角提出相应的科学本质内涵，虽然其中所包含的科学本质的具体方面不尽相同，但是不难发现他们的观点有大量的交叠之处。随着研究的不断深入，人们对于科学本质的诸多方面都逐渐达成共识。虽然很难对科学本质下一个明确的定义，但是从上述众多表述中我们可以归纳出一些一致度较高的观点：①科学基于实证；②科学是对自然的一种解释；③科学具有局限性（科学不能回答所有问题）；④科学知识是可靠的；⑤科学知识具有暂定性的特征；⑥理论和定律是有区别的；⑦推论和观察；⑧科学方法是多样的；⑨科学具有创造性和想象力；⑩科学具有主观性（理论负载）；⑪科学与技术的关系；⑫科学是由来自不同领域、不同文化背景的人从事的事业，他们之间相互交流与合作；⑬科学是人类努力建构的结果，并受历史社会文化的影响。

Lederman认为，在中学科学本质观的教学中，应该传授给学生这些没有争议的科学本质观内容。①《普通高中生物学课程标准（2017年版）》也体现了应该对中学生教授经过筛选后的科学本质观的思想，指出："高中生物学课程中适合教授的科学本质内容可以涉及'科学工作依赖观察和推论''科学工作要重视主观因素的影响''科学知识可能随着研究深入而变化''科学是具有创造性的工作''科学会受到社会文化的影响''科学工作基于实证''理论和定律具有科学解释的能力，但是二者不尽相同'。"②

二、科学本质教育方法

科学本质观作为科学素养的重要组成部分，建构科学本质观已经被越来越多的学者视为提高学生科学素养的核心环节。《普通高中生物学课程标准（2017年版）》明确指出："高中生物学课程的精要是展示生物学的基本内容，反映自然科学的本质。"帮助学生建立起正确的科学本质观已经成为包括生物学在内的

①　NORM G L，FOUAD Abd-EI-Khalick，RANDY L B. Views of nature of science Questionnaire：toward valid and meaningful assessment of learners' conceptions of nature science[J]. Journal of Research in Science Teaching，2002(39)：514.

②　中华人民共和国教育部. 普通高中生物学课程标准（2017年版）[M]. 北京：人民教育出版社，2018.

所有科学课程"最普遍的科学教育目标之一"。同时也明确指出了科学本质的教育价值："对科学本质的学习有助于学生建立生物学观念，了解科学知识产生的特点，把握自然科学的特点，并以此来辨别现实生活中的科学知识和非科学，从而促进生物学学科核心素养的达成。"

（一）科学本质教学策略

按照不同教学策略类型进行划分，常用的科学本质教学策略主要有探究式教学策略和 HPS(history，philosophy and sociology of science，科学史、科学哲学、科学社会学)教学策略。

1. 探究式教学策略

运用探究式教学策略进行科学本质教育，源于施瓦布的科学探究教学思想，其理论基础是"科学即探究"。施瓦布认为，科学新进展、新结论是通过探究的方式得出的，科学即探究。

施瓦布科学探究教学具有探究性、反思性、多样性、质疑性等特点。科学探究教学的基本理念为：学生是主动的探究者；教师是具有反思能力的指导者；探究科学本质的多样性，不把单一结论教授给学生；结合知识产生的情境来理解科学知识。

科学探究教学策略的具体操作应包含以下几点。①教师使用探究性讲授：能结合知识产生的情境，引导性地讲出结论得出的过程；②发展学生阅读和自学的能力；③提供材料并进行讨论：提供符合探究范围、学生理解范围的材料，并结合材料和探究活动情境进行讨论，关注学生对知识的解释、理解以及对材料的批判性评价；④运用引导性讨论：引导学生就当前问题解决进行探讨、辩论等活动，在找出最佳问题解决方案的讨论中促进学生对科学本质的理解；⑤让学生进行参与式理解：教师应让学生运用自身的经验对当前探究的问题进行深入理解，使学生从被动解释到主动参与，理解科学知识的产生情境，进而充分理解科学知识。

2. HPS 教学策略

HPS 教学策略是将科学史、科学哲学以及科学社会学的内容融入至科学课程之中，是提升学生科学素养的有效手段，根本目的是帮助学生理解科学本质。①

所罗门和杜维恩主张，将科学史融入科学教学的方法主要包含 4 类。①角

---

① 崔鸿，郑晓蕙. 新理念生物教学论[M]. 北京：北京大学出版社，2018.

色扮演：学生通过扮演不同角色，体会当时科学研究的社会背景与科学家的科学成就；②小组讨论：针对科学家曾经提出过的质疑，进行小组讨论，引发学生思考；③富有想象力的科学史写作：通过写作、画图、制作海报等形式，叙述科学史事件的发展历程；④探访科学古迹：阅读科学家的传记，了解科学家生平或重复科学史上重要的科学实验(尤其是一些具有争议的科学实验)。

使用 HPS 教学策略的基本前提是，所学的内容必须是科学史上曾经研究过的自然现象。HPS 策略的教学程序包含以下 6 个环节。①演示现象：演示历史上研究过的自然现象，学生通过观察现象产生待解决的问题；②引出观念：教师启发学生就该现象提出自己的解释或观点；③学习历史：教师介绍该时期各位科学家对该现象的不同解释，并引导学生认识到科学认识的历史局限性，使学生设身处地体会知识发现的过程；④设计实验：要求学生从多种观点中进行选择，设计实验进行检验；⑤呈现科学观念和实验检验：教师讲解当今的科学观念，并引导学生从实验中得出结论，形成科学观念；⑥总结与评价：注重知识的产生过程，并促进学生对科学本质的认识。

(二)科学本质教育方法

按照体现科学本质的程度进行划分，科学本质教育可以分为隐性的方法和显性的方法。

1. 隐性的方法

隐性的方法不明确指出科学本质的成分，而是通过科学探究理解科学本质的方法。隐性的方法源于建构主义的"探究本质观"，强调学生动手做，使学生在探究活动之中渗透、建构对科学本质的理解。隐性的方法主要包括做中学探究活动、探究性学习、科学过程技能的教学、研究性学习等。[1]

但是，众多研究表明，隐性的方法对培养学生正确的科学本质观并不是有效的。[2] 陈向明认为，隐性的方法对培养学生科学本质观的无效源于一个错误的假设：学生能够自动地发展正确的科学本质观，科学本质观是科学探究和实验技能教学的伴随产物。[3] 科学本质是一种认知性的学习结果，应该被显性呈

① BELL R L，BLAIR L M，CRAWFORD B A，et al. Just do it? Impact of a Science apprenticeship Program on high school students' understanding of the nature of science and scientific inquiry[J]. Journal of Research in Science Teaching，2003(40)：487.

② 梁永平. 理科教师科学本质观及其教学行为发展研究[D]. 兰州：西北师范大学，2006.

③ 陈向明. 质的研究方法与社会科学研究[M]. 北京：教育科学出版社，2001.

现和教授。①

2. 显性的方法

显性的方法指通过讨论、有引导的反思，明确指出科学本质的重要方面来促进学生对科学本质的理解的一种方法。显性的方法要求在教学中使学生明确意识到教学活动中的科学本质观方面，强调学生在这些科学本质观方面的反思活动。

卡里克和莱德曼的研究表明，显性呈现科学本质的科学史课程能够有效地促进学生树立适当的科学本质观。② 贝尔的研究表明，学生的科学本质观不会随着他们掌握的科学探究知识的多少而改变，因此贝尔认为，发展科学本质观的关键是认识和反思性。③

按照是否将科学本质观的方面与科学知识相整合进行划分，显性的方法包含整合的方式与非整合的方式。

（1）整合的方式：整合方式的显性方法是指将科学本质教学嵌入科学知识教学中，在科学知识的学习过程中明确地指出包含的科学本质观的方面，如显性呈现的科学史课程、显性呈现的探究性学习等。

（2）非整合的方式：非整合方式的显性方法是指单独呈现科学本质，而与科学知识进行分别教学的方法，如通过专门的科学本质观课程或科学本质观的专题报告等。非整合方式的显性方法可以分为两种：①分布式：将科学本质观的教学以几次专题的形式分散分布于科学课程之中；②聚集式：以一系列的活动或专门的科学本质观单元来呈现科学本质教学。④

【学以致用】

结合自身对中学生物学课程的认识和理解以及自身的教育实践，尝试运用科学本质教育方法和教学策略开展生物学教学。

---

① 陈向明. 质的研究方法与社会科学研究[M]. 北京：教育科学出版社，2001.

② ABD-EI-KHALICK F，LEDERMAN N G. Improving science teachers' conceptions of the nature of science[J]. Journal of Research in Science Teaching，2002(10)：1057.

③ BELL R L，BLAIR L M，CRAWFORD B A，et al. Just do it? Impact of a Science Apprenticeship Program on high school students' understanding of the nature of science and scientific inquiry[J]. Journal of Research in Science Teaching，2003(40)：487.

④ 梁永平. 理科教师的科学本质观对科学教育的影响[J]. 山西师大学报(社会科学版)，2006(1)：119-121.

【拓展延伸】

1. 总结教育目的、教育目标、课程目标和教学目标的异同，并举例说明。

2. 结合不同角度下科学本质观的内涵及自身的科学本质观，尝试给出科学本质观的定义。

第五章　中学生物学课程结构与内容

【学习目标】

学习本章内容后，你应该能够：

- 阐明国内外中学生物学课程的基本结构；
- 知道中学生物学课程内容选择与组织原则和基本形式等；
- 厘清我国中学生物学课程结构和内容发展的历史脉络；
- 描述当代中学生物学课程主要结构和内容；
- 说明中学生物学课程结构和内容的发展趋势。

【内容概要】

本章主要介绍中学生物学课程的基本结构。首先从课程结构的概念、意义和基本形式入手，进行详细论述。接下来主要介绍：综合课程和分科课程这两种主要课程的结构形式，以及在具体组织和实施过程中所包含的 4 种组合形式；在发展学生科学素养和生物学学科核心素养的背景下，如何进行课程内容的选择与组织；我国中学生物学课程结构与内容的发展，以及当代中学生物学课程的主要结构与内容。

【学法指引】

学习本章内容应从宏观和微观两个层面来审视中学生物学课程的结构和内容。在宏观层面，要对中学生物学课程结构和内容的历史演进过程进行整体把握和系统分析；在微观层面，作为生物学教育工作者，应该对当代中学生物学课程结构和内容进行细致入微的解构和分析。因此，需要综合利用相关文献资料，包括历年生物学课程大纲或课程标准、生物学教材等，进行系统地对比分析。

第一节　中学生物学课程基本结构和内容反映其整体组织架构

【问题聚焦】

1. 国内外中学生物学课程结构和内容的历史演进经历了一个怎样的过程？

2. 在发展学生生物学学科核心素养的背景下，如何设置课程结构和选择课程内容？

3. 我国中学生物学课程结构与内容的发展具有什么特点？

4. 我国中学生物学课程结构与内容的发展历程对当代生物学课程建设有哪些启示？

【案例研讨】

高中生物学课程结构的优化是基于"我国普通高中教育是义务教育基础上进一步提高国民素质、面向大众的基础教育"的定位，为实现"进一步促进学生核心素养的形成和发展"的培养目标，在继承我国普通高中生物课程改革成果的基础上进行的。针对课程结构的修订，表现如下。

1. 突出基础性和选择性

为落实课程方案的要求，高中生物课程设计了必修、选择性必修和选修课程。高中生物必修为 4 学分，共计 72 课时。课程内容的组织仍然沿用了模块的形式，将必修内容设计成了两个模块，每个模块 2 学分，教学时间为 36 课时。

选择性必修课程是学生依据个人需求与升学考试要求选择修习的课程，选择性必修安排了 0～6 学分，将课程内容设计成了 3 个模块，每个模块 2 学分，教学时间仍为 36 课时。选择性必修模块的内容既相对独立，又体现了与必修内容间的内在联系，便于学生在必修课程学习的基础上，依据个人发展需求、升学考试和高校招生要求，灵活选择修习模块的种类和数量。

选修课程是在必修课程的基础上，设置的拓展性、提高性课程，学生可以自主选择修习。选修安排了 0～4 学分，课程内容仍按模块设计，学校、教师可以灵活安排模块内容、教学时间和学分，一般为 18 课时，1 学分。

总体上看，本次修订后的高中生物必修课程，比修订前的内容和课时减少了 1/3，增加了学生自主选择性修习的内容和课时，且对选修设计了层次，提高了课程的选择性。

2. 课程结构的变化

图 5-1 展示了修订后的高中生物学课程结构。与原来的课程结构相比，主要有以下变化。一是必修部分有"分子与细胞"和"遗传与进化"两个模块，选择性必修部分有"稳态与调节""生物与环境"和"生物技术与工程"3 个模块，选修部分设置了现实生活应用、职业规划前瞻和学业发展基础 3 个方向，每个方向包含若干个模块。二是在必修、选择性必修和选修三者关系上，必修是选择性必修和选修的共同基础，学生只有在修习必修之后才能修习选修课程，可以直接学习选择性必修或选修课程。三是选修模块的设置提供了充分的选择性，表中只列出了部分建议开设的模块，教师、学生可以从中自主选择，也可以自主开发新的模块内容。

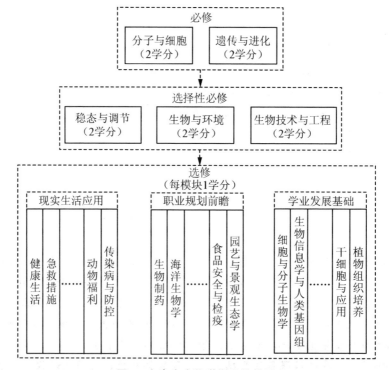

图 5-1 高中生物学课程结构图

（资料来源：《〈普通高中生物学课程标准（2017 年版）〉解读》）

问题：

《普通高中生物学课程标准（2017 年版）》中课程结构的设置是在《普通高中生物学课程标准（实验）》设置的课程结构的基础上，经过优化、配置得来的，你认为这种优化具体体现在哪些方面？

一、课程结构通过多级层次反映各部关系

一般认为课程结构包括 3 个层次："宏观结构即课程的类别结构；中观结构即课程的科类结构；微观结构即各科目（或活动项目）内的结构以及潜在课程各构成要素的结构。"[1]在《简明国际教育百科全书·课程》中，与课程结构关系较为密切的词条有两个。一是"Curriculum Organization"，中文翻译为"课程组织"，与课程结构十分相近。课程组织是指将构成教育系统或学校课程的要素，加以安排、联系和排列的方式。这些要素包括：教学计划与方案、学习材料、学校器材与学校设备，教学力量的职业知识以及评价与检查体系的要求等。二是"Discipline Structure"，中文翻译为"学科结构"，在课程发展中，"结构"一词是指课程内容之间的逻辑关系和心理方面的关系。目前，一般的倾向性做法是在高年级采取逻辑结构的内容教学，而在低年级采取心理学结构的内容教学。[2]

【核心概念】

> 课程结构是指课程系统内部的各组成部分及其相互关系。课程结构，实质上是课程的各种类型、各个组成成分或要素按照预定的准则形成的相对稳定的相互关系。课程结构标志着课程系统的组织化和有序性的程度，课程系统的有序性越高，课程结构就越严密。

（一）课程结构主要涉及课程内容、课程平衡和课程设置

课程结构这一概念主要涉及课程内容、课程平衡和课程设置。课程内容是指教育活动开设的学习领域和课目中特定的事实、观点、原理和问题及其相互联系方式，表现为一定的知识、技能、技巧、思想、观点、信念、言语、行为和习惯的总和。课程平衡是指选入学校教育活动中的各类课程及其所包含的课目主次分明，比例适当，满足了学生的潜在需要和合乎社会的价值观标准。在

---

① 廖哲勋，田慧生．课程论新论[M]．北京：教育科学出版社，2003．
② 江山野主．简明国际教育百科全书·课程[M]．北京：教育科学出版社，1991．

一个教育与课程系统中，总是存在多种类型的课程，相互之间需要协调与和谐，以达到课程平衡。课程平衡依赖于课程设置的活动和状况，课程设置实际上是一组有内在联系的课目或主题，根据一套预定准则有机地结合在一起，意在恰当地覆盖整个学习领域，每种课程设置都具有潜能，既为课目设计提供一种结构，也为接踵而至的课目的课程研制提供一种理性的、政策的具体文化背景。①

对跨学科课程组织模式的系统关注与课程领域的起源几乎同时出现。从19世纪90年代中期到20世纪20年代末，美国的教育工作者开始尝试跨学科的基础教育方法，由此产生的课程组织模式影响中学教育工作者探索高中跨学科课程的有效性。美国课程发展中值得注意的例子包括查尔斯·德加莫、弗兰克·麦克默瑞、杜威、威廉·基尔帕特里克、J. L. 梅里亚姆和弗雷德里克·邦瑟的著作。②

（二）课程结构的设计主要包括横向组织和纵向组织

课程是如何展现的，即怎样将课程目标和课程理念转化为学生课程中的学习活动，这样的关系可以称之为课程的纵向结构。不同课程的比例关系，即在一定的课程结构内各门各类课程是怎样安排的，可以称之为课程的横向结构，具体表现为某一特定的课程结构中各种门类和种类的课程所占的比例及其相互关系。

课程结构的设计和课程内容的组织是按照两种基本组织维度展开的，包括横向组织和纵向组织。横向组织是将课程要素融为一体，例如，通过将历史、人类学、社会学内容结合起来或是将数学和科学内容结合起来，创造一门课程。纵向组织是指课程要素的按序排列。将"家庭"置于一年级的社会研究课中，将"社区"置于二年级的社会研究课中，这就是纵向组织的例子。最终，课程得到组织，相同的话题在不同的年级得到宣讲，不过在详细度和难度上逐渐增加。课程结构的设计需要把握课程构成成分之间的相互关系，表现为：一是考虑内容范围，即内容的广度和深度；二是考虑次序，即决定何种内容和经验在前，何种在后；三是考虑连续性，即对课程成分的纵向重复；四是考虑整合，即将课程计划中的所有类型的知识和经验联系起来；五是考虑连接，即课

---

① 黄甫全. 现代课程与教学论[M]. 北京：人民教育出版社，2014.

② WILLIAM G W. Patterns of interdisciplinary curriculum organization and proeessional knowledge of the curriculum field [J]. Journal of Curriculum and Supervision，1997，12(2)：98-117.

程的各个层面的纵向和横向的相互关联，是在一个项目的次序中后出现的课程成分和先出现的课程成分的关联方式；六是考虑平衡，即努力为课程的每一方面给予恰当的权重。①

国外学者有关课程结构的研究多侧重于学科内部的结构，仅限于学科课程的课程结构。例如布鲁纳认为，要让学生理解所学科目的基本结构，学科结构是支撑学科的基本概念、原则和规则，以及由它们所体现的学科内部的逻辑关系；与布鲁纳的看法一致，施瓦布也非常重视学科结构的重要性，并指出学科结构是规定学科研究题材和控制其研究方法的一系列外加的概念；列德涅夫认为，课程结构包括4个基本层次：一是教学科目系列；二是学科；三是各门具体课程；四是各门课程中的"篇"和"题"。

(三)课程结构与课程内容的关系呈现双向状态

课程内容与课程结构的关系表现在：内容与结构的关系状态，是考查与处理课程平衡的一个基本维度。课程内容决定课程结构，课程结构在一定条件下反过来制约课程内容。从历史层面来看，课程改革中课程内容和课程结构之间的关系是动态性的，大致存在"从内容到结构"和"从结构到内容"两种关系模式。大规模的课程改革，常常是先更新课程内容，再重新建构课程结构，属于"从内容到结构"模式。当社会发展到一定阶段，已有的课程结构不再适应社会发展的需求时，就需要我们全面反思课程结构，在充分审查社会、学生、学科与生态发展状况的基础上，重新选择课程内容并建构新的课程结构体系，事实上，许多课程改革往往是在对已有课程结构进行调整的基础上，再对课程内容进行更新，呈现从结构到内容的模式。②

例如，加拿大不列颠哥伦比亚省(British Columbia，B.C)海外高中根据加拿大BC省教育法，采用BC省的高中教学大纲，主要课程体系包括英语语言艺术课、社会科学课、自然科学课、数学课、体育课、艺术与应用技能课、个人规划课等，其中10年级自然科学课是所有学生的必修课，到11年级和12年级自然科学课又扩展为物理、化学和生物学课程，学生可以根据自己的兴趣在每个年级选择一门以上的课程。BC省的中学生物学课程是从11年级开始开设的，在这之前是以科学课的形式授给学生的。进入11年级以后，科学课分化成物理、化学、生物学3门。在11年级，生物学以主修课的形式在班级里

① 艾伦·奥恩斯坦，弗朗西斯·P.亨金斯.课程：基础、原理和问题[M].5版.王爱松，译.南京：江苏教育出版社，2013.
② 黄甫全.现代课程与教学论[M].北京：人民教育出版社，2014.

授课，课程分为 7 部分：科学研究进展、分类学、进化论、生态学、微生物(包括细菌和病毒)、植物和动物。12 年级生物学课程作为选修课，以便有兴趣的学生继续学习。12 年级的课程分为科学研究进展、细胞生物学(包括细胞的结构、细胞化合物和生物分子、蛋白质、DNA 的复制过程、跨膜运输、酶)、人体学(人体六大系统包括消化系统、循环系统、呼吸系统、神经系统、内分泌系统、生殖系统)三大部分。11 年级和 12 年级的生物学课程都为 4 学分，约 120 学时，且在 12 年级要举行生物学省考。①

二、生物学课程基本结构的呈现形式

中学生物学课程的基本结构主要有两种呈现形式：一是与物质科学、化学、地球与空间科学、技术与工程等融合为综合科学课程，综合课程的学习内容往往不限于某一学科，而是横跨几门学科，将相邻学科的内容综合在一起，形成一门新的学科；二是独立分科课程，分科课程与学科课程的含义基本一致，主要是继承某一传统学科的特点，以比较简约的方式将学科发展的序列通过概念、原理的组合展现出来，形成知识体系。

从课程呈现形式以及课程设置等来分析，主要有如下几种情况：①以分科课程与综合课程相结合的形式开设，这种形式的课程设置中，综合课程是基础，分科课程是拓展和深化；②以分科课程与综合课程相结合的形式开设，但综合课程不作为分科课程学习的基础；③完全以分科课程的形式开设；④完全以综合课程的形式开设。②

(一)综合科学课程与分科课程结合，综合科学课程是分科课程的基础

综合科学课程是必修课程，生物学分科课程作为选修在综合科学课程的基础上设置，采取这种课程设置的国家如美国、英国、加拿大、韩国等，不同国家和地区其综合科学课程内容以及生物学分科课程的修习要求均有所不同。美国 9～12 年级为高中阶段，课程设置可以概括为"必修＋选修＋计划"的模式，必修课程旨在使学生掌握必要而合理的学科知识结构，为终身发展和成为合格公民打好基础；选修课程则是为了满足学生的兴趣爱好，发展个性特长；而独立的研究计划则主要是为了培养学生的探索精神、科学研究能力和创造才能。选修课程既有学术性课程，又有大量职业性、生活性课程。其中学术性课程又

---

① 张赟，胡兴昌. 加拿大 BC 省高中生物学课程评析[J]. 生物学教学，2018,38(2)：9-11.

② 姜言霞，王磊，苏伶俐. 国际高中化学课程结构的比较研究[J]. 比较教育研究，2016(2)：87-93.

分为基本水平、一般水平、先进水平和高级水平 4 个不同层次，学生可根据自己的学习情况选择某一等级的课程。①

【知识链接】

> 美国的萨尔中学(Thayer Academy)和佩蒂中学(Peddie School)均位于美国东北部。萨尔中学位于波士顿，是走读中学；佩蒂中学位于新泽西，是寄宿中学。两所学校的综合科学课程和生物学课程设置各有特色。

美国中学必修课程中，生物学课程内容集中体现在综合课程——生命科学部分，其要求为初中学生发展对关键概念的理解，以帮助他们理解生命科学。这些理念建立在学生对科学的理解基础上，这些理解来自于早期年级和学科核心思想、科学和工程实践，以及其他物理和地球科学经验的交叉概念。中学生命科学有 4 个核心概念：①从分子到有机体：结构与过程；②生态系统：相互作用、能量与动力；③遗传：性状的继承与变异；④生物进化：统一性与多样性。中学的表现期望是将学科核心概念、科学与工程实践和跨学科概念相结合，以支持学生开发跨学科的有用知识。中学生命科学的绩效预期是将特定的实践与特定的学科核心概念相结合，教学决策应包括将许多科学与工程实践整合到绩效预期中。虽然高中生命科学的表现预期结合了特定的实践和特定的学科核心思想，教学决策应该包括使用许多实践作为表现预期的基础。各类生物学分科课程属于选修课程。

英国国家课程设置分为 4 个关键时期，即关键时期 1、关键时期 2、关键时期 3、关键时期 4，其中关键时期 3 对应年龄 11～14 岁，关键时期 4 对应年龄 14～16 岁，为中学阶段。初中阶段均为必修"科学"综合课程，而高中阶段，高一年级学生全部必修"科学"综合课程，在高二和高三阶段，他们可以选择修习其他分科课程，其课程设置的选择性很大，没有统一的课程标准，没有法定的核心学习内容。对于英国全日制普通高中生来说，比较重要的是 A 水平课程。A 水平课程是一种学术性课程，主要培养传统的学习技能，由两部分组成：高级辅助水平(AS 水平)和高级水平第二阶段(A2)。通常学生在第一年选择 4 门学科学习，学习结束后参加考试，考试通过后即可获得 AS 水平证书。

---

① 姜言霞，王磊，苏伶俐. 国际高中化学课程结构的比较研究[J]. 比较教育研究，2016(2)：87-93.

这时，学生可以选择结束 A 水平课程的学习，也可以在第二年继续 A2 阶段的学习。在 A2 阶段，学生通常从所学的 4 门 AS 科目中选择 3 门继续学习，并参加该阶段考试，最终拿到完整的 A 水平证书。需要指出的是，AS 证书既是 A 水平证书的一个组成部分，又是一种有独立价值的证书，而 A2 阶段的学习则不具有独立性。同一门学科 AS、A2 考试都合格才能拿到一个完整的 A 水平证书。学生最后凭这 3 门 A 水平考试成绩申请英国的任意一所大学。

英国的科学课程在义务教育阶段属于核心课程，并且每个学段都设置了教学大纲、评价标准和学业成绩目标。在 KS3 的 7～9 年级阶段，科学作为综合性学科内容涵盖物理、生物和化学等学科知识。一般在 KS4 阶段 10～11 年级设置专门的生物课程。但很多学校，比如肯德里克中学(Kendrick School)，已经把 KS4 阶段的普通中等教育证书(General Certificate of Secondary Educa-tion)的生物课程提前安排到 9 年级来学习。到了 Six-Form 12～13 年级，选修生物 A 水平的学生，会有更多的课时学习生物。学生上课实行"走班"制度，生物课就在生物学科功能室上，上课人数每班不超过 24 人，A 水平生物课每班人数会更少。①

韩国的中学阶段为 7～12 年级。7～10 年级的所有学生都必修"科学"综合课程，11～12 年级学生可以选择修习各类分科的科学课程。科学领域的一般选修科目有"生活和科学"，高中选择性课程有"物理Ⅰ""化学Ⅰ""生命科学Ⅰ""地球科学Ⅰ""物理Ⅱ""化学Ⅱ""生命科学Ⅱ""地球科学Ⅱ""科学史""生活和科学""融合科学"等。

(二)综合科学课程和生物学分科课程并行设置

综合科学课程与生物学分科课程是并列设置关系，两者没有明显的内容水平层级关系。例如，日本的高中理科均设置了综合课程，包括，理科基础、理科综合 A(包含物理和化学相关内容)和理科综合 B(包括生物和地理相关内容)，同时还设置了各理科的分科课程，包括，一水平分科课程(物理 1、化学 1、生物 1、地理 1)和二水平分科课程(物理 2、化学 2、生物 2、地理 2)。日本高中生必须要在各类综合课程和一水平分科课程中选择两科修习，其中从这三类综合课程中至少选择一科进行学习。即，学生可以选择修习两科理科综合课程，而不选择任何理科分科课程，也可以选择一科综合课程，加一科分科课

① 卫素琴. 英国中学生物教学资源特点及启示[J]. 课程·教材·教法，2016，37(7)：123-127.

程。之后，学生还可以从物理 2、化学 2、生物 2、地理 2 这 4 门分科课程中自由选修。因此，如果学生选择理科综合 B 学习，那么需要再从物理 1、生物 1、地理 1 这 3 门分科课程中选择一门修习。①

（三）只设置分科生物学课程或综合科学课程

课程设置只有分科生物学课程，或者只有综合科学课程。例如，芬兰中学阶段仅设置生物学课程，芬兰基础教育划分为 3 个学段，分别是 1～2 年级、3～6 年级和 7～9 年级。其中，1～6 年级属于小学阶段，7～9 年级属于初级中学阶段。在小学阶段的科学科目为综合学科，课程名称为环境研究（Environmental Studies），初中阶段的科学课程为分科课程，包括生物、地理、物理、化学、健康教育 5 门课程。某门课程的周课时安排是课程教学在时间维度上的规定，芬兰的基础教育法案已经规定了课程设置和周课时。从表 5-1 中可以看出，在小学阶段，芬兰科学课程领域是 10 个周课时；在初级中学阶段科学课程领域是 17 个周课时。分析课程的周课时在所有课程周课时中的排序，可以看出国家对课程的重视程度。根据对芬兰基础教育周课时的分析，可知小学阶段科学课程的周课时排名第三，仅次于母语和文学（32 课时）、数学（21 课时）；初级中学阶段的科学课程领域的课时排名第一，随后是数学（11 课时）、母语和文学（10 课时）。这一方面说明了芬兰对科学课程的重视，另一方面说明了芬兰对科学课程的重视随着年级的增长而增加。

表 5-1　芬兰基础教育国家科学课程结构及课时

阶段	小学		初级中学
年级	1～2 年级	3～6 年级	7～9 年级
课程名称、课时及课程性质（注：每课时为 45 分钟）	环境研究，4 课时/周	环境研究，6 课时/周	生物、地理，7 课时/周；物理、化学，7 课时/周；健康教育，3 课时/周
	综合科学课程，共 10 课时/周		分科科学课程，共 17 课时/周
教师	全科教师负责教授科学课程		独立的学科教师，或每位教师负责两门课程的教学

芬兰高中课程设置为 3 个课程层次与 3 种课程类型。3 个课程层次是学习

---

① 文部科学省. 中学校学习指导要领［R］. 东京：中央教育审议会，2017.

领域、学科与学程；3 种课程类型是必修课程、专业课程和应用课程。① 根据学生的个人课程选择来确定学习进度；三年的课程学习包括必修、深入和应用课程。一般高级中学的课程大纲至少包括 75 门课程（平均学时为 38 小时），成人一般高级中学的课程大纲至少包括 44 门课程（平均学时为 28 小时）。

三、我国中学生物学课程结构与内容的发展②

课程结构是课程计划的本质内涵，课程结构的变化和发展直接体现了我国普通高中课程计划发展的一般轨迹。③ 我国自近代开始设立中学，并在中学开设有关生物学的课程，课程结构和内容的发展可以分为 3 个阶段，即清朝末年、民国时期和中华人民共和国成立至今。

（一）清朝末年的生物学课程

清朝末年的生物学课程为博物一科。1904 年，清政府颁布《奏定中学堂章程》，规定了学制、课程设置、各科教学的目的要求等内容，该章程规定中学堂学习以 5 年为限，开设 12 种学习科目，包括博物一科，其教学内容在章程中规定为："博物，其植物当讲形体构造、生理、分类功用；其动物当讲形体构造、生理习性特质、分类功用；其人身生理当讲体内外之部位、知觉运动之机关及卫生之重要事宜；其矿物当讲重要矿物之形象性质功用，现出法、鉴识法之要略。""博物"是一个综合性的名称，开设年级、授课范围和每周授课钟点如表 5-2 所示。

表 5-2　1904 年博物科目的设置情况

开设年级	授课范围	每周授课钟点
第一	植物、动物	2
第二	植物、动物	2
第三	生理、卫生、矿物	2

① Lukion opetussuunnitelman perusteet 2015[EB/OL]. [2019-06-06]. https://epe-rusteet.opintopolku.fi/#/en/lukio/1372910/tiedot/.

② 本节内容主要参考由课程教材研究所编著、人民教育出版社出版的《新中国中小学教材建设史 1949—2000 研究丛书·生物卷》和《20 世纪中国中小学课程标准·教学大纲汇编·生物卷》。

③ 崔允漷，柯政，林一钢. 我国普通高中课程计划的历史演变[J]. 教育研究，2004（1）：86-91.

开设年级	授课范围	每周授课钟点
第四	生理、卫生、矿物	2
第五	无	无

(二)民国时期的生物学课程

民国时期的生物学课程是在清末生物学课程的基础上发展而来的。民国初年的学制是在 1912 年颁布的，大体沿用了清末旧学制。1922 年，北洋政府对旧学制进行改造，即：小学 6 年(初小 4 年，高小 2 年)、中学 6 年(初中 3 年、高中 3 年)、大学 4～6 年。

1913 年 3 月，教育部颁布了《中学校课程标准》，规定开设博物学科，具体如表 5-3 所示。

表 5-3　1913 年博物科目的设置情况

开设年级	教学内容	每周时数
第一学	植物：普通植物之形态、分类解剖生理生态分布应用等之大要 动物：普通动物之形态、分类解剖生理生态分布应用等之大要	3
第二学	动物：同前学年 生理及卫生：人身之构造、个人卫生、公众卫生	3
第三学	矿物：普通矿石及岩石之概要、地质学之大要	2

随后，教育部在 1922 年 11 月颁布了《学校系统改革令》，在 1923 年 6 月颁布了《新学制课程纲要总说明》，该改革在很大程度上移植了美国的做法，在普通中学方面表现得尤其突出。初中实行学分制，每学期(半年)上课一小时为 1 学分，修满 180 学分可以毕业。高中分为普通科和职业科，普通科又分两组，第一组偏重文科，第二组偏重理科。1929 年，颁布《暂行课程标准》；1932 年，颁布《正式课程标准》；1936 年，颁布《修正课程标准》；1941 年，颁布《重新修正课程标准》；1948 年，颁布《修订课程标准》。

民国期间实行新学制下的初中和高中课程标准具有共同特点。第一，整个中学阶段的教育得到了加强，学制得到必要的延长，并且科学地分为初中阶段和高中阶段，课程设置已相当完备；同时，第一次制定了系统而详尽的课程标准，对各学科的目的、内容、方法和毕业最低标准做出了规定。第二，由于考虑到中国幅员辽阔，社会需求十分复杂，学生的个性和智能存在差异，因此中学采用了分科选科制和学科制、学分制，使得在课程设置和教学上都富有弹性，便于因地制宜。第三，无论是初级中学的选修科目，还是高级中学的分科选科，都极为重视职业科目，职业教育与普通教育互相沟通，这是 1922 年新学制下课程改革的特点。第四，在课程设置上进行了改革，增设了相当数量的新科目。例如，高中增设了"科学概论"课程，其内容包括科学发达史、当代科学大势、科学精神和科学方法，并且要求重视实验，以期学生获得科学训练。又如，以体育课取代了以兵式体操为主要内容的体操课，课程内容重视与体育有关的生理卫生教学。第五，该时期的生物学课程，开始变得比较科学、合理。初中阶段，在必修科中开设博物科目，包括植物、动物、矿物等内容，同时在体育科目中包括生理卫生的内容；或者在必修科中开设自然科学科目，包括博物、生理及卫生。高中阶段，在必修科中开设自然科学科目，包括生物学；或者开设生物科目；同时，在高中体育课中，有卫生法的内容。[①]

(三)中华人民共和国成立后的生物学课程

中华人民共和国成立后，生物学课程经历了曲折的、科学化的发展历程。中华人民共和国成立至今已走过 70 多年，在这 70 多年的风雨历程中，中小学基础教育始终顺应国家社会发展和经济建设的需要，不断地改革和发展，作为中学课程重要组成部分的生物学课程，随着中学课程的发展变化以及国际生物学与课程的改革而进行改革和变化。中华人民共和国成立以来，教育部颁发了多个与普通高中有关的课程计划(教学计划)，其中变化比较大的、基本可以体现历史演变的有 6 个，具体年份为 1952 年、1981 年、1990 年、1996 年、2000 年、2017 年。[②] 参照叶佩珉老师对 1949 年至 2000 年我国生物学课程改革与发展历程的划分，并在此基础上，将 2000 年以后的生物学课程发展进行总结并融入其中，形成了一个曲折的但不断科学化的发展历程。

1.1949—1952 年的生物学课程

课程要受到一定历史条件的影响和制约，反映一定历史时期社会的政治、经济、文化和教育对课程的基本要求。1949 年 12 月 23 日，中央人民政府教育部召开了第一次全国教育工作会议，此次会议提出的教育改革的基本方针

① 叶佩珉，刘恕. 生物学课程论[M]. 南宁：广西教育出版社，2001：24-31.
② 崔允漷，柯政，林一钢. 我国普通高中课程计划的历史演变[J]. 教育研究，2004(1)：86-91.

是："以老解放区新教育经验为基础,吸收旧教育有用经验,借助苏联经验,建设新民主主义教育。"这一方针具体规定了教育改革的步骤和方向,对这一时期的课程改革起到了直接的指导作用。1950 年 8 月颁布的《中学暂行教学计划(草案)》设置了生物学课程,1952 年 3 月颁布的《中学教学计划(草案)》也设置了生物学课程的具体安排,如表 5-4 所示。

表 5-4　1950—1952 年中学生物学课程结构设置

时　期	教学计划名称	科目		初中总课时数	高中总课时数
1950	《中学暂行教学计划(草案)》	自然		200	
		生物			160
1952	《中学教学计划(草案)》	生物	植物	108	
			动物	108	
			生理卫生	72	
			达尔文基础		72

说明:

①《中学暂行教学计划(草案)》在其"分科的说明"中,对于自然科目做了具体说明:"自然包括植物、动物、达尔文学说基础和生理卫生等";对于生物科目的具体说明是:"生物包括达尔文学说基础的教学,注重采集和实验。实验以每两周在课内时间进行一次为原则。"

②《中学教学计划(草案)》在其"说明"中提出:"本教学计划表内所列教学科目,均为必修""教学时间每节上课 45 分钟""物理、化学、生物等科的教学时数,包括实验时数在内"。

该时期生物学课程设置的特点如下。

生物学课程得到了重视,一方面体现在开设的科目较多而齐全,包括植物、动物、生理卫生、达尔文学说基础;另一方面体现在周课时和总课时都比较多。例如,1952 年中学教学计划中初中 3 门生物科目的周课时达到 8 课时,3 年总计课时达到 288 课时。

这两个中学教学计划开设"达尔文学说基础"或"达尔文理论基础"科目,说明当时在"课程改革学习苏联经验"的号召下,模仿苏联的痕迹明显。其优势是可以加快中学课程改革的步伐,但是,在一定程度上存在着机械模仿、生搬硬套的现象。

这个时期的生物学课程结构单一,只设必修科,不设选修科,说明在改造旧课程体系时未能很好地吸取其合理成分。

2.1953—1957 年的生物学课程结构

1953—1957 年,我国先后颁发了 5 个中学教学计划,其中 1953—1956 年生物学课程结构设置均为生物(包括植物、动物、人体解剖生理学和达尔文主义基础)和卫生常识,1957年的教学计划仅设置了生物,且只包括植物、动物和人体解剖生理学。这个时期生物学课程设置的特点如下。

首先,在1957年之前颁发的4个中学教学计划中,生物学课程设置学习苏联的痕迹很明显,主要表现在高中开设达尔文主义基础课,而不开设高中生物学课。在达尔文主义基础课中,要求讲授苏联科学家巴甫洛夫的高级神经活动学说、奥巴林的生命起源基本理论和米丘林学说。在初中阶段,则是将生理学和卫生学内容分开设课。这些安排,在一定程度上脱离了中国实际,不能取得较好的教学效果。

其次,1956年颁布的《中学生物学教学大纲(修订草案)》,在"说明"部分明确提出:"中学生物学对进行基本生产技术教育有重要的作用。通过系统的生物科学基本知识的讲授,应该使学生了解生物科学原理在农业生产上的应用,组织学生在实验园地、实验室、生物角进行实习、实验和观察,应该使学生获得从事农业生产的实际技能。在进行基本生产技术教育的过程中,还可以培养学生的劳动观点和劳动习惯。"

在生物学教学大纲中规定实施基本生产技术教育,对于学生的全面发展及中学教育完成"双重"任务,具有十分重要的作用。这项规定可以看作是这个时期中学课程改革的较大进展。

3.1958—1976年的生物学课程结构

1958年3月至1964年7月,教育部先后颁布了《1958—1959学年度中学教学计划》《全日制中小学教学计划(草案)》和《关于调整和精简中小学课程的通知》,在通知中提出了对初中生物学课程的调整意见。这个时期的中学生物学课程结构如表5-5所示。这一时期生物学课程教学时数减少、开设的年限也减少。

表5-5　1958—1976年中学生物学课程结构设置

时期	教学计划名称	科目	
1958—1959	《1958—1959学年度 中学教学计划》	生物	植物
			动物
			生理卫生
			生物学

时期	教学计划名称	科目	
1963	《全日制中小学教学计划(草案)》	生物	植物
			动物
			生理卫生
			生物学
1964	《关于调整和精简中小学课程的通知》	初中生物	植物
			动物
			生理卫生
1965—1976	由于"文化大革命",中学的课程受到严重破坏,陷入停滞状态		

4.1977—1989 年的生物学课程结构

1978 年,教育部颁布了《全日制十年制中小学教学计划试行草案》,统一规定全日制中小学学制为 10 年,其中中学阶段为 5 年,初中 3 年、高中 2 年。教学计划规定,中学开设政治、语文、数学、外语、生物、生理卫生等 14 门课程。1978—1981 年,教育部先后发布了 3 个中学教学计划,各个中学教学计划中规定的生物学课程如表 5-6 所示。

表 5-6 1978—1981 年中学生物学课程结构设置

时期	教学计划名称	科目	初高中总课时数
1978	《全日制十年制中小学教学计划试行草案》	生物	94
		农基	78
		生理卫生	48
1981	《全日制六年制重点中学教学计划(试行草案)》	生物	192
		生理卫生	64
1981	《全日制五年制中学教学计划试行草案的修订意见》	生物	192
		生理卫生	64

中学生物学课程曾被农业基础知识课所取代,直至 1978 年《全日制十年制中小学教学计划试行草案》颁布,才正式将"生物"和"生理卫生"课程列入教学

计划，使生物学课程得到恢复。该计划存在一定的问题，如学制过短，只设置了必修课程等。这给生物学课程带来了一定的问题，如初高中生物学课程相隔时间久，不利于知识的巩固，课时数较少等。

5.1990—2000 年的生物学课程结构

党的十五大明确提出了"科教兴国"的战略方针，政府各部门要求全面推动中小学实施素质教育，并且提出为建设社会主义现代化强国，要完成培养具有创新精神和创新能力的跨世纪人才的任务。1992 年，国家教委正式颁布《九年义务教育全日制小学、初级中学课程计划（试行）》，在全国范围内实施，从此开始，"教学计划"改称"课程计划"。1996 年，国家教委基础教育司下发了《关于印发〈全日制普通高级中学课程计划（试验）〉的通知》，教育司制定了《全日制普通高级中学课程计划（试验）》，拟于 2000 年在全国范围实施。2000 年，颁布《九年义务教育全日制初级中学生物学教学大纲（试用修订版）》《全日制普通高级中学生物教学大纲（试验修订版）》，生物课程结构设置如表 5-7、表 5-8 所示。

表 5-7　义务教育初中生物课程结构设置

学制	课程	总课时
六三制	生物	153
五四制	生物	204

表 5-8　普通高中生物课程结构设置

学科		课时安排
生物	必修	每周 3 课时，共 105 课时
	选修	每周 3 课时，共 78 课时

关于义务教育初中生物学科设置的基本要求规定："使学生在观察、实验的基础上，初步掌握关于植物、细菌、真菌、病毒和动物的形态结构、生理和分类等方面的基础知识，初步学习一些生物遗传、进化和生态等方面的基础知识并了解它们在实际中的应用，初步懂得人体形态结构、生理功能和卫生保健的基础知识。培养学生初步的观察能力、实验能力和运用所学生物学知识解决简单实际问题的能力，以及实事求是的科学态度。"

普通高中课程由学科类课程和活动类课程组成。学科类课程分为必修、限定选修和任意选修 3 种。必修学科是每个高中学生必须修习的课程，生物学科是必修学科之一。限定选修学科是学生在学习必修学科的基础上，侧重接受升学预备教育或接受就业预备教育所必须进一步学习的课程，生物学科也是限定选修学科之一。试用修订版教学大纲指出，高中生物课程包括必修课和选修课，必修课是高中阶段全体学生必须学习的，教学内容侧重于生命活动规律，包括 10 个单元，可以概括为 3 个部分：第一部分是关于生命的物质基础和结构基础的内容；第二部分是关于生物体生命活动本质的内容；第三部分是关于生物界的发展和生物与环境的内容。选修课是在必修课的基础上开设的，由学生在教师指导下根据自己的志向、爱好和需要自主选择修习。选修课课程内容的安排侧重于体现生物科学技术与人类生存和发展的密切关系，包括人体生命活动的调节和免疫、光合作用和生物固氮、微生物与发酵工程、细胞与细胞工程、遗传与基因工程、生态环境及其保护等基础性内容。

6.2000 年以来的生物学课程结构

2001 年，教育部颁布了《全日制义务教育生物课程标准（实验稿）》，自此"教学大纲"改称"课程标准"，这一标准以学生发展为中心，构建了"人与生物圈"为主线的课程体系，包括 10 个一级主题：科学探究；生物体的结构层次；生物与环境；生物圈中的绿色植物；生物圈中的人；动物的运动和行为；生物的生殖、发育与遗传；生物的多样性；生物技术；健康地生活。该课程体系打破了原有生物学科的逻辑体系，改变了植物学、动物学、人体生理卫生的编排顺序，对生物学知识进行重整化处理，真正体现了课程目标和课程内容的统一。2011 年，教育部对这一标准进行了修订，并颁布了《义务教育生物学课程标准（2011 年版）》。①

2003 年，教育部颁布了《普通高中生物课程标准（实验）》，规定高中生物课程由必修和选修两部分组成，这两部分又分为 6 个模块，分别为必修模块的"生物 1：分子与细胞""生物 2：遗传与进化""生物 3：稳态与环境"，以及选修模块的"选修 1：生物技术实践""选修 2：生物科学与社会""选修 3：现代生物科技专题"。这种设计使高中生物课程在结构和内容上都有较大的调整，必修模块在突出生物学核心基础的同时注重反映生物学迅速发展的领域，力图体现基础性和时代性。选修模块内容从科学、技术与社会的层面展开，以加深学生对生物科学、技术与社会相互关系的理解，拓宽学生的生物科技视野，增强课程内容与现实生活的联系，使课程凸显出较强的选择性。课程的修习实行学

①　崔鸿. 中学生物课程标准与教材分析[M]. 北京：科学出版社，2012.

分制管理。必修模块是确保所有高中生都达到共同要求，选修模块（选修又分为国家规定和学校自主开发两部分）是在达到共同要求的基础上，满足学生在不同学习领域中进一步发展（有个性的发展）的需要。无论必修或选修，每一模块的学习必须通过考核，可获得 2 学分，每学分为 18 学时，因此，每个模块为 36 学时。①

2017 年，教育部颁布了《普通高中课程方案（2017 年版）》，指出对课程结构进行进一步优化，将课程类别调整为必修课程、选择性必修课程和选修课程，明确各类课程的功能定位，与高考综合改革相衔接，必修课程根据学生全面发展需要设置，全修全考；选择性必修课程根据学生个性发展和升学考试需要设置，选修选考；选修课程由学校根据实际情况统筹规划开设，学生自主选择修习，学而不考或学而备考，为学生就业和高校招生录取提供参考。具体内容已在本节"案例研讨"部分列出，此处不再赘述。

【学以致用】

列表比较并分析我国与美国、芬兰、新加坡等国在基础教育阶段有关生物学课程结构与内容设置的异同，说出对我国的启示。

第二节　中学生物学课程内容以发展素养为本

【问题聚焦】

1. 中学生物学主要包括哪些方面的课程内容？

2. 中学生物学课程内容的选择与组织需要遵循哪些原则？

3. 中学生物学课程内容的组织形式有哪些？现行生物学课程标准中课程内容的组织形式是什么？

4. 中学生物学课程内容的选择与组织如何有利于培养学生的学科核心素养？

5. 培养和发展学生生物学学科核心素养对中学生物学课程内容的选择和组织产生了哪些影响？

---

① 朱正威. 高中生物新课标的课程结构[J]. 生物学通报，2004，39(2)：28-30.

【案例研讨】

初中阶段学生稳态与平衡观的建构①

一、初中生物稳态与平衡观的内涵

关于"稳态"这一概念的由来，19世纪中叶，法国生理学家伯尔纳(C. Bernard)首先提出内环境和内环境恒定性的概念，1926年美国生理学家坎农(W. B. Cannon)正式提出稳态(homeostasis)概念，他认为稳态并不意味着稳定不变，而是指一种可变的相对稳定的状态，这种状态是靠完善的调节机制抵抗外界环境的变化来维持的。

《义务教育生物学课程标准(2011年版)》并没有明确提出"稳态"这一概念，"稳态"是在《普通高中生物课程标准实验》三大模块之"稳态与环境"中明确提出的，包括植物的激素调节、动物生命活动的调节、人体的内环境与稳态、种群和群落、生态系统、生态环境的保护6部分内容。这些内容是在初中生物学教学内容的基础上进一步加深和拓展来的。在初中阶段，生物学所涉及的内容与稳态和平衡相关的，主要是人体各个系统相互联系、相互协调，构成统一的整体以完成各项生命活动、生态系统的自我稳定和相对平衡状态的维持，主要内容则是"碳氧平衡"和"生态平衡"，即"绿色植物对维持生物圈中的碳氧平衡和水循环发挥着重要作用"和"生物多样性对维护生态平衡具有重要作用"。

综上所述，义务教育生物学稳态与平衡观的内涵包括：

①每种生物都离不开其生活环境，同时又能适应、影响和改变环境；

②生态系统具有自我调节维持相对稳定状态的能力；

③生物多样性对维护生态平衡具有重要作用；

④绿色植物有助于维持生物圈中的碳氧平衡并在生物圈水循环中具有重要的作用；

⑤人体各系统相互联系、相互协调，人体各系统在神经系统和内分泌系统的调节下完成各项生命活动，形成统一整体。

二、初中生物稳态与平衡观的建构与培养

建构一种观念需要经历3个阶段：第一，要理解掌握并深刻认识与之相关的重要概念；第二，将所掌握的相关概念进行整合、重组，形成概念体系初步建构观念；第三，对所形成的概念体系进行重新回顾与反思。学生若要建构和

---

① 朱兆军，薛松. 例谈在初中生物学教学中促进学生建构稳态与平衡观[J]. 生物学教学，2017，42(12)：18-19.

培养"稳态与平衡观"，需要经历上述 3 个阶段，教师在组织教学时，可以从此入手设计相关教学活动，使学生在教学活动中潜移默化地建构稳态和平衡观。

（一）精心设计教学活动促进学生形成稳态与平衡相关重要概念

建构稳态与平衡观所要掌握的重要概念如前所述，这些概念的形成要落实到日常生物学教学中的每一堂课中，学生要在课堂上深刻认识相关概念需要教师在课前做好充足的准备。

1. 深度研读生物学课程标准和教学内容

教师要对学生的发展水平进行全面而深入的分析和掌握，对课堂教学内容进行研讨，从知识与能力的关系、知识与生活经验的关系以及知识与情感态度价值观的关系等方面入手，建构课堂教学价值观，合理组织教学结构，巧妙安排教学程序。初中阶段，与建构稳态和平衡观相关的重要知识包括：生物与环境、生态系统的自我调节、生物多样性、生物圈中的水循环和碳氧平衡、人体的神经调节和激素调节，依据《义务教育生物学课程标准（2011 年版）》对重要知识进行归纳总结，列出详细内容、活动建议和重要概念。

2. 精心设计学习任务

教师要精心设定富有挑战性的学习任务，使得学生要经过一番努力和付出才能完成。在实践过程中，问题驱动学习和成果驱动学习两种类型的学习任务是经常采用的。

（1）问题驱动学习

用问题来引导和驱动学生探究和反思，例如：如何用坐标图表示草原生态系统中草与鼠的数量变化关系？使学生通过绘制坐标图直观感受生态系统中不同生物数量的变化关系——维持在一个动态平衡的状态中。在设计教学活动时，教师要从学生的生活实际出发，促进学生迅速接受所学概念。例如，在讲解"生态系统具有自我调节维持相对稳定状态的能力"这一知识内容时，教师要对该内容进行解析，从"生态系统"的概念入手，选择具有代表性的利于学生理解的"草原生态系统"为问题情境，而"自我调节维持相对稳定的能力"的体现则需要从草原生态系统所具有的几种主要生物数量的变化来展开。

（2）成果驱动学习

除了问题驱动外，教师还可以设计实践性质的学习任务，让学生在课后能够运用课上所学习的知识概念解决实际问题或完成相应的动手操作实践，在解决问题的过程中，更加深入地理解所学习的概念，例如制作一个模型、完成实验操作、形成实验报告等。

最后，课堂的总结和反思也是非常重要的，帮助学生反思教学活动，给出本节课的重要概念，使学生将课堂上所参与的教学活动全过程与给出的概念相连接，从而使概念升华成具有实际意义和内涵的结果，更加有力地建构本堂课的重要概念。

（二）整合概念创建体系帮助学生建构稳态与平衡观念

虽然重要概念是建构稳态与平衡观念的基础，但是一个个独立的概念地掌握和认识并不能建构稳态与平衡观念，需要教师将与之相关的概念进行整合、重组，创建概念体系，引导学生将"碎片化"的重要概念联结形成概念网络，并与自己的知识体系相连接，整合进入学生个人的知识体系，从而初步形成稳态与平衡观念。

初中生物学"稳态与平衡观念"的形成可以从两个概念主线入手。

1."人体的稳态与平衡"主线

人体是一个整体，处在稳态与平衡状态中。人体由呼吸系统、运动系统、循环系统、免疫系统、消化系统、生殖系统、泌尿系统、神经系统和内分泌系统等系统组成，这些系统在神经系统和内分泌系统的调节下，完成各项生命活动，形成统一的整体。具体展开，呼吸系统为人体提供氧气、排出二氧化碳，运动系统完成各项动作和运动，循环系统运输营养物质和代谢废物，消化系统消化食物提供营养物质，免疫系统抵御外界病原体的入侵、维持人体的稳定，泌尿系统排出代谢废物。

2."生态系统的自我稳定"主线

生态系统是一个整体，处在稳态与平衡状态中。生态系统是一定区域内所有生物及其生存环境所构成的统一整体，各种生物与其生活环境相互依赖、相互影响，生物圈是地球上最大的生态系统，绿色植物对生物圈中的水循环和碳氧平衡的维持都起着非常重要的作用。

问题：

上述案例阐述了如何发展初中学生的"稳态与平衡观"，在培养和发展学生生物学学科核心素养方面，针对初中生和高中生两类群体，有哪些特点和需要注意的地方？初中和高中两个学段如何做好衔接？你是否思考过这些问题？

一、课程内容是学生发展核心素养的重要媒介

课程内容是指各门学科中特定的事实、观点、原理和问题，以及处理它们的方式。课程目标一旦有了明确的表述，就在一定程度上为课程内容的选择和组织提供了一个基本的方向。钟启泉认为，从总体上看，课程内容是由直接经验和间接经验两种性质的知识要素构成的，作为课程内容，不论是间接经验的

知识，还是直接经验的知识，都包含一定的内在要素。任何形态的课程内容都应包含 5 种基本的经验要素，即认知性知识或经验要素、道德性知识或经验要素、审美性知识或经验要素、健身性知识或经验要素、劳动技术性知识或经验要素。①

自课程作为一个独立的研究领域以来，对课程内容的解释大多围绕 3 种不同的取向而展开：课程内容即教材；课程内容即学习活动；课程内容即学习经验。②

(一)课程内容即教材

课程内容在传统上历来被作为要学生习得的知识来对待的，这些知识采取事实、原理、体系等形式。尽管人们对这些术语可能会有不同的解释，但重点都放在向学生传递知识这一基本点上，而知识的传递是以教材为依据的。所以，课程内容理所当然地被认为是上课所用的教材。

把重点放在教材上，有利于考虑到各门学科知识的系统性，使教师与学生明确教与学的内容，从而使课堂教学工作有据可依，所以很多教育工作者不知不觉地采取这种取向。然而，把课程内容定义为教材，就会顺理成章地把课程内容看作事先规定好了的东西。这就意味着学科专家最清楚教师应该教些什么、学生应该学些什么。但是，正如杜威所指出的，即使是用最合逻辑的形式整理好的最科学的教材，也失去了这种优点。对学生来说，学习内容是由外部力量规定他们必须接受的东西，而不是自己感兴趣的东西。由于教材并不不能引起兴趣，于是教师就想方设法采用各种机巧的教学方法引起学生的注意，使学生对教材有兴趣，用糖衣把教材裹起来，让学生"在他正高兴地尝着某些完全不同的东西时，吞下和消化一口不可口的食物"。

(二)课程内容即学习活动

到了 20 世纪以后，一些课程工作者看到了科学技术的进步对社会发展的影响，并试图作出相应的反应。例如，博比特明确指出，课程应该对当代社会的需要做出反应。他通过研究成人的活动，识别各种社会需要，把它们转化为课程目标，再进一步把这些目标转化成学生的学习活动。在这以后，美国的几位有影响的课程专家，如查特斯(W. W. Charters)和塔巴等人，基本上都是采用这种方式，后来成了著名的活动分析法。活动分析法被认为是一种有效的、

---

① 钟启泉. 课程论[M]. 北京：教育科学出版社，2014.

② 施良方. 课程理论——课程的基础、原理与问题[M]. 北京：教育科学出版社，2017.

科学的课程编制技术。英国教育家怀特海曾说过："教育只有一种教材，那就是生活的一切方面。"20世纪40年代，我国教育家陈鹤琴提出了"活教育"的三大目标，其中，"做中学、做中教、做中求进步""大自然、大社会都是活教材"，也反映了这种取向。

学习活动取向的重点放在学生做些什么上，而不是放在教材体现的学科体系上。以活动为取向的课程，特别注意课程与社会生活的联系，强调学生在学习中的主动性。课程内容的活动取向，往往注重学生外显的活动。虽然我们可以观察到学生外显的活动，但却无法看到学生是如何同化课程内容的，无法看到学生的经验是如何发生的。事实上，每个学生从活动中获得的意义和理解的方式是各不相同的。如果仅关注外显的活动，容易使人只注意表面上的热烈，而不是深层次的学习结构，从而偏离学习的本质。

(三)课程内容即学习经验

学习经验取向强调的是决定学习的质和量的是学生而不是教材，学生是一个主动的参与者。学生之所以参与，是因为环境中某些特征吸引他，学生对这些特征做出了反应。所以，教师的职责是要构建适合于学生能力与兴趣的各种情境，以便为每个学生提供有意义的经验。

把课程内容视为学生的学习经验，必然会突破外部施加给学生的东西，因为学生是否真正理解课程内容，取决于学生的心理建构。从某种意义上说，学生已有的认知结构的情感特征对课程内容起着支配作用，它们是受学生控制的，而不是由学科专家支配的。知识只能是"学"会的，而不是"教"会的。

二、课程内容的选择和组织是课程编制的基本工作

课程内容的选择和组织，是课程编制过程中的一项基本工作，它涉及方方面面，也是许多课程问题的集结点。虽说课程内容是实现课程目标的手段，但由于内容直接指向"应该教什么"的问题，有些人甚至是在没有注意到课程目标是什么或为什么要教的情况下，便对课程内容问题发表议论，这种做法难免会有偏颇。

【核心概念】

> 课程内容的选择，简称"课程选择"(curriculum selection)，是根据特定的教育价值观及相应的课程目标从学科知识、当代社会生活经验或学习者的经验中选择课程要素的过程。这些课程要素包括概念、原理、技能、方法、价值观等。

　　课程内容的选择是根据特定的教育价值及相应的课程目标从学科知识、当代社会生活经验或学习者的经验中选择课程要素的过程。这些课程要素包括概念、原理、技能、方法、价值观等。1859 年，英国著名哲学家、社会学家、教育学家斯宾塞提出了"什么知识最有价值"的著名命题，是课程论发展史上第一次明确提出了课程选择的问题。1949 年，美国著名教育学家泰勒在《课程与教学的基本原理》中提出了"怎样选择有助于达到教学目标的学习经验"的问题，"选择学习经验"是泰勒课程原理的基本构成。①

　　在选择和组织课程内容时，除了要考虑到与目标相关性之外，还要考虑到内容的科学性和有效性、它们对学生和社会的实际意义、它们能否为学生所接受，以及是否与学校教育的基本任务相一致等问题。人们对课程内容的解释，往往是与各自对课程所下的定义联系在一起的。课程与教学内容的选择必然受价值取向影响，何种知识为有价值或者没有价值，主要取决于它是否符合社会、学科的要求和学习者的发展特征。其选择依据主要体现在如下 4 个方面。

(一)课程内容的选择应紧扣课程目标

　　学生学习相关课程，其基本要求是达成课程目标。课程目标是课程专家、学科专家和教师在周密思考和认真研究社会、学科学习者的特征和需求的基础上而确立的，是对某一阶段学习者所应达到的规格和标准提出的要求，对课程内容的选择具有指导作用。课程内容的选择应紧扣课程目标，使内容和目标协调一致，即有什么目标就有什么内容。

　　例如，《普通高中生物学课程标准(2017 年版)》中必修课程的课程内容：必修课程是现代生物学的核心内容，对于提高全体学生的生物学学科核心素养具有不可或缺的作用。必修课程是学习选择性必修和选修课程的基础。必修课程面向全体高中学生，选用生物学最基本的重要概念，为了让学生更好地理解与掌握教学内容，教学中高度重视学生的实践环节，力求为学生提供更多的动手实践机会。

【知识链接】

　　模块 1　分子与细胞包括：细胞的分子组成、细胞的结构、细胞的代谢、细胞的增殖以及细胞的分化、衰老和死亡等内容。

　　细胞是生物体结构与生命活动的基本单位。细胞生物学是生命科学的重要基础学科，分子生物学的发展促使细胞生物学的研究进入了分子水平。

---

　　①　钟启泉，张华. 课程与教学论[M]. 沈阳：辽宁大学出版社，2007.

本模块选取了细胞生物学方面最基本的知识，是学习其他模块的基础。它还反映了细胞生物学研究的新进展及相关的实际应用。通过本模块的学习，学生将在微观层面上，更深入地理解生命的本质。了解生命的物质性和生物界的统一性，细胞生命活动中物质、能量和信息变化的统一，细胞结构与功能的统一，生物体部分和整体的统一等，有助于科学自然观的形成。学习细胞的发现、细胞学说的建立和发展，有助于学生加深对科学研究过程和本质的理解。

完成本模块学习后，学生应该能够：

从结构与功能相适应这一视角，解释细胞由多种多样的分子组成，这些分子是细胞执行各项生命活动的物质基础(生命观念、科学思维)；

建构并使用细胞模型，阐明细胞各部分结构通过分工与合作，形成相互协调的有机整体，实现细胞水平的各项生命活动(生命观念、科学思维、科学探究)；

从物质与能量视角，探索光合作用与呼吸作用，阐明细胞生命活动过程中贯穿着物质与能量的变化(生命观念、科学思维、科学探究)；

观察多种多样的细胞，说明这些细胞具有多种形态和功能，但同时又都具有相似的基本结构(生命观念、科学探究)；

观察处于细胞周期不同阶段的细胞，结合有丝分裂模型，描述细胞增殖的主要特征，并举例说明细胞的分化、衰老、死亡等生命现象(生命观念、科学探究、社会责任)。

高中生物学课程内容的选择基于课程目标——发展学生生物学学科核心素养，学业要求中明确标志课程内容具有培养学生哪一项学科核心素养的作用。例如：在细胞是生命体结构与生命活动的基本单位这一大概念下，就对应着生命观念、科学思维和科学探究 3 个维度的核心素养。

(二)课程内容选择与组织要遵循学生身心发展特点与规律

学习者的身心发展是教育的归宿，也是课程内容选择的着眼点。课程内容的选择应关注学生的需要、兴趣、身心发展特点以及规律，这是课程内容选择的重要维度。学习者的身心发展特点和规律决定了其对课程内容的接受程度。由于学习者发展的个别差异，还必须兼顾不同学习者的思维发展，适度调整课程内容的难度。具体表现如下。

1. 中学生以掌握间接经验为主

间接经验是指别人或前人所积累的经验，它是人类在长期的社会实践活动中所创造的宝贵精神财富，是人类认识世界和改造世界的有力武器。掌握了间接经验，中学生就能少走弯路，尽快地适应社会生活。中学生所掌握的间接经验比小学生更系统、更复杂、更理性化、更加接近科学文化知识的完整体系，但又是不同于大学生的专业化的间接经验。中学生的主要任务是掌握系统的基本的科学文化知识和技能为将来的工作和学习打下坚实的基础。中学生掌握间接经验，其主要途径是课堂学习。然而，间接经验并非中学生亲自实践得来的，有可能理解得不深刻。间接知识可以转化为能力，但缺乏自己的探索。因此，中学生在学习书本知识的同时，还应适当地参加些社会实践活动，积极参加丰富多彩的课外活动，亲自获得一些直接的经验，以加深对间接知识的理解、培养自己综合运用知识、主动探索新知识和创造性地解决问题的能力。为此，中学生应主动构建一个以课堂学习为主、课内与课外学习相结合的新的学习系统。

2. 中学生的身心素质正全面提高

普通中学教育属于基础教育，不是专业教育，也不是职业教育。中学生应以德、智、体、美、劳全面发展，知、情、意、行协同发展，身心素质的全面和谐发展作为学习的目标，形成知识、能力、个性和特长协同发展的高效能的学习系统，把自身素质的整体性发展与国家的需要统一起来，以适应升学和就业两方面的需要。

3. 中学生的学习策略和技巧更完善

中学生对于较简单的无意义学习材料，人为地赋予意义，或采用各种记忆方法；对于复杂的意义学习材料，通常使用分段、归纳、类比、扩展、评价、自问自答、列提纲、分类、列图表等方法。中学生的元认知能力逐步发展起来，他们经常思考怎样学习效果最好，他们常给自己确立学习目标，制订达标的措施，在学习过程中不断评价自己达标的情况，并根据反馈信息来修正学习策略。他们能较主动地调控自己的学习过程，学习活动的自我组织水平较高。他们常能自觉地反省自己的学习过程，不断地总结学习的经验和教训。

4. 中学生的学习途径、方式和方法多样

中学生不但注意向书本学习，也注意向社会学习，他们积极参加各种课外活动和社会公益活动，广泛地吸收知识。他们不只是增加知识的数量，而且开始意识到掌握基本知识结构的重要性，重视学习知识的系统化和综合化。他们开始重视把书本知识和实践活动结合起来，使知识、能力和个性协调发展。

他们既注意勤奋学习，又注意改进学习方法和策略，对不同学科采取不同的学习方法。他们既讲学习质量，又讲学习速度，快速阅读、快速作文、快速解题的能力迅速发展。他们既重视知识的吸收、理解、巩固，又重视知识的实际应用。

例如，在选择和组织"种群数量增长模型"这一课程内容时，主要是依据如下学习者的分析。

(1)起始能力预估：学生通过以前的学习对细胞、个体、物种等有较系统的认识，但对种群和群落的相关概念比较陌生，对种群特征仅有初步了解。不过，学生学习态度认真，有一定的数学建构基础，能在老师的引导下完成种群增长的"J"形和"S"形曲线的学习。

(2)一般特征分析：本课的教学对象是高中二年级的学生，已具备了一定的逻辑思维、自学及总结归纳的能力，对新知识兴趣浓厚。

(3)学习风格分析：学生的思维方式和学习风格都存在差异，基础也不尽相同，因此基础较差的学生学习效果会相对较差。

(三)课程内容选择与组织应充分考虑学生发展特征

课程内容的选择一定要体现基础性，基础的课程内容是最具迁移性、生成性和概括性。中小学教育的基本目标是使学生有效掌握人类文化资源的精华，最大限度地开发学生的潜能，以形成自身发展和适应未来社会所必备的基础知识结构和基本技能。其次，课程内容的选择要在保证基础性的前提下，充分考虑先进性、现代性和发展性。

例如：为了支持教师开展概念性知识的教学，课程内容采用了"大概念""重要概念"和"次位概念"的陈述方式，如表 5-9 所示。①

表 5-9　《普通高中生物学课程标准(2017 年版)》课程内容呈现方式

概念层级	表述内容
大概念	概念 2　生态系统中的各种成分相互影响，共同实现系统的物质循环、能量流动和信息传递，生态系统通过自我调节保持相对稳定的状态……
重要概念	2.1　不同种群的生物在长期适应环境和彼此相互适应的过程中形成动态的生物群落……

---

① 刘恩山，曹保义.《普通高中生物学课程标准(2017 年版)》解读[M]. 北京：高等教育出版社，2018.

续表

概念层级	表述内容
次位概念	2.1.1 列举种群具有种群密度、出生率和死亡率、迁入率和迁出率、年龄结构、性别比例等特征……

(四)课程内容选择与组织应顺应社会发展实际需求

从课程与教学史上看，课程内容的选择要依据社会发展实际需求进行选择，学校教育是为学习者的未来生活做准备的，每一个学习者从学校毕业必定要步入社会、适应社会并成为社会的公民，其知识结构和水平决定着他们能否适应社会和在社会生活中扮演的角色。因此，选择课程内容必须考虑科学进步和社会发展的现实需求，关注学习者生活的现实世界，关注课程与教学内容的生活化、问题化，以问题情境的形式呈现课程内容，在解决现实问题的过程中学会认知，学会合作，学会做事，学会生存。①

例如，普通高中生物学课程内容顺应了我国新时期社会发展的要求，即"落实习近平新时代中国特色社会主义思想，有机融入社会主义核心价值观，中华优秀传统文化、革命文化和社会主义先进文化教育内容，努力呈现经济、政治、文化、科技、社会、生态等发展的新成就、新成果，充实丰富培养学生社会责任感、创新精神、实践能力相关内容。"②

三、课程内容的组织展现了系统建构

为使课程内容组织得适当而有效，应遵循一定的原则，泰勒曾提出过"怎样有效组织学习经验"的问题，并确立了组织课程内容的三大原则——连续性、顺序性和整合性。③

(一)课程内容的组织应遵循连续性原则

连续性是指内容要素螺旋式地重复贯通各个学段，使学习者在不同学习阶段不断地重复，能够不断反复、连续地学习、练习与复习，并根据学习科目的性质逐渐扩大范围和加深强度，形成长期的累积效果。

(二)课程内容的组织应遵循顺序性原则

顺序性与连续性高度相关，但又超越连续性。连续性过于强调同一水平的

---

① 刘欣，孙泽文，严权. 课程与教学新论[M]. 北京：中国人民大学出版社，2014.

② 中华人民共和国教育部. 普通高中生物学课程标准(2017年版)[M]. 北京：人民教育出版社，2018.

③ 刘欣，孙泽文，严权. 课程与教学新论[M]. 北京：中国人民大学出版社，2014.

重复，容易制约学习者在理解、技能、态度等方面的深入发展。顺序性则强调内容要素直线式扩展和逐步加深，将后续学习内容建立在前面学习的内容要素的基础之上，对课程内容进行从已知到未知、从具体到抽象、从简单到复杂的处理，能够对有关内容加以深入、广泛的展开，在更高层次理解后续内容。

(三)课程内容的组织应遵循整合性原则

整合性是指内容要素的横向组合或水平组织，在内容要素之间建立横向或水平联系，形成适当的内在关联，逐渐把各种要素整合为一个有机整体，从而克服由于学科分割所造成的课程内容支离破碎的状态，以增强学习的价值、应用性和效率。整合性强调的是内容的广度而不是深度，帮助学习者获得一种统一的观念。在整合的基础上，加强各个学科之间、课程内容与个人需要和兴趣之间、课程内容与校外经验之间的广泛联系。整合的方式主要有：根据知识的内在逻辑联系加以整合，消除学科之间壁垒森严的对立；根据学习者的兴趣或经验加以整合，不断完善学习者的人格；围绕社会问题、生活主题加以整合，加强学习者与社会生活之间的联系。

《普通高中课程方案(2017年版)》指出了课程内容确定的原则：国家通过课程标准规定普通高中课程的主要内容和要求。确定课程内容应遵循如下基本原则。

(1)思想性。坚持辩证唯物主义和历史唯物主义，加强中国特色社会主义教育，充分反映习近平新时代中国特色社会主义思想，全面落实社会主义核心价值观的基本内容和要求，提升道德修养，有机融入中华优秀传统文化、革命文化、社会主义先进文化、法治意识、国家安全、民族团结和生态文明等教育，充分体现中国特色。

(2)时代性。充分反映马克思主义中国化最新成果、当代社会进步、科技发展和学科发展前沿，充分体现先进的教育思想和教育理念，紧密联系学生生活经验，及时更新教学内容。

(3)基础性。面向全体学生，依据学生发展核心素养，精选学生终身发展必备的基础知识和基本技能，打牢学生成长的共同基础。注重培养学生的学习兴趣、学习能力和探索精神，注重培养分析问题、解决问题的能力。合理控制学生的课业负担。

(4)选择性。适应国家人才培养需要，在保证每个学生达到共同基本要求的前提下，充分考虑学生不同的发展需求，结合学科特点，遵循学习科学的基本原理，分类分层设计可选择的课程，满足学生不同学习需要，促进学生发展。

(5)关联性。注重学科内容选择、活动设计与学生发展核心素养养成的有机联系;关注学科间的联系与整合;增强课程内容与社会生活、高等教育和职业发展的内在联系。

【学以致用】

美国 NGSS 中高中生命科学课程内容介绍

高中学生要掌握能够帮助他们理解生命科学的核心概念,这应该建立在学生对学科核心概念、科学和工程实践以及跨学科概念的科学理解之上。高中有4 种生命科学学科核心概念:①从分子到生物:结构和过程;②生态系统:相互作用、能量和动力学;③遗传:性状的遗传和变异;④生物进化:统一和多样性。高中生命科学的表现期望将核心概念与科学和工程实践以及跨学科概念相结合,以支持学生开发可应用于整个科学学科的有效知识。虽然高中生命科学的表现期望与具体学科核心概念的特定实践相结合,但教学决策应包括使用绩效期望的许多实践。

• LS1 中的表现期望

从分子到生物:结构和过程。帮助学生形成对"生物如何生存和成长"这一问题的答案。LS1 学科核心概念有 3 个子概念:生物的结构和功能、生长和发育以及生物体内物质和能量流动的组织。在这些表现期望中,学生证明他们可以使用调查并收集证据来支持细胞功能和繁殖的解释;他们了解蛋白质对细胞和生命系统工作至关重要的作用;学生可以使用模型来解释生物体内的光合作用、呼吸作用以及物质循环和能量流动;细胞过程可以用来帮助理解生物体等级组织的模型;物质和能量、结构和功能、系统和系统模型的跨学科概念使学生洞察生物体结构和过程。

• LS2 中的表现期望

生态系统:交互、能量和动力学。帮助学生形成一个问题的答案,"生物体如何以及为什么与环境相互作用,以及这些相互作用的影响是什么?"LS2 学科核心概念包括 4 个子概念:生态系统中的相互依赖关系,生态系统中的物质循环和能量流动,生态系统动力学、功能和恢复力,社会交往和群体行为。高中学生可以使用数学推理来证明对承载能力的基本概念、影响生物多样性和种群的因素的理解,以及生态系统中生物体内物质循环和能量流动。这些数学模型为学生对系统的概念性理解及其开发设计解决方案的能力提供支持,以减少人类活动对环境和维持生物多样性的影响。系统和系统模型的跨学科概念在学生理解科学、工程实践以及生态系统的核心概念方面发挥着核心作用。

- LS3 中的表现期望

遗传：性状的遗传和变异。帮助学生形成问题的答案："一代人的特征如何传递到下一代？同一物种甚至兄弟姐妹的个体为何具有不同的特征？"LS3 学科核心概念包括两个子概念：性状的遗传和性状的变异。学生可以提出问题，制作和辩护声明，并使用概率概念来解释。学生们展示为什么同一物种的个体在外观、功能和行为方面存在差异。学生可以解释遗传的机制，并描述基因突变的环境和遗传原因以及基因表达的改变。交叉模式和因果关系的概念被称为组织这些核心概念的概念。

- LS4 中的表现期望

生物进化：统一和多样性。帮助学生形成"有什么证据表明不同的物种是相关的"这一问题的答案。LS4 学科核心概念涉及 4 个子概念：共同祖先和多样性的证据，自然选择，适应，以及生物多样性和人类。学生可以为自然选择和进化过程构建解释，并传达多种证据以支持这些解释。学生可以评估导致新物种的条件的证据，并了解遗传变异在自然选择中的作用。此外，学生可以应用概率来解释人口趋势，因为这些趋势与特定环境中的有利遗传特征有关。因果关系以及系统和系统模型的跨学科概念在学生对地球生命进化的理解中起着重要作用。

（资料来源：美国《新一代科学课程标准》网站链接：https://www.next-genscience.org/）

问题：

研读美国 NGSS 中有关高中生命科学领域课程内容，分析其选择与组织的特点，以及给我国生物学课程内容带来的启示。

第三节　当代中学生物学课程的主要结构与内容

【问题聚焦】

1. 当代中学生物学课程的主要结构与内容是什么？
2. 中学生物学课程结构设置与内容选择的发展趋势如何？

【案例研讨】

美国 STEM 教育的愿景①

由美国国家科学技术理事会 STEM 教育委员会(Committee on STEM Education of the National Science & Technology Council)撰写并发布的《制定成功之路：美国 STEM 教育战略》(Charting a Course for Success：America's Strategy for STEM Education)描绘了美国 STEM 教育的愿景。

科学、技术、工程和数学(Science、Technology、Engineering and Mathematics，STEM)是美国历史上发现和技术创新的基础。拥有坚实 STEM 基础的美国人已经使国家充满活力，比如利用原子的力量将人放在月球上、火星上的火星车、开发互联网、设计适合放在口袋中的计算机、创造显示内部运作的成像机器、解码人类基因组。这些令人惊叹的成就改变了人类的经历，激发了几代人的灵感，并为 STEM 教育和研究提供了强有力的公众支持。

全球创新的步伐正在加快，科技人才的竞争也越来越激烈。今天，美国的经济繁荣和国家安全越来越依赖于其持续科技创新的能力。美国的国家创新基地比以往任何时候都更加依赖于围绕共同 STEM 教育利益和目标强大的跨部门合作——一个 STEM 生态系统可以为所有美国人提供其一生获得高质量 STEM 教育的机会。为每个人建立基本的 STEM 扫盲之路对于培养美国在先进技术驱动的竞争日益激烈的世界中领导和繁荣所需的多元化劳动力至关重要。

在过去的 25 年中，STEM 教育已经从 4 个重叠学科的便捷聚类，演变为对 21 世纪经济至关重要的更具凝聚力的知识基础和技能组合。最好的 STEM 教育提供了一种跨学科的学习方法，严格的学术概念与现实世界的应用相结合，学生在学校、社区、工作和更广阔的世界之间建立联系的环境中使用 STEM。STEM 教育的领导者继续扩大和深化其范围，并进一步超越研究领域，超越了 4 个学科的组合，包括艺术和人文科学。现代 STEM 教育不仅赋予学生批判性思维、解决问题、高阶思维、设计和推理等技能，还赋予行为能力，如毅力、适应能力、合作、组织和责任等。

美国 STEM 企业由一群公共和私营部门组织组成，以各种方式提供教育

① National Science and Technology council. Charting a course for success：America's strategy for STEM education[EB/OL].［2020-5-30］. https://www. whitehouse. gov/wp-content/uploads/2018/12/STEM－Education-Strategic-Plan-2018. pdf.

和培训，并在所有经济部门开展研究与开发。从幼儿园到高中（K-12），从在学校和放学，从本科到博士后研究，从通用技术教育、实习、学徒到社区学院和再培训计划，到处都有 STEM 教育和培训。虽然美国的 K-12 教育主要是国家、地方和部落的责任，但联邦政府在促进教育卓越方面发挥着重要作用，包括支持和传播有关教学和学习方面的最新发现以及促进平等获取。联邦机构通过持续支持高等教育和研发，支持教育和劳动力发展计划，并支持国家研发企业，包括捕捉公众想象力和激励下一代 STEM 学习者的研发。

美国已经将 STEM 教育上升至国家发展战略层面。如今，美国的创新能力以及繁荣和安全比以往任何时候都更加依赖于有效和包容的 STEM 教育生态系统。21 世纪经济环境下，个人的成功也越来越依赖于 STEM 素养。我国于 2016 年发布了《中国学生发展核心素养》，基于此，新修订的普通高中各学科课程标准明确规定，将培养和发展学生学科核心素养作为课程的宗旨。对于生物学科，其课程结构和内容的设置、选择与组织，如何有利于培养和发展生物学科核心素养、如何与 STEM 教育相融合，是值得我们思考的重要问题。

一、当代生物学课程应融入学校整体课程设计中

当下全球范围内基础教育无不重视学科之间的交叉、概念之间的融合，在进行课程设计的过程中，我们不能仅局限于生物学一门学科，而是要将其放置于整体课程体系中，注意从全局把握。随着我国课程理论与建设的不断发展、课程改革的不断深入，课程权力已经逐步下放至学校，学校已经成为课程顶层设计的事实主体。学校应对课程进行分类并建构其间联系，使之形成一个系统的、可行的、具有学校特色的课程结构。生物学课程结构的设置与内容的选择如何应对如此变化，如何恰当地融入学校课程体系中？这是深化课程改革、推动学校课程建设的一个重要内容。①

对于学校而言，课程结构究竟"怎么设计、设计什么"是一个难题，涉及学校课程结构设计的具体内容，即如何对学校课程进行分类并建构其间联系，使之形成一个有序的课程图谱。在实践中，学校课程结构设计的内容易出现"无序"状态，具体包括以下 3 种情况：一是学校课程结构设计的目的与内容之间缺乏内在的一致性；二是学校课程结构设计的逻辑不清晰；三是学校在课程结构设计中只重视某类课程，忽视其他类课程。

当前学校课程结构的内容设计主要有 3 种模式。一是"领域—科目—模块"

---

① 杨清. 学校课程结构设计：从自发到自觉[J]. 教育科学研究，2016(11)：49-53.

模式，主要根据学习领域、具体科目、主题模块的逻辑对学校课程进行有机整合。二是"基础—拓展—活动"模式，一般将学校课程分为基础型、拓展型和活动型。如，上海市在"二期课改"中提出由"基础型课程、拓展型课程、研究型课程"组成新的课程结构体系：基础型课程内容体现国家对公民素质的发展要求；拓展型课程着眼于满足学生个性化发展需求；研究型课程着眼于激励学生自主学习、主动探究和实践体验。三是"立体整合"模式，"领域—科目—模块"模式以知识的内在联系作为课程结构设计的依据，更强调对课程内容的整合；"基础—拓展—活动"模式以学生不同层级能力的发展作为课程结构设计的依据，更关注学生的差异性；立体整合模式是将两者结合起来，综合考虑知识逻辑和能力逻辑，构建立体的课程结构，既关注课程内容的有机整合，又重视学生的差异选择。所以，许多成熟型的学校都采用这种模式开展课程结构设计。

以北京大学附属小学为例，学校秉承"以人为本，快乐和谐发展"的办学理念，构建了"生命发展课程体系"，设计了"三层五类"的课程模型结构。三个层次为基础类课程、拓展类课程、研究类课程，分别面向全体、部分和个体；五类领域分别是人文素养、科学素养、健康艺术、社会交往、国际理解，其中前三类领域体现了学校独特的办学实际和发展定位，而后两类领域突显学校对未来教育发展的战略眼光。相较于前两种模式，整合模式对课程结构设计主体提出了更高的要求，学校要全面考虑课程知识的逻辑和学生能力发展的逻辑，并基于现有课程资源合理地将两种逻辑进行整合，设计具有操作性的课程结构。

立体整合模式是目前学校课程结构设计中比较理想的一种模式，但采用这种模式来设计学校课程结构是一个复杂的过程，学校需要有较强的课程建设能力和丰富的课程资源。因此，处于不同发展阶段的学校对立体整合模式运用的步骤也不相同。成熟型的学校可以直接采用这种模式，结合学校实际情况，综合考虑各方面条件和资源，整合两种维度对课程结构进行设计；但对于发展型的学校，由于学校课程资源不够丰富、课程建设能力还有待提高，可以先选择前面两种模式中的一种作为课程结构设计的基本思路，然后逐步调整改进，局部整合另一种模式的逻辑思路，再在探索中进一步融合，最终实现两种课程模式的全面整合。

二、当代生物学课程结构和内容应注重发展学生的综合科学素养

当代中学生物学课程结构设置和内容选择不再仅仅从生命科学领域和生物

学科视角出发，而是要从培养和发展学生的科学素养以及核心素养、提升学生的综合素养等角度来综合考虑。

在竞争日趋激烈、变化日趋迅速的 21 世纪，随着科学技术、信息技术的不断发展，"互联网＋"和人工智能时代的到来，既为学校教育带来机遇，也为学校教育带来了挑战。因此，越来越多的国家都在致力于学生核心素养的培养，基础学校教育的培养重点应是学生的综合能力，是培养基础素养，而不是培养学科专才。生命科学领域作为科学课程的重要组成部分，应以培养学生的科学素养和生物学学科核心素养为宗旨。

例如，日本理科教育的培养便是侧重于提高学生的"生存能力"，培养素质和能力。结合科学学科的性质培养学生的关键品质和能力应作为科学课程的核心宗旨。2016 年颁布了《关于幼儿园、小学、初中、高中以及特别支援学校学习指导要领的改革及必要策略》，指出日本中小学理科课程的教育理念：

（1）课程目标强调培养学生的素质和能力，由"知识与技能""思考、判断与表达能力"和"自主学习能力与人文情怀"三大支柱构成。

（2）课程结构沿用 2008 年颁布的《学习指导要领》中的"两领域"基本框架结构，即"A 物质·能量"和"B 生命·地球"领域。第一领域以"能量"和"粒子"科学基本看法与概念为支柱来构成课程内容，第二领域以"生命"和"地球"科学基本看法与概念为支柱来构成课程内容。以粒子、能量、生命和地球四大核心概念作为支柱，根据学生发展阶段，对理科课程各学段的全部内容加以结构化，进一步巩固了科学的基本概念。

（3）课程内容强调"面向社会的课程"，重视理科课程与社会、生活和环境之间的关系，充实与生命、环境以及日常生活相关的内容、活动等，培养学生科学探究能力与对理科的使用价值与意义的认识。

（4）在学习方式上强调"主体性、互动式、深度学习"。从"主观学习""互动学习""深度学习"3 个视角进一步改进学习过程，其中"观点/思维方式"是深度学习的关键。重视利用科学探究来解决问题，强调主动接触自然事物及现象、明确问题、猜想与假设、设计方案、观察与实验、结果处理、得出结论、表达与交流。

生物学是一门基础性、实验性的课程。生命教育的起点和重点应该贴近学生的生活，从学生生活中提炼出科学问题，再回归生活，解决实际问题。在生物学教学中渗透课程内容与学生未来发展的紧密联系，促使学生理解科学与社会、生活的关系。通过加强科学课程的实用性和应用性，培养学生的问题解决能力，可以使学生领悟学习科学的意义，对科学学习产生兴趣。

三、当代生物学课程结构和内容应注重实现中小学教育的一脉相承

当代生物学课程结构和内容应注重实现中小学教育的一脉相承，即注重各学段的顺序性和衔接性，例如美国《下一代科学课程标准》(Next Generation Science Standards，NGSS)对课程内容的设计是从幼儿园一直到 12 年级的整体设计。日本中小学《学习指导要领》中课程结构分为"物质·能量"领域和"生命·地球"领域，以粒子、能量、生命、地球 4 个基本概念作为核心和支柱，每个基本概念都随着学生的发展从形象到抽象，从表观到微观不断深入和丰富，从而使中小学形成连贯的整体，具有系统性的特点，如图 5-2 所示。对比我国中小学的课程结构，小学与初中划分的领域并不完全相同，课程内容与课程目标都没有很好地实现衔接，没有统一的结构，很难实现系统化设计。因此应注重课程结构的一体化，建立从小学到中学的连贯的科学教育体系，实现课程内容和目标的结构化和系统化。

四、当代生物学课程结构和内容增加实践内容权重并加强学科联系

我国科学教学过程中，倾向于向学生传授科学概念等科学知识，评价时也主要通过提问或测验的形式，注重对概念本身的理解，而忽略了科学知识在生活中的应用。虽然近几年的课程改革已经强调学生探究和动手实践，但实际情况依然不乐观。NGSS 提出，实践和知识对于学习科学和工程来说同样重要。"培养合格社会公民的科学教育，着眼于全体学生，强调全体学生基本科学素养的培养，目的在于培养符合社会要求、能够进行日常生活、履行社会义务的社会公民。"因此，我们应在评价中增加实践的比重，使学生在结束科学学习后，仍能继续运用科学知识解决生活中的问题。依据"少即是多"的指导理念，"通过大多数大概念来统整学科知识，促进学生参与科学工程实践，实现对重要原理的深入探索"。美国《下一代科学课程标准》中跨学科概念的学习，加强了学科与学科之间的联系，而"学科核心概念"的学习，有助于学生在有限的时间内学到核心知识，而不是细枝末节。[①]

----

① The next generation science standards[EB/OL]. (2017-09-25)[2019-06-04]. https://www.nextgenscience.org/.

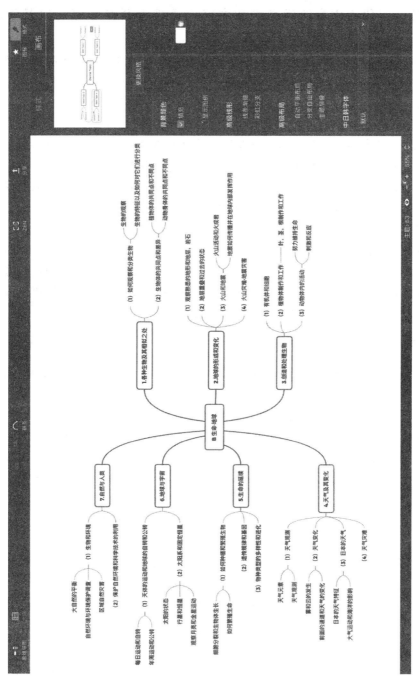

图5-2　日本初中科学 "生命·地球" 领域课程内容结构

五、当代生物学课程结构和内容应重视学科核心概念以及学习进阶

国外从 2004 年开始就开展了科学教育中的学习进阶研究。我国科学教育研究领域虽然也涉及了诸如学生认识发展等方面的学习进阶研究，但相对于国际水平来说，还显得不够深入，也没能很好地落实学习进阶在科学课程实施中的作用。总的来说，进一步深化学习进阶的研究与应用应着力于以下几个方面。第一，不仅要重视各学科领域在某一学段内部的学习进阶，还要关注学段之间的关系与统筹，避免小学和初中之间、初中和高中之间脱节。第二，不仅要关注认知领域的学习进阶，还要关注学生在技能、能力、情感等领域的发展阶段性，并且有效地将学生的科学素养、发展各方面要素的学习进阶加以整合。第三，要关注各学科内和学科间核心知识的学习进阶。关注核心知识的学习正是当代科学教育的时代诉求，学习进阶的研究，不可能从细枝末节的知识入手，只有抓住核心才能抓住要害。第四，通过理论探索和实践证明，应将学习进阶标准化、规范化，再根据学习进阶开展课程设计、教学设计和评价设计，并着力于课程实施过程中的一致性研究。①

【学以致用】

比较、分析英国、芬兰初中生物学课程内容和我国初中生物学课程内容。说说有何不同，给我们带来了什么启示？

英国初中生物学课程内容

生物学是研究生物体（包括动物、植物、真菌和微生物）及其相互作用和环境的科学。生物学的研究包括收集和解释有关自然界的信息，以确定模式和联系可能的因果关系。生物学被用来帮助人类改善他们自己的生活和了解他们周围的世界。

应帮助学生了解如何通过生物学的概念，用一些普遍适用的关键概念来描述自然界复杂多样的现象，这些概念可在下面的单独主题中说明：

• 生命过程取决于分子，分子的结构与其功能有关；

• 活生物体的基本单位是细胞，细胞可能是高度适应结构的一部分，包括组织、器官和系统，使生命过程能够更有效地进行；

• 生物体可能形成单一物种的种群，许多物种和生态系统的群落，以许

---

① 刘玲. 美国《下一代科学教育标准》（NGSS）对我国全面深化课程改革的启发[J]. 中学物理，2016，34(5)：5-7.

多不同的方式与环境和人类相互作用；

- 生物是相互依赖的，并表现出对环境的适应能力；
- 地球上的生命依赖于光合作用，绿色植物和藻类吸收来自太阳的光来固定二氧化碳，并将其与水中的氢结合，生成有机化合物和氧气；
- 有机化合物被用作细胞呼吸的燃料，以允许生命所需的其他化学反应；
- 生态系统中的化学物质在自然界中不断循环；
- 生物的特征受基因组及其与环境的相互作用的影响；
- 进化是在自然选择的过程中发生的，它既解释了生物多样性，也解释了生物体之间的关系。

应教给学生：

- 细胞是所有生物体的基本结构单位、与细胞功能有关的细胞适应、真核细胞和原核细胞的主要亚细胞结构；
- 动物的干细胞和植物的分生组织；
- 酶；
- 影响酶反应速度的因素；
- 细胞呼吸的重要性、有氧和无氧呼吸的过程；
- 碳水化合物、蛋白质、核酸和脂类作为关键的生物分子。

运输系统：

- 包括植物在内的多细胞生物对运输系统的需求；
- 人体循环系统的结构与功能之间的关系。

健康、疾病和药物的发展：

- 健康与疾病之间的关系；
- 包括人类性传播感染在内的传染病（包括艾滋病病毒/艾滋病）；
- 非传染性疾病；
- 细菌、病毒和真菌是动植物中的病原体；
- 身体对病原体的防御以及免疫系统对疾病的作用；
- 减少和预防传染病在动植物中的传播；
- 新药的发现和开发过程；
- 生活方式因素对非传染性疾病发病率的影响。

协调和控制：

- 人类神经协调和控制的原则；
- 人类神经系统的结构和功能之间的关系；
- 反射弧中结构与功能的关系；

- 人类激素协调和控制的原则；

- 人类生殖激素、激素和非激素避孕方法；

- 内稳态。

光合作用：

- 光合作用是粮食生产的关键过程，因此也是生命的生物量；

- 光合作用的过程；

- 影响光合作用速率的因素。

生态系统：

- 生态系统中的组织层次；

- 影响社区的一些非生物和生物因素、群落中有机体之间相互作用的重要性；

- 材料如何在生态系统的非生物和生物成分中循环；

- 微生物（分解者）在物质生态系统中循环的作用；

- 有机体是相互依赖的，并适应它们的环境；

- 生物多样性的重要性；

- 识别物种的方法，并测量栖息地内物种的分布、频率和丰度；

- 人类与生态系统的正面和负面互动。

进化、遗传和变异：

- 基因组是生物体的全部遗传物质；

- 基因组及其与环境的相互作用如何影响有机体表型的发展；

- 基因组学对医学的潜在影响；

- 大多数表型特征是多个基因而不是单个基因的结果；

- 单基因遗传和单基因杂交具有显性和隐性表型；

- 人类的性别决定；

- 一个物种种群的遗传变异；

- 导致进化的自然选择过程；

- 进化的证据；

- 影响分类的生物学发展；

- 农业中动植物选择育种的重要性；

- 现代生物技术的使用，包括基因技术，以及现代生物技术的一些实践和伦理考虑。

（资料来源：https://www. gov. uk/government/publications/national-curriculum-in-england-science-programmes-of-study/）

芬兰初中生物学学科内容

在芬兰的初中阶段，科学课程是分科课程，根据各学科的特点规定了不同的学习内容。从表5-10中可以看出，除了健康教育科目外，其余4个科目的内容被划分为6方面。在这6方面的内容中，除了学科特定的知识外，还存在一些共同的内容要求：都注重"实验研究"，充分体现了自然学科是以实验为基础的学科特点；体现了与日常生活以及周围世界/环境的关系；注重可持续发展观念在科学课程中的渗透；注重科学课程对学生世界观的塑造作用。

表 5-10 芬兰初中生物学学科核心内容

科目	生物	健康教育
核心内容	F1 生物学研究 F2 实地考察自然和周围环境 F3 生态系统的基本结构和功能 F4 生命是什么 F5 人类 F6 面对可持续发展的未来	F1 支持健康的生长发育 F2 支持和危害健康的因素斗争和预防疾病 F3 健康、社区、社会和文化

（资料来源：https://minedu.fi/en/frontpage/）

【拓展延伸】

1. 基于现阶段国内外中学生物学课程或科学课程的基本结构和内容，推演其发展趋势并说明理由。

2."我国中学生对当前生物学课程结构和内容的理解和认识情况如何?"你能否回答这一问题，设计相关调研方案并实施，以解决这一问题。

第六章　中学生物学课程实施

【学习目标】

学习本章内容后，你应该能够：

- 理解课程目标与教学目标之间的关系；
- 概述探究教学对生物学课程实施的意义；
- 了解生物学课程实施的影响因素。

【内容概要】

本章重点讨论了学科核心素养在教学实践中的落实，探究了教学的本质，阐述了影响生物学课程实施的因素。

【学法指引】

在本章的学习中，学习者需厘清不同级别的目标之间的关系，并能结合具体的教学内容，设计与课程目标相关的教学目标。同时能结合教学理论和案例，理解探究教学本质、意义、模型和实施关键。还可以结合教学实践，分析影响课程实施的因素，发展归纳和综合的能力。

第一节　生物学学科核心素养需落实到教学实践中

【问题聚焦】

1. 教育目的、培养目标、课程目标和教学目标之间的关系是什么？
2. 规范的教学目标的特点有哪些？
3. 建构主义对生物学教学会产生哪些影响？

【案例研讨】

课程的实施是指将预期课程付诸实践的过程，也是达成预期课程目标的过程。这一过程是整个课程编制过程中的关键环节，也是所有课程专家、学科教育专家和教师都必须面对的一个挑战。如果没有认真和持续地关注，课程和教学方面的改革往往很难成功。课程的实施者需要充分了解正在实施的课程内容、学科的概念框架，同时也要以充分认可课程理念、目标等为前提。2017年版普通高中生物学课程标准将提高学生的生物学核心素养作为生物学课程的目标，课程标准对生物学核心素养的内涵做了解释，并提出了教学建议。下面是三位教师就"变异在生产中的应用"设计的教学目标。

教师1：

(1)通过分析杂交育种和单倍体育种的原理及过程，初步形成科学的生命观念。

(2)通过分析不同教学情境中的问题，在学习过程中掌握思考的基本方法，发展科学思维能力。

(3)通过学习两种育种方式，结合多个生活实例，指导学生在农业科学的背景下学习生物学，形成开展生物学实践的意愿和社会责任。

教师2：

(1)通过对西瓜的培育，让学生参与方法的讨论，对不同育种方法进行优缺点的批判，尝试解决面临的生物学问题，从而发展社会责任。

(2)通过让学生探究育种的方法，发展推理演绎的科学思维和科学探究能力。

(3)通过分析比较各种方法的原理、优缺点以及使用方法，完善相关概念之间的联系，发展学生总结、概括的科学思维。

教师3：

(1)能够说明杂交育种、诱变育种和单倍体育种的含义与原理。

(2)通过分析各种育种方式与过程，交流与评价不同育种方法的优缺点，并能够根据需要选择合适的育种方法。

(3)能够以遗传图解的形式表示不同育种方式的流程。

(4)认识变异在育种中的价值，并通过讨论及方案设计等活动形成质疑与创新的科学精神和严谨的科学态度。

问题：

1.上述三位教师设计的教学目标能落实科学素养吗？有没有需要改进的地方？

2.课堂教学目标与生物学核心素养的关系是什么？

3.作为一名生物学教师，在落实核心素养的时候需要做哪些准备？可能会遇到什么挑战？

"生物学课程的根本任务是提高学生终身发展所需的生物学学科核心素养。"①学科核心素养是生物学课程的宗旨所在，也是教师开展教学的总目标。生物学课程实施首要考虑的问题就是如何提升学生的生物学核心素养，即如何将课程标准中的核心素养要素转化为具体的学习目标，以指引课堂教学并在教学实践中落实。

一、理解课程目标与教学目标的关系

作为生物学学科的总目标，生物学核心素养包括生命观念、科学思维、科学探究和社会责任 4 个要素。学科核心素养的提出对课程的实施起着重要的指引作用。有关课程目标的术语很多，如教育目的、培养目标、课程目标、教学目标等。这些术语经常交替使用，都与预期的课堂教学有关。它们之间存在一定的联系但又各有不同的含义，适用于不同的场合。在这些术语中，教育目的最为宏观，它表述的是一定社会对受教育者的基本要求。它由国家制定，体现的是国家的意志。如我国《宪法》规定："国家培养青年、少年、儿童在品德、智力、体质等方面全面发展。"这就是国家层面对教育提出的要求。其特点是具有高度的概括性，抽象而又笼统。高度概括的教育目的适合指引我国各级各类学校和各门学科的教学。但在实施的时候，各级各类学校需要结合自身特点，予以具体化。

培养目标是各级各类学校从自身特点和定位出发，将教育目的与学校自身的任务相结合而提出的本校人才培养要求。培养目标适用于本校的所有学生，且影响本校的各项教育教学工作。它是教育目的在某学校的具体体现，一般来说培养目标的设定会从德、智、体等方面深入和展开。培养目标一般还是比较笼统和概括的，为了落实培养目标，还需对其进一步具体化，即确定和落实课程目标。

课程目标是教育目的和培养目标在某一阶段、某一学科中的体现，是课程编制过程中最为关键的要素。课程目标一般由多个维度构成，包含具体的学习内容，以及学生学完该课程后达到的水平。课程目标与教育目的和培养目标都有一定的衔接关系，是教育目的和培养目标在某一课程中的具体体现。课程目标由学科专家、学科教育专家等一起制定，其特点是由抽象过渡到具体，它不是某一单元或是某一课时的教学所能达成的。

----

① 中华人民共和国教育部. 普通高中生物学课程标准(2017 年版)[M]. 北京：人民教育出版社，2018.

教学目标由课程目标发展而来，是课程目标更为具体的体现。① 教学目标可分为学年目标、单元目标和课时目标等。教学目标由教师制订，教学目标是课程目标在某一时段的具体体现。在这一系列的目标中，教学目标是最具体的，也是与教学直接相关的。

教育目的、培养目标、课程目标和教学目标之间存在着相关性，课程目标是教育目的和培养目标的具体体现，而教学目标是课程目标的具体落实。从教育目的发展到教学目标，是一个由一般走向个别，由抽象走向具体的过程(图 6-1)。②

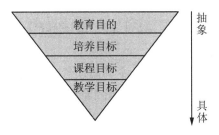

图 6-1　不同层级目标的关系

二、制订合理的教学目标

教学目标是指通过具体和可衡量的术语，对教学完成之后学生将知道和能够做的事情进行准确而清楚的描述。教师在制订教学目标的时候，首先，要考虑课程标准对相应内容的要求和规定，以及如何将课程标准中的课程目标和内容具体化为可执行、可操作的教学目标。但教学目标并非是对课程目标进行简单的推演和具体化，而是需要结合授课对象和教学内容进行深入的分析和研究，即教师需要考虑学生的特殊性、学生的已有水平等。教学目标是学生学完之后预期的成果或状态。了解学生已有水平可以使目标更具针对性，同时也使教师明晰教学的起点和终点，进而对教学路径和方式有准确的思考。

其次，教师要考虑学习目标的顺序。在学习更高水平学习目标之前，需要先达成较低水平的学习目标。例如，在达成使用光学显微镜观察各种细胞的目

①　DIAMOND R M. Designing and assessing courses and curricula：a practical guide [M]. San Francisco：Jossey-Bass，1998.

②　Course objectives & learning outcomes [EB/OL]. (2018-01-22)[2019-02-04]. https：//resources. depaul. edu/teaching－commons/teaching－guides/course－design/Pages/course－objectives－learning－outcomes. aspx.

标之前，需要先掌握光学显微镜的使用方法。这两个目标应以先后连接的顺序出现，所以也可以表述成：能准确使用光学显微镜观察各种细胞。当学生掌握了必备技能后，可以更快地学习一些后续更高级别的目标。

最后，将教学目标具体化。过于笼统的教学目标在教学中没有指向性，对教学的指导意义不大。这包括确定学生在生物学课堂教学中需要达成的内容、具体的目标动词和要达到的目标水平。① 基于上述分析可知，规范的教学目标一般具有以下特点。

（1）目标的维度与课程标准的目标基本一致。课程目标的实施需要教师落实到若干具体的课堂中来实现。

（2）以学生为中心。目标表述的是学生学完之后掌握的知识、技能和情感态度等，而不是描述教师的行为。

（3）目标中使用具体的、可测量或可操作性的动词清楚地说明了学生应该表现的行为。相比"理解、意识到或欣赏"等动词，"举例、解释、比较、设计和评价"等更具可操作性。

（4）表述需要达成的水平。如就某一知识点而言，要达到识记还是运用是有所区别的。同时在必要的时候，目标表述中可以加上实现目标的条件，包括教学所需的指导和辅助材料等。

教学目标是教学的起点，同时也是教学活动的终点。它影响着教学活动的设计、实施和评估。合理的教学目标对于课程的实施有重要的意义和价值。首先，制订教学目标的过程就是对教学内容进行理性思考的过程，教学目标的确立为教学策略的选择确定了依据。其次，使学生明确了学习方向。当教师向学生说明在课程结束时应该掌握哪些知识、技能和能力时，学生的学习方向就很清晰了。最后，合理的教学目标可以协助教师制订适当的评估策略。当用具体的行为动词表述目标时，相应的测验和评价也会更加容易操作，因为相关的目标内容都是具体且可操作的。

三、建构主义是生物学课程实施的理论基础

（一）建构主义是科学教育领域的主导范式

建构主义主要涉及概念化知识和知识获取的特定方式。它以认识论为基础，发展了关于知识的本质以及知识是如何形成的一些理论和观点。建构主义的核心是"将人类知识视为是个体认知建构或发现的，通过不论基于什么目的

---

① SMITH T. Writing measurable learning objectives [EB/OL]. (2012-07-13)[2019-01-09]. https://teachonline.asu.edu/2012/07/writing-measurable-learning-objectives/.

的个人尝试使他能够理解所处的社会或自然环境。"①换句话说：知识不被视为某种外部世界特征的真实副本，而是作为个体的构建。知识获取（即学习）并不是将"真理的金块"②转移给个人。学习者不是被动的知识接受者，而是积极的知识建构者。建构主义理论对科学教学的影响可以从以下 4 个主要方面来解读。③

其一，在已有概念的基础上积极建构。学生必须在已有知识的基础上积极建构新知识。没有从零开始的学习，知识也并非简单地从某处转移到学习者头脑中。学生已经存在的知识（前概念）或经验是学习的必要组成部分和主要内容。许多学生的先前科学概念与将要学习的科学概念形成鲜明对比。但将这些前概念转变为科学概念并非易事，因为已经存在的概念使学习者在看到教师、教科书等提出的新概念时产生相似的感觉，这些相似性迷惑了学习者的认知，使其不再去修正原有的概念。奥苏贝尔（Ausubel）也指出了已有知识的重要性，在他看来，"影响学习最重要的一个因素是学习者已经知道的东西。确定这一点并相应地教他"。④ 基于建构主义的科学教育研究使得对学习者的前概念的研究和分析成为科学教育研究领域的一个重要内容，同时也影响了科学教育领域的教学和评估方面的新发展。

其二，建构是暂时的。所有个人构建的关于外部世界的特征的知识或想法本质上是试探性的。当有新的其他证据时，这些知识或想法就可能需要进行细微或重大的改变。同样地，当今科学领域所接受的科学知识原则上也是暂时的、开放的、可以修改的。

其三，可行性。已经构建的知识和想法需要是可行的，即对个人（或一部分人）有用。例如，学生或许可以构建他们自己喜欢的东西，但他们也冒着被别人不理解的风险。只有经得起考验的建构才能存在和延续下去。

---

① TAYLOR P. Collaborating to reconstruct teaching：the influence of researcher beliefs［M］//TOBIN K. The practice of constructivism in science education. Washington，D. C. ：AAAS Press，1993.

② KELLY G A. The psychology of personal constructs ［M］. Oxford，England：W. W. Norton，1955(1).

③ DUIT R. The constructivist view in science education-what it has to offer and what should not be expected from it-Institute for Science Education at the University of Kiel［J］. Investigações em Ensino de Ciências，2001(1)：40-75.

④ AUSUBEL D P. Educational psychology：a cognitive view［M］. New York：Holt，Rinehart and Winston，1968.

其四，社会化建构。虽然知识是由个体自己构建的，但构建过程离不开社会化的活动。换而言之，社会环境对处于其中的学习者的加工过程产生影响，知识总是在某种社会环境中构建。① 科学知识的建构过程也是如此，科学家在构建自己的认识和想法之前，他需要与其他的科学家或者团队中的成员进行沟通，而在科学知识构建的过程中，他也时刻在考虑自己构建的想法是否合理，能不能说服他人或者如何反驳不同的意见等。当新的想法公布后，他更需要面对各种质疑和讨论。所以，科学知识的构建离不开社会化的活动。建构主义观点虽然仍然需要进一步改进，但已被证明是科学教育中以学生为中心的教育学最有价值的指南，即面向学生需求和兴趣的科学教育。

(二)建构主义对科学教学的影响

建构主义并非提供了所谓的建构主义学习方法，而是发展了一种学习观，即对学习者固有信仰和概念的重视和严肃对待，这影响了科学教学，使其尝试朝着以学生为中心的方向发展。同时，建构主义对学习科学的核心观点表明，学生构建知识的过程受到社会环境的强烈影响。他们通过基于经验构建，解释和修改自己的现实表征来学习科学。因此，建构主义认为学生通过个人和社会过程来理解外部世界的意义。②③ 简言之，根据建构主义的观点，科学教学中最重要的事情是为学生提供学习环境，使学生通过有意义的与同伴、教师的互动沟通来加深对科学的理解。受其影响，科学教学的多个方面发生了深刻的变化，生物学教学也不例外。

1. 前概念的重要性

依据建构主义的观点，学生是在已有认知的基础上构建新知识。从这个角度来看，为了能预测学生在教学活动中的情况，有必要了解他们的先前知识。学生带着强烈的个人认知来到科学课堂，教师应该考虑如何基于他们的已有认知来进行教学设计。了解学生已有的看法和思维对于教学而言是很有意义的。教师可以确定学生已有知识中的共同特点，并设计一系列活动来制造认知冲突，使其得以改变。换句话说，教师的教学活动应在对学生充分了解的基础上

---

① LEACH J，SCOTT P. Individual and sociocultural views of learning in science education[J]. Science & Education，2003(12)：91-113.

② DRIVER R，ASOKO H，LEACH J，et al. Constructing scientific knowledge in the classroom[J]. Educational Researcher，1994，23(7)：5-12.

③ KEARNEY K R. Students' self-assessment of learning through service-learning[J]. American Journal of Pharmaceutical Education，2004，68(1)：1-13.

设计教学目标、教学程序和教学评估，做到有的放矢。

2. 学生活动的重要性

从个体建构主义者的观点来看，科学教育的教学方法应侧重于为学习者提供引发认知冲突的具体经验，从而鼓励他们发展更适合不同经验的新知识。当学生有机会积极地建构他们的学科知识，尤其是参与有一定思维要求的活动时，他们的理解会更加深刻。这表明学生通过参与学习活动来构建知识，这些活动要求他们以新的方式解释、收集证据、概括和应用概念、类比和用新的方式表达等。

活动的重点包括两个方面：以学生为中心的教学和以活动为中心的教学。即教学活动的核心是学生。教师可以向学生介绍新的知识和技能，但是构建这些知识和技能的是学生自己。毋庸置疑，其他活动也在教学和学习科学中发挥着重要作用。学生认知和积极参与的任何活动都可以帮助其转变概念。

3. 创设情境的重要性

主动地构建知识需要学习者沉浸在所学的内容之中。这一方面指为学习者提供与学习内容相关的学习情境，另一方面也包括了创设社会化互动的情境。与学习内容相关的学习情境可以使学习者理解所学的概念或知识在某种情况下的价值和作用，而社会化的交往过程可以使学习者在学习团体中更为活跃和主动。

对于教师而言，创设情境可以从两个方面展开。其一，将与生活相关的主题引入课堂。这一方面可以将学生当下的科学学习与未来的生活相关联，使其体验所学内容对于其生活的意义，另一方面也可以激发并维持学生的兴趣。此外，这些情境化也促使了知识的转移，为学生在特定的情境中使用所学的知识创设了条件。其二，通过融入科学家的实践来实现科学学习的有效性。为了深刻理解科学原理，学生必须积极地理解科学知识和技能如何从科学实践中发展而来，又如何在科学背景中发挥作用。将科学学习置于科学实践的情境中，可以使学生更加容易理解科学术语和科学程序，同时也体现了科学的辩证思想、逻辑推理、基于证据构建结论和对结果的解释等，这对其科学学习是很有意义的。

4. 合作学习的重要性

科学学习是一种社会化的对话过程。社会建构主义者将课堂学习描述为知识的共建。在课堂上与同学交谈即形成一个学习团体或小组。学习团体的一个重要功能是成员之间进行互动，以分享信息并达成共识决策。小组讨论支持的实践活动构成了建构主义教学实践的核心。通过与同龄人的互动，学生可以发展他们对科学现象的看法，反思其观念的可行性，并最终通过小组协商来重新构思他们的观点。同时，在对话过程中，学生还可以学习另一个人的见解，这也是合作学习的又一个价值。

此外，学习者需要使用语言与组里的成员进行协商和交换意见。从社会建构主义的角度来看，语言是具有特定文化意义的工具，获取科学语言是学习科学的一部分。学生掌握科学的言语方式，可以更加深入地理解科学语言的内涵和功能。使用科学的语言进行沟通和交流成为科学学习的基本方式，科学课堂中的小组合作则促进了这种交流的发生。

5. 教师在科学课堂中的重要性

教师是教学设计和实施的重要因素。教师决定了教和学的方式，也影响着课堂中的互动和学生活动。教师的作用主要体现在两个方面：为学生的学习提供一些想法或者支持；对教学过程进行诊断和调整。英国学者德里弗（Driver）在 20 世纪 90 年代中期就指出，教师是学生学习科学知识的媒介，教师须帮助学生领悟知识是如何产生的。教师可以为学生提供恰当的实验证据，或者创造交流的机会。教师也可以示范专业的术语和概念，展示专业的程序和技能。教师是学生学习环境的创设者。

作为科学教育的范式，建构主义已逐渐影响和改变科学课程的设计和实施。受建构主义的影响，科学探究成为生物学课程的目标之一和课程实施的主要方式。

【学以致用】

"物质出入细胞的方式"教学实录

一、课件展示（表 6-1、表 6-2）

表 6-1　氧和二氧化碳进出细胞的扩散实验数据

细胞外浓度差 /(mmol·L^{-1})	5	10	15	20	25	30
速率/(mmol·L^{-1}·min^{-1})	2.4	4.7	7.3	9.5	12.2	14.4

表 6-2　葡萄糖跨红细胞膜的运输速率

细胞内外浓度差 /(mmol·L^{-1})	1.5	3	4.5	6	7.5	9
速率/(mmol·L^{-1}·min^{-1})	8	16	24	30	31	31

二、教师呈现任务

1. 分别绘制上述两组试验数据的坐标曲线图。

2. 分析两组坐标曲线图的异同。

三、针对学生绘制的坐标曲线图，组织学生展开讨论

四、学生汇报讨论结果

同学甲：我根据表 6-1 氧和二氧化碳进出细胞的扩散实验数据绘制出的坐标曲线是一条一次函数的线，细胞内外浓度差和扩散速率呈现正相关，而根据表 6-2 绘制的坐标曲线，一开始同样呈现正相关，之后逐渐趋于平缓。

同学乙：我也得到了和你一样的结果，我认为可能是红细胞需要的葡萄糖数量足够了，所以葡萄糖不再继续进入红细胞了，而氧的需要量还没达到饱和。

同学丙：我认为可能是葡萄糖在进出红细胞时除了浓度差以外，还受到其他条件制约。

五、教师归纳总结，讲解易化扩散

师：同学们都已经正确绘制了两组实验数据的坐标曲线图，发现了曲线之间的不同点，并且刚刚还探讨了是什么原因会造成这一不同，很多同学都提出了自己的猜想，但作为一个严谨的科学学习者，我们需要为我们的猜想寻找证据。请同学们结合我们之前学习过的内容，思考一下，有没有哪些知识可以支持我们的猜想。

生：之前在学习细胞膜结构模型的时候，讲到细胞膜上有些蛋白质可以起到通道的作用，葡萄糖跨红细胞膜运输可能需要这些蛋白质的帮助，之后曲线趋于平缓可能是蛋白质数量有限，我觉得这一证据可以支持我们的猜想。

师：非常好，同学们将细胞膜物质运输的这一功能和细胞膜的结构很好地联系了起来，体现了生物学中结构与功能相适应的观点。科学家们的研究也证实了同学们的观点，葡萄糖跨红细胞膜的运输需要膜上蛋白质的帮助，我们将这种物质由高浓度向低浓度借助蛋白质帮助的运输方式称为易化扩散。

……

问题：

请你分析该教学片段中，教师设计并达成了哪些教学目标。

第二节　科学探究为特点的主动学习是落实核心素养的关键

【问题聚焦】

1. 科学探究的本质和价值是什么？
2. 科学探究的教学模型是怎样的？
3. 有哪些因素会影响科学探究的成效？

【案例研讨】

科学探究是学生学习生物学的主要方式。但是对于科学探究，不同的老师有不同的看法。下面是几位生物学教师的看法：

教师1　探究对于落实学生的生物学核心素养很重要，所以生物课应该都用探究的方式来上，也就是教师引导学生提出问题、做出假设、设计方案、交流讨论、得出结论等。

教师2　探究教学的重点是设计实验方案，尤其是教会学生设置对照组，做到严密设计方案，因为这是科学方法的重点所在。

教师3　中学生物学课程设置时间比较紧，且中学生考试的压力也比较大，所以在日常教学中实施探究教学并不现实，还是讲授法更系统、更高效，也可以帮助学生考得更好。

问题：

1. 你是否赞同上述三位教师对探究教学的看法？为什么？
2. 生物学课堂落实探究教学的关键是什么？

生物学课程的重要目标是理解生命现象，发展学生的生物学核心素养，而非仅仅是简单地背诵一些生物学知识。探究对于提升学生的生物学核心素养有着重要意义。探究不仅可以发展学生对生命科学的理解，同时也可以发展学生的技能，如批判思维、合作能力、沟通能力等。这些不仅是核心素养的重要组成部分，也是学生面对将来人生的重要基础。虽然科学探究并非是学生学习生物学的唯一途径，但是是非常重要的一种方式。

一、科学探究的本质和价值

探究是指对未知世界寻找信息和答案的动态过程。它不仅可以出现在教育领域，也可出现在日常生活中。在教育领域，探究被广泛地使用在科学、历史、艺术、数学等学科中。由问题出发，通过搜集证据和进行解释，不同学科的知识逐渐积累和构建。科学探究关注的是客观世界，而且科学探究高度依赖于证据的收集和使用。

科学探究始于对客观世界的探索。提出问题，进行假设和推测，同时也检索对此问题的已有回答。假设和推测引出了在实验中可能发生或可能不发生的一些预期和调查。通过试验，将预期与其进行对比。在这些过程中，通常需要进行实验或观察，或许也需要在观察的基础上进行数据收集。但不论何种探究，思考是必不可少的，无论是数据收集、数据分析还是对数据进行解释以及对假设进行验证等，都需要思考。结论的建立需要通过对预期的各种测试和收集尽可能多的数据。在这些过程中，科学家会仔细进行记录，咨询他人的意见或查阅文献，并将自己的研究过程和研究结果发表在期刊或学术会议上，与同行分享和交流。因此，科学家在进行探究的时候，其探究活动具有如下特点：

- 对将要探究的问题并不知道答案；
- 认为探究对回答这个问题是重要且有意义的，愿意投身其中；
- 足够了解将要探究的议题有哪些可能的结果和解释；
- 知道如何进行科学探究；
- 将数据作为证据的基础但不一定收集新数据。

科学探究的过程对于科学家而言也是一个学习的过程，这个过程不仅发展了科学家对某一问题的认识，同时也对这一领域的知识积累做出贡献。探究教学有着异曲同工之处，通过探究，学生不仅可以发展对某一议题的理解，同时他们也逐渐掌握如何进行学习和探索。

探究对于学生学习生物学而言，具有独特的价值。具体体现如下：

- 在寻找问题答案的过程中，获得成就感和满足感；
- 眼见为实，耳听为虚；
- 激发对周围世界的好奇心；
- 逐步发展对周围世界的深入认识；
- 通过实践，发展科学探究的技能；
- 意识到科学的学习包含了与他人直接或间接的讨论和合作；
- 理解科学是人类通过努力得来的。

探究学习并非学生学习生物学的唯一方式，但科学探究是生物学课程实施的重要方式。

二、科学探究教学的模型

探究教学就是将类似科学家探究的过程引入生物学教学中。探究从尝试了解某一现象或回答某一问题开始，这并不意味着学生对将要探究的现象或问题一无所知，恰恰相反，学生往往在寻找答案前就尝试进行一些可能的解释，如"它应该是……""我之前见过一些类似的"又或是"这有点像……"等。换而言之，在面对一个类似的现象和问题时，学生往往会基于已有的经验，尝试进行多种解释和假设。已有的认知可以使这种尝试更为有效和理性。之后，学生需要在假设的基础上进行预期，只有可预测的问题才是相对有效的。检验预测的方法就是收集数据，形成证据并与预期的结果相比较。如果预期与检测相符，那么预期被接受，反之则被推翻进入下一个探究循环，这个过程很可能会重复若干次(图 6-2)。①

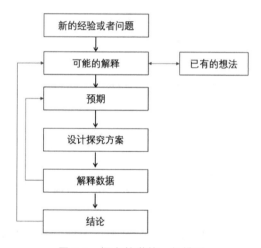

图 6-2　探究教学的一般模型

通过这些步骤，基本上可以得出初步的结论。但这些初步结论还需与最初的解释进行比较，看看两者是否一致，如果不一致的话，可能要考虑新的想法和解释。这个过程可以修正原有的想法，使学生明白已有的认知并非完全正确。通过数据收集形成证据，以科学的方法检测已有的解释是否合理，这就是

---

① HARLEN W. Inquiry in science education[EB/OL]//Carulla S B. Resources for implementing inquiry in science and mathematics at school. (2012-11-29)[2019-03-04]. https://www. fondation－lamap. org/sites/default/files/upload/media/minisites/action_internationale/inquiry_in_science_education. pdf.

以科学探究的方式来学习科学。

探究学习的模型展示了一个最初的想法和问题如何逐步发展并得到答案和解释的过程。值得一提的是，在这个过程中，学生并非对将要探究的现象和问题一无所知，他们对问题的最初解释是整个探究推进的重要基础，这些已有的想法也会影响学生的观察和实验。面对同一个观察对象，不同想法的人很有可能会得到不同的观察结果，对于熟悉的议题，学生也往往可以设计更好的探究方案。换而言之，学生已有的认知会影响其探究过程，而探究又发展了学生的认知，这是一个相互影响的复杂过程。此外，学生只有掌握一些探究所需的技能，如提问、描述、沟通、建议、解释、论证等，才能顺利完成探究。

三、实施科学探究的关键

生物学课堂中落实科学探究会受到多方面因素的影响。但在教学实践中，教师们往往认为这些因素不外乎时间、空间等其他一些外在的因素。时间和空间确实对探究的实施有一定的影响，但在相同的时空中落实探究教学时，教师则成为最为关键的一个因素。教师需要认识和了解实施探究教学的相关因素。

(一)建设合适的教学环境

与传统的课堂教学不同，学生在进行探究活动时需要在小组合作中进行动手操作。在这个过程中，他们会进行组内或组间的讨论、交流和分享，这些都需要在一个合适的环境中进行。建设生物学功能教室就是出于这个因素的考虑。

生物学教室的桌椅通常都可以移动，可以按照小组活动要求来放置。常见为4～6人组成一个小圈。桌上有探究活动所需要的常见的小型仪器和设备，如显微镜、装片等，方便取用。一些较为大型的仪器则放在教室两侧的桌子上，供同学们使用。同时，教室里还会有一些模型、图片或其他的一些媒体，在必要的时候可以展示和使用。

(二)鼓励合作

在生物课堂中实施探究意味着学生们往往是以小组为单位，沟通协作、分享不同观点来解决问题并相互学习。合作的价值已被广泛认可，但在教学实践中，如何落实小组合作仍然是一个挑战。如何调动小组成员的积极性、如何让小组成员畅所欲言、如何构建建设性的氛围等问题一直是教师所关注的。在合作的时候，每位成员都期望被尊重和认可，也期望能对小组的探究做出贡献，但现实中往往是成绩较好或能力较强的几位同学成了探究的主角，其他的同学成了看客。在这种情况下，教师的干预和支持就很重要。

【案例研讨】

为了促进学生学习，某生物学教师开始改革课堂教学，其主要改革方式就是推进小组合作学习。教师首先把班级中的同学按照学习能力分为 A、B、C 3 个层次，A 层次的同学学习能力最强，C 层次最弱。之后分组，每个小组由 5～6 位同学组成，不同小组间 A、B、C 同学的数量基本持平。

课堂教学中，教师抛出问题，小组合作探究，探究完成之后各小组都要汇报结果。教师根据小组汇报的正确情况打分。为了鼓励 C 层次同学在小组合作中发言，老师规定，C 层次同学代表小组发言，该小组得分可以额外加 2 分，B 层次同学代表小组发言，可以额外加 1 分，A 层次同学代表小组发言没有额外加分。

评析：该教师的举措说明，这位教师对合作学习的价值是认可的，与传统教学中学生被动地接受式学习相比，在这位老师的课堂中，学生有了更多自主、合作、探究地学习生物学的机会。同时，教师也认识到合作学习可能存在的困境，所以他通过鼓励 C 层次同学发言的方式来促进小组成员在合作的时候都能有所参与。这样的做法确实在一定程度上可以鼓励学习能力较弱的学生参与小组合作。

但这里还有一些问题值得继续思考。首先，教师评价学生合作和学习情况的主要方式还是答案的正确与否，那么是否可以对合作的过程进行评价？其次，学生是否在小组合作中都能积极参与？最后，将学生分为 A、B、C 3 个层次是否合适，也是值得思考的。

组建合作小组是简单的，但使合作富有成效却往往是困难的。教师可以在合作之前教给学生一些合作所需的技巧和行为，如合理地表达不同的意见，学会倾听、分享、尊重他人的发言等。很多时候，这些不同的行为往往会在合作过程中频繁出现，这就更需要教师给予学生足够的支持和帮助。[①]

(三)引导提问

所有的探究活动都始于一个问题，这个问题是探究活动顺利推进的起点，

---

① BRAMELL-REJSKIND F G, HALLIDAY F, MCBRIDE J B. Creating change: teachers' reflections on introducing inquiry teaching strategies[M]//SHORE B M, AULLS M W, DELCOURT M A B. Inquiry in education: the conceptual foundations for research as a curricular imperative. New York: Routledge, 2008(2): 207-234.

也可以激发学生的探究欲，激励他们进行思考，寻找问题的答案。科学探究的问题是可以引导学生通过收集数据来解释自然现象的。提问也是一种重要的与探究相关的能力①，但这种能力往往被老师忽略了。

好的探究问题往往需要教师的精心设计。通常来说，科学探究的问题有一些基本的组成部分：至少有两个变量，这些变量是可以测量的，它们之间存在着某些关系，包含具体参数。一般来说，一个好的科学探究问题通常要做到以下3点：其一，问题清楚地指出了自变量和因变量；其二，问题表达清晰准确，没有歧义；其三，问题指向清楚，而不是让人无从下手。

【观点碰撞】

表6-3是两组关于生态系统和环境方面的探究问题，阅读问题组并回答问题。

表6-3　探究问题组

问题组 1	问题组 2
如何测量环境的质量	在某一湿地生态系统中，风速和风压是否会影响其水位
什么类型的原生动物在洞庭湖茁壮成长？鞭毛虫还是纤毛虫	过去50年来，洞庭湖的平均降雨量与降水量的平均值是如何变化的
是否可以将某一船舱中发现的生物体释放到新水体中	
洞庭湖的水生生物种类在 2010 年和 2000 年是否相同	

问题：

1. 两组问题有何异同？

2. 哪组问题更适合高中生进行探究？为什么？

(四)基于学生的已有经验

学生对于日常生活中遇见的各种问题和现象往往有着自己的认知和看法。

---

① FURTAK E M，RUIZ-PRIMO M A. Questioning cycle：making student's thinking explicit during scientific inquiry[J]. Science Scope，2005，307(28)：22-25.

这些认知和看法源自日常生活的经验，它们不一定正确，但并不是学习和探究的障碍，而是学习和探究的基础。在探究过程中，引导学生分享自己已有的认知可以让他们梳理和明确自己已有的观点，同时也为他们进一步的思考打下基础。

认可学生已有重要经验的教师往往会利用这一点，在探究的时候创设沟通和讨论的机会，帮助学生厘清思路，对探究的问题做出初步解释。在这个过程中，教师可以提供一些不同的解释和说法，而非唯一"正确"的说法，引导学生去尝试、对比和感知，进而发现原有认知中不合理的成分，最终实现对原有认知的调整和改变。

学生对于不同概念的前概念正在被世界各地的研究所揭示，教师在授课前可以通过网络和学术期刊，搜索相关的信息，再进行探究活动的设计和组织。为了让学生更好地表达自己已有的观点，教师一方面需要创设表达的机会和条件，另一方面还要创设一个让学生觉得安全和舒适的环境，一个他们即使表达得不合理或有错误，也不会被嘲笑和批评的环境。

(五)引导学生发展和利用探究技巧

学生掌握探究的相关技能是探究活动顺利进行的又一个条件。这些技能包括：观察、预期、计划、收集和解释数据等。而发展这些技能最重要的一点就是学生要有机会来实践并使用它们。换言之，这些技能需要在实践中得以锻炼和提升。但在传统的生物学课堂中，学生并没有很多机会来进行观察、收集资料，探索后再回答问题，因为这些问题已经被教师或教科书回答了，学生几乎没有思考和实践的空间。在探究的生物学课堂中，教师通常会邀请学生进行实验方案的设计，而这其中，最为常见的就是关注学生是否设置了对照。实验设计和对照组的设置确实是探究活动的重要内容，但不应该是唯一的内容。探究活动还有其他一些技能，如解释、归纳、讨论等，都值得教师去培养。

探究活动开展时，教师可以让学生思考探究的各个步骤。如果是实验探究，可以考虑各个实验操作解决的问题是什么；如果是观察类的探究活动，可以让学生描述要观察的具体内容。针对学生的操作步骤，教师可以给出一些建议。在讨论环节，教师要引导学生注意区分数据、证据、结果和结论。在报告环节，在小组报告结论和证据的基础上，教师还可以适当地提问，引发学生思考和反思，进而发展科学的理性思考和批判精神。

(六)组织讨论

探究活动的讨论小组可以两人一组，也可以 4～6 人一组或是全班性的大讨论。相对大组的讨论活动，人数较少的小组讨论更容易吸引学生参与。与传统课堂中一问一答的对话方式不同，在探究讨论的过程中，学生之间互相分享看法，提出不同的意见，在讨论中交锋。讨论使学生有机会表达自己的观点，也使他们尝试去倾听他人的想法，使他们在这个过程中意识到自己的不足，进而修正自己的看法，最终形成小组统一的意见和观点。

组织讨论时，为了让学生更好地参与，教师需要控制讨论的节奏。如提问之后要求学生先想一想再回答，也可以在小组讨论的过程中暂停 5～10 s，然后再继续讨论。对于习惯服从教师权威的学生而言，他们往往会等着教师给标准答案，而不是通过自己讨论来达成共识，在这种情况下，教师可以直接提示学生说出自己的看法，或是向同伴寻求帮助。

讨论时，教师可鼓励学生提问。这一方面可以推动讨论的深入发展，另一方面也可以发现学生讨论中的困难。在实践中，可能会有很多提问教师或同学当时不能回答，教师不妨对这些问题进行记录和整理，鼓励同学课后继续思考和解决。此举可以培养学生勇于质疑、勇于探索的精神。

(七)引导学生记录

对探究的过程进行记录是科学实践的基本组成部分。记录的形式有文本、图、表、海报等一些常见的形式。记录是梳理思路的一种方式，可以外显已取得的进展，同时也展示了数据之间的关系和趋势。教师在浏览学生的记录时，可以了解学生的认知情况，同时依据他们的记录评估他们的发展，进而掌握他们的思维情况。

科学探究为学生提供了丰富的实践机会，学生可以选用不同的方式展示研究内容。但是教师要引导学生思考，何种记录和表达方式是最恰当的。随着信息技术的推广和使用，教师还可以鼓励学生使用电脑来对数据进行分析和整理。在汇报的时候，教师也可以将全班同学的报告加以整合，往往可以获得意想不到的效果。

(八)以评促学

形成性评估是一种在科学探究过程中经常采用的评估方式。此评估方式旨在通过对整个探究过程进行评估，让学生了解自己的学习情况，同时让教师了解学生的认知和探究过程。与其他测试学生认知的方式不同，形成性评估主要是通过系统的观察、收集信息、解释学习的过程和结果等步骤来构建对学生的学习情况的认识和诊断。

形成性评估可以就学生的学习情况给教师和学生提供及时的反馈。教师可根据学生的情况及时调整教学，同时也帮助学生认识自己的学习目标、活动进展等，也可以让学生根据评估的内容调整自己的学习。当学生能够逐渐认识学习过程，并能对这个过程做出决定和主动的调整时，他就成长为独立的学习者了。

实施形成性评估需要教师对探究过程有较为全面的了解，包括不同阶段需要达成的目标和所需要掌握的技能等。这些内容最好是可观察和测量的，这样可以使评估变得更易操作。在形成性评价时，教师还可以进行一些额外记录，以便更好地了解学生的情况。

探究并非学生学习生物学的唯一方式，但在众多的学习方式中，探究已被证明是学生学习生物学非常有效的一种方式。

【学以致用】

科学探究是科学教育中的重要主题，但对于它的含义人们仍未形成共识。为了界定基础教育领域的科学探究，很多学者将其分为两大类：一是把科学探究描述为科学家所做的工作；二是把它看作教与学的过程。

美国《国家科学教育标准》(NSES)指出：科学探究指的是科学家们用以研究自然界并基于此种研究获得的证据提出种种解释的多种不同途径；科学探究也指学生们用以获取知识、领悟科学的思想观念、领悟科学家们研究自然界所用的方法而进行的各种活动。

我国《普通高中生物学课程标准(2017年版)》指出："科学探究"是指能够发现现实生活中的生物学问题，针对特定的生物学现象，进行观察、提问、实验设计、方案实施以及对结果进行交流与讨论的能力。

问题：

1. 分析上述资料并结合教育实际，谈一谈你对科学探究的认识和理解。
2. 请你结合高中生物学知识设计一堂探究课。

第三节　影响我国中学生物学课程实施的因素

【问题聚焦】

影响我国中学生物学课程实施的因素有哪些？

【案例研讨】

　　课程实施是将编制好的课程计划付诸实践的过程,该过程涉及不同人员之间的协作,以及不同层面上机构之间的配合,因而其影响因素繁多。了解课程实施的影响因素,可以帮助教师、学校乃至教育行政部门更好地实施课程,从而达到预期的目标和效果。

　　为更好地贯彻教育部《基础教育课程改革纲要(试行)》《普通高中课程方案(实验)》和《普通高中生物课程标准(实验)》的精神,帮助学校及生物学教师更好地结合实际顺利实施普通高中生物学新课程,某省结合本地情况提出普通高中生物课程实施指导意见,其中包括领会课程理念、理解课程结构、把握内容标准、课程教学实施、教学评价、课程资源开发与利用、课程实施保障措施 7 个部分的内容。

　　课程教学实施部分着重给出了如下 7 条教学实施建议:深化课程理念认识;全面落实课程目标;组织探究性学习;加强实验和实践活动的教学;落实STS 教育;注意学科联系;注重生物科学史。

　　教学评价是高中新课程实施成败的关键因素之一。教学评价应体现发展性、全面性、多元性、可行性等原则,在共性中体现差异性,同时也要设计科学的教育评价工具和方法,促进教学评价顺利实施。

　　开发和利用课程资源是实施课程必不可少的一步。生物学教师在开发和利用课程资源时应注意学校和社区中的课程资源、学生家庭课程资源以及媒体资源,同时教师还要挖掘并开发隐形的课程资源。

　　为确保课程的顺利实施,应采取一系列的保障措施,如建立和完善相关的配套机制(包括应当尽早研制和出台关于课程管理、教学指导、师资培训、评价与考核等;尽早建立省、市一级带政府性质的课程实施领导机构);建立长效教师培训制度,提高教师培训的效率和效益;建立和完善教学支持系统;赋予各级学科指导机构和教学研究机构相应的职、权、责、利;加强与有关高校、教育科学研究所、课程中心等的协作,并加强实施过程中的教研活动。

　　(资料来源:福建省普通高中生物课程实施指导意见(试行)https://wenku.baidu.com/view/1c679a4b82c4bb4cf7ec4afe04a1b0717ed5b313.html)

　　问题:

　　1. 依据以上生物学课程实施指导意见,你认为影响生物学课程实施的因素可能有哪些?

　　2. 请你结合实际谈一谈,对课程实施影响最大的因素是什么。

　　3. 你如何看待老师对课程实施的影响?

一、课程本身的因素

(一)课程标准的指导

国家课程标准是教材编写、教学、评估和考试命题的依据，是国家管理和评价课程的基础。也就是说，关注"为什么教"和"教到什么程度"等问题的"国家课程标准"应该成为课程实施的依据，即教学应该是基于课程标准的。①2017年颁布的《普通高中生物学课程标准》相较于旧版课程标准，在课程性质和基本理念、课程目标、教学建议等方面发生了很大的变化，其中最主要的变化有两个：一是将知识、能力和情感态度价值观的三维目标凝练成了生物学学科核心素养的4个维度(即生命观念、科学思维、科学探究、社会责任)；二是要求围绕大概念和重要概念来设计和组织教学活动，促进学生对知识的深入理解和迁移应用。

课程标准中的这些变化使得教师的课堂教学也随之发生改变，从以知识传授为主的教学，转向注重学生生物学学科核心素养培养的课堂教学。教师在教学过程中要关注学生已有的生活经验和想法，强调学生不仅要掌握生物学科的基础知识，还要掌握生物学家在研究过程中所持有的观点以及解决问题的思路和方法，同时还要发挥教学评价促进学生发展和学习的作用。此外，《普通高中生物学课程标准(2017年版)》也对生物学课程如何更好地实施给予了指导和建议，因此课程标准对于教师的教学方式和课程实施取向会有一定的影响。

【知识链接】

在制订一门课程及其教学计划时，必须首先考虑4个基本问题：①学校应力求达到何种教育目标？②要为学生提供怎样的学习经历才能达到这些教育目标？③如何有效地组织这些学习经历？④我们如何才能确定这些教育目标得到了实现？作为国家课程的纲领性文件，课程标准正是对这4个问题的回答。②

---

① 崔允漷. 课程实施的新取向：基于课程标准的教学[J]. 教育研究，2009(1)：74-79+110.

② 刘恩山.《普通高中生物学课程标准(2017年版)》解读[M]. 北京：高等教育出版社，2018.

(二)课程资源

一般来说，如果没有足够的课程资源材料，就无法实现有意义的教学，因而课程计划也不能很好地实施。[①] 正式课程计划的全面实施，需要政府或者教育管理部门向学校提供足够的教材、教学设备、教具和文具等课程资源材料，这是课程实施成功的重要保证。但是，很多学校的课程资源仅局限于教学参考书和练习册，限制了课程计划的有效实施。在一些经济发达地区，学校的课程资源包括图书馆、实验室，甚至还开发了很多校外课程资源，所以这些地区学校的课程实施效果就比较好。因此，为了更好地实施课程计划，建议政府部门加大对学校教室、实验室、自习室、图书馆和运动场等硬件设施的投入，同时也加大课程资源的开发和利用，为课程实施提供充足的条件。另外，课程资源的适用性和质量也是影响课程实施的一个变量，比如某学校配备有先进的实验室，但该校学生并没有掌握相关实验仪器操作的知识，所以学生也无法使用实验室，另外很多学校所选取的课程教材和练习册的质量良莠不齐，这也会影响课程的实施。充足且合适的课程资源有助于课程实施。

(三)课程评价

课程评价是课程改革中的一个重要方面，影响着学校课程实施。课程评价是指研究课程价值的过程，是由判断课程在改进学生学习方面的价值的那些活动构成的。[②] 在当前应试教育的背景下，大部分学校和教育部门都将考试成绩作为衡量教育教学或课程实施效果的主要标准。而目前的中考和高考，考试形式多为文本考试，命题范围也大多局限于教材之中，很少涉及实际生活的应用。由于学校、家长等对考试成绩的重视，作为课程实施和课程评价主体的教师，在教学中往往只注重概念知识的传授，培养学生的应试能力，忽略了学生其他方面能力的培养和发展，不能达到课程总目标的要求。[③] 所以，教育部门和学校、老师要改变将文本考试作为课程评价主要方式的倾向，关注学生对于课程学习的评价，要评价方式多元化，评价主体多元化。正确的课程评价能够有效地发挥诊断、反思、调节功能，使教师调整课堂教学方式，提高教学质量，促进学生全面发展，促进课程的成功实施。

[①]　CHAUDHARY G K. Factors affecting curriculum implementation for students[J]. International Journal of Applied Research，2015(12)：984-986.

[②]　施良方. 课程理论[M]. 北京：教育科学出版社，1996.

[③]　同①.

【知识链接】

> 某市教研室成立了专门的课题组，提出"高中生物新课程学生评价目标体系"①(图6-3)，积极组织关于教学评价的研讨和交流活动，取得了一定的效果。 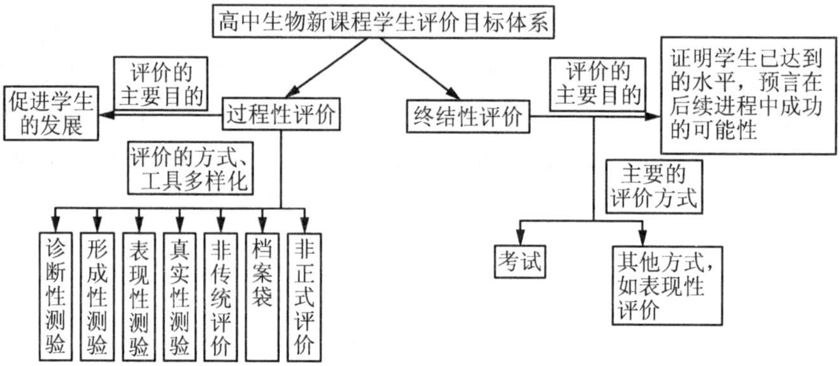
>
>
> **图6-3 高中生物新课程学生评价目标体系**

二、课程实施的关键人物

(一)教育行政部门和校长

各级教育行政部门和学校领导对课程计划的实施负有领导、组织、安排、检查等职责。② 地区教育行政部门承担着地区课程设置和实施管理的主要责任，他们在课程实施管理中起到了决策、监督、指导和检查的作用。教育行政部门作为学校的上级部门，按照国家课程标准和省课程改革纲要为地区学校的课程实施提供指导意见，并且建立各种规章制度保障课程计划的实施，同时监督和检查学校课程的实施情况，所以他们对于学校课程的管理态度和方式会影响学校对于某门课程的重视程度。

作为学校的主要领导——校长，也是课程实施中的关键人物，对课程计划的实施水平有直接的责任。校长作为学校层面上课程计划实施的领导，组织、安排和检查的直接负责人，对课程的重视程度会影响课程实施的情况。比如某

---

① 赵占良. 高中生物课程改革中的主要问题和对策[J]. 中学生物教学，2007(11)：4-8.

② 施良方. 课程理论[M]. 北京：教育科学出版社，1996.

中学校长特别重视培养学生的科学素养，为学校初中生物学配备了丰富的课程资源和专业素养高的教师，于是在校长的督促和支持下，该校的生物学课程取得许多傲人的成果，学生在各种生物创新竞赛中获得多种奖项，教师的专业水平也逐步提高；与此相反，另一个学校的校长，对初中生物并不重视，甚至学校专职的生物学教师都不够，学校实验室的基础设备不齐全，课堂教学也只是单一讲授型，所以该校生物学课程的实施效果并不好。可以说，如果学校领导重视某门课程，那么在该课程的资金、硬件、教师等方面的投入，会更有利于课程的实施和发展。

（二）教师

【案例研讨】

三位高中生物学教师分别发表了他们对于课程实施的看法。

教师 A：在实际的课堂教学中，往往同我设想的不一样，经常会出现一些偏差或困惑。有时候我也想按照课程标准来教，但是总放心不下，总在想万一学生没有考好怎么办？学生题目不会做怎么办？所以最后还是选择在教学中按照教材讲深讲透知识点，并讲解典型的题目，帮助学生解题。

教师 B：我觉得课程并不是固定不变的，因为课程的设计会受到设计者的知识背景、生活阅历、教育理念等因素的影响，所以课程并不是绝对的，只是提供了一种参考。所以我在教学时会根据实际情况做出一些调整和改变，比如我会打乱课程的教学顺序，或者尝试用不同的方法来进行教学。但是这些尝试也会出现学生不够积极活跃，或者不能达到我预想效果的局面，另外这些尝试也增加了我的工作，对我的要求会更高。但是，我还是很乐意尝试进行不同的教学。

教师 C：我认为课程的设计者并没有考虑到各地区不同学校之间的差异，所以在课程实施的过程当中，应当根据具体的教育情况，引导学生基于已有的经验生成知识，组织和开发课程。

问题：

三位教师对课程实施的理解差异明显，你更赞同谁的观点？请说明理由。

任何课程改革，最终都体现在教师的课堂教学中。许多研究表明，教师对课程实施过程、实施效果有着决定性的作用，是课程实施的关键性人物。因而，在课程实施过程中，要充分依靠教师，发挥教师的积极作用。教师对于课程实施的影响主要体现在以下几方面。

第一，教师对课程的理解。教师在执行课程方案之前，首先要对相关的课程文本进行解读、理解和领悟。这种课程理解是多方面的，如：新课程形成的背景是什么？新课程的性质和基本价值是什么？新课程的基本特点有哪些，它与原先的课程有什么不同？新课程的实施对教师和学生的要求是什么？[①] 很多时候，教师对新课程的积极性不高，实施过程中采用的教学方法不合适，可能是由于对课程的理解不到位。因而，现行的高中生物学教师必须要充分理解《普通高中生物学课程标准（2017 年版）》中的内容。2017 年版课程标准最大的创新之处在于对生物学学科核心素养的凝练，这反映了新的生物课程理念和新的发展要求，即提高学生终身发展所需的生物学学科核心素养。[②] 所以，教师对于生物学核心素养的内涵，以及围绕核心素养所展开的对课程目标、课程结构、课程评价等方面的理解直接关系到新的生物学课程的实施质量。

第二，教师的专业知识和课程能力。教师的专业知识包括学科专业知识、教育学以及教育心理学等多方面知识，特别是学科知识、课程知识的掌握尤为重要。教师的课程能力指教师自身所拥有并运用于课程活动中，直接影响课程实施，决定课程实施成效的能动力量。[③] 通俗地说，教师课程能力就是教师认识、理解课程，参与课程开发和实施、课程评价等方面的能力。[④] 因而，教师的专业知识和课程能力对课程实施具有十分重要的意义。但是，长期以来，由于我国实行集中统一的课程管理模式，课程方案、标准的制定以及教材的编订都由课程专家、学科专家负责，忽视了与教师之间必要的沟通和交流，教师只是被动的执行者。这使得教师课程方面的知识和课程能力不足，例如教师对课程的基本知识缺乏，课程理解能力较差，课程开发能力不足，从而影响到课程的有效实施。

第三，教师对课程改革的态度。在课程实施过程中，教师对课程改革的态度以及在课程实施过程中的积极主动性、参与度、自我效能感等因素在一定程度上影响课程实施的进展和效果。研究表明，在现实中，教师对课程改革的态

---

① 丁念金. 课程论[M]. 福州：福建教育出版社，2007.

② 中华人民共和国教育部. 普通高中生物学课程标准（2017 年版）[M]. 北京：人民教育出版社，2018.

③ 朱超华. 新课程视角下教师课程能力的缺失与重建[J]. 课程·教材·教法，2004（6）：13-16.

④ 张二庆，马云鹏. 教师素质是成功实施新课程的关键[J]. 教育探索，2005（11）：106-107.

度是相当复杂的，但教师对于课程实施的态度有如下几个典型的类型：无条件接受、抵制、积极创新。① 一般认为前两种不利于课程的成功实施，积极创新是当前教师在课程实施中应当有的态度。

第四，教师培训。课程实施可分为准备、启动、深化几个阶段，在不同的阶段，教师所面对的问题不同。因而，必须要重视对教师专业发展方向的支持，使教师深入理解课程方案的理念，尽可能地明确具体的操作方式，了解在实施过程中可能出现的问题。由于 2017 年版课程标准在课程内容上基本继承了实验版课程标准，生物学教师对于 2017 年版课程标准的整体内容相对比较熟悉。因而在教师培训和校本科研中，应针对教师的薄弱环节，将重点放在如何理解生物学学科核心素养、如何培养学生的核心素养、如何评价学生的核心素养等关键问题上，切实提高教师实施课程的能力。

第五，教师的合作。在课程实施中，单个教师的力量是远远不够的，应当加强校内外各个教师之间多种形式的合作，从而促进资源的共享、课程实施经验的交流、合作各方的学习，为课程的成功实施提供更多的可能性。

(三)学生

学生是课程实施的主体，其地位决定了他们对于课程实施的影响。学生对课程实施的影响主要体现在学生的学习上。生物学课程要求学生主动参与学习，在亲历提出问题、获取信息、寻找证据、检验假设、发现规律等过程中习得生物学知识，养成科学思维的习惯，形成积极的科学态度，发展终身学习及创新实践能力。但是长期以来，在以知识为本位的传统课堂教学模式的影响下，教学中形成了以教师为本的教学关系，表现为：一是以教为中心，学围绕教转；二是以教为基础，先教后学。长此以往，摧毁了学生的主动性和创造性，形成了被动的学习模式。因此，面对教师所采用的探究式教学、概念转变教学等教学策略，学生往往不愿也不能够参与到学习活动中。因此，教师为完成预先的教学目标，继续沿用传统的课堂教学模式，从而影响了生物学课程实施的进展和效果。

三、外部因素

(一)政府机构

任何国家的课程都是以政治意识形态为指导的，课程政策的制定会受到政

---

① 余文森. 试析传统课堂教学的特征及弊端[J]. 教育研究，2001(5)：50-52.

治家和政治团体的影响，这是因为教育是用来传播政治意识形态的一种手段。① 正如《普通高中生物学课程标准(2017 年版)》中所说的"基础教育课程承载着党的教育方针和教育思想，规定了教育目标和教育内容，是国家意志在教育领域的直接体现，在立德树人中发挥着关键作用"。因此，课程计划的实施会受到国家政治意识的影响。比如，党的十九大明确提出教育的根本任务是"立德树人"，在这一指导思想下，《普通高中生物学课程标准(2017 年版)》进行了一系列修订。首先，生物学课程目标变成了培养和发展学生的生物学学科核心素养，并且强调在教学过程中要反映中国特色社会主义理论和建设新成就。因此，国家政治意识形态也是影响课程实施的一大因素。其次，国家或地区的文化和意识形态差异也会影响课程的实施，一些地区可能抵制专横的政府意识，从而影响中央课程计划的实施。②

(二)社会力量

在课程领域，社会对课程变革的影响已经显现，并在课程变革中发挥着重要的监督、影响课程变革方向的作用，也获得了更多参与课程变革的群体，日益成为国家和学校之外的课程变革的第三领域。③ 尤其是在课程实施过程中，需要各方社会力量的支持，例如家长、社会团体等。社会各界的理解和支持在一定程度上影响着课程实施的进度和质量。

社会团体对课程实施的支持主要体现在以下几个方面。第一，提供资金。一些社会团体在国家规定的权力下，通过其经济资本优势争取相关的课程项目，并联合其他相关的组织团体，挖掘充足的人力资源，从事与课程相关的活动，主动参与课程变革。第二，一些社会学术团体会利用在课程研究方面的成果影响课程实施的方向，或者提供相关的课程资源，从而参与到课程实施的活动中。第三，通过社会舆论影响课程实施。一些非正式的社会团体一般通过具有公共权力性质的舆论影响变革，如通过沙龙、讨论会等形式形成对课程的意见，并将其形成文字发布在报纸、书籍、网络等途径影响课程的实施。家长对课程的关注远高于其他社会人员，他们对课程的理解和积极配合能有效地推进

① KURASHA P, CHABAYA R A. Curriculum development and implementation: factors contributing towards curriculum development in Zimbabwe higher education system [J]. European Social Science Research Journal，2013(1)：55-65.

② CHAUDHARY G K. Factors affecting curriculum implementation for students[J]. International Journal of Applied Research，2015，1(12)：984-986.

③ 靳玉乐. 探寻课程世界的意义：课程理论的建构与课程实践的慎思[M]. 北京：北京师范大学出版社，2014.

课程改革。家长对课程实施过程的支持是多方面的，主要体现在：在一定程度上可以协助学校激发学生学习生物学课程的积极性；可以为孩子提供学校学习之外的生物学学习的资源，从而进一步提高孩子的生物学核心素养；为学校课程的成功实施提供舆论上的支持；等等。

【知识链接】[①]

> PISA 2015 家长问卷中，调研了家长的参与方式对学生学习表现的影响，共有 18 个国家和经济体参与问卷。调查结果显示：82％的家长会与孩子一同就餐；70％会花时间与孩子交流；52％会每天讨论孩子在学校的表现；77％会参与学校会议；半成以上的家长会主动与教师谈论孩子在学校的表现或者如何辅导孩子的学习。研究还显示：不同的家长参与方式对学生学习表现的影响不同，其中"家长每天与孩子一同就餐"是最能提高学生学习成绩的方式，其原因可能是在共同就餐时，父母会给予孩子一定的鼓励，监督孩子的学习并给予支持。

以上这些影响因素在不同层面不同程度上影响着生物学课程实施，不同因素对生物学课程实施的影响不同，并且各因素间有着复杂的关系。在一个新的生物学课程实施过程中，课程本身的影响因素如生物学课程标准的要求、教材等为课程的实施提供了样本；校长、教师参考这个样本，并且根据学生的情况进行具体的课程实施；课程外部的力量又为具体的课程实施过程提供资金、资源上的有力支持，影响着生物学课程改革。因此，在生物学课程实施中，各因素间存在着密切、复杂的关系，这也就决定了实施过程的复杂性。某一因素微小的变化都可能会直接或者间接地影响其他因素，从而使得这一影响不断向外扩散，最终对课程实施产生更大的影响，增加课程实施过程的复杂性。此外，各因素在具体的生物学课程实施中的地位并不是不变的，在某些情况下课程实施的主要因素可能是另一情况下的次要因素，这也是增加课程实施复杂性的原因之一。如在农村地区，生物学的图书资源、实验材料、多媒体等课程资源是课程实施的主要影响因素；但在城市地区，课程资源成为影响生物学课程实施的次要因素，教师、校长等成为主要因素。总之，影响生物学课程实施的因素众多，各因素间的关系复杂，且各因素在具体的课程实施过程中地位不同。因

① Organisation de coopération et de développement économiques. PISA 2015 results (Volume III)：students' well-being[R]. Paris：OECD Publishing，2017.

而，在实施过程的各个阶段要充分分析各个因素的影响程度和变化，及时采用有效的措施确保生物学课程实施的成功。

【学以致用】

目前，对科学课程实施的影响因素，进行了很多调查研究，以下是 3 项研究的调查结果。

A 项教育研究　通过访谈 36 位科学教师对初中科学课程实施的影响因素进行研究。访谈结果显示：课程政策、教师的知识（尤其是本体性知识）、教师的信念、教师的心理、学校文化（主要是备课和教科研）、科学评价是强影响因素；学校课程资源、校长、教师的人际关系、学生、家长等方面的影响程度相对较低。①

B 项教育研究　调查河北省某县 5 所小学的科学课程实施现状。结果显示：该县科学课程实施影响因素复杂，最主要的因素是缺乏专职的科学教师、教师缺少相应的学科培训、教学方法和评价单一。②

C 项教育研究　通过对深圳市和武汉市科学课程实施过程的考察以及对实施特征和影响因素的分析，将影响科学课程实施的主要因素归纳为：科学课程改革导致了学校文化上的"断裂"；教师素养是制约科学课程实施的"枢纽"；学校内部的课程资源制约着科学课程实施的程度；地方行政决策在科学课程实施过程中起着决定性作用；升学考试是制约科学课程实施的"瓶颈"。③

问题：

1. 分析上述研究结果并结合教育实际，谈一谈你认为影响生物学课程实施最主要的因素是什么。

2. 为了更好地实施生物学课程，生物学教师该怎么做？

【拓展延伸】

1. 在进行某一大概念的教学设计时，教师需要做哪些准备？具体步骤有哪些？

2. 结合影响中学生物学课程实施的因素，谈谈师范生该如何准备与应对。

---

① 蒋永贵. 合科课程实施：影响因素及实施建议——对浙江省某市初中科学课程实施的实证研究[J]. 教育研究与实验，2014(4)：69-73.

② 赵杰. 小学科学课程实施现状及影响因素研究[D]. 石家庄：河北师范大学，2018.

③ 张二庆. 初中科学课程实施的个案研究[D]. 长春：东北师范大学，2014.

第七章　中学生物学课程评价

【学习目标】

学习本章内容后，你应该能够：

- 陈述不同评价和测试的理论基础；
- 将所学的评价理论和方法运用到生物学课程评价中；
- 选择合适的方法来评价不同的学习内容；
- 基于不同的教学目标，设计合理有效的测试项目。

【内容概要】

课程评价是生物学课程的重要组成部分，是确定生物学课程功绩和价值的过程。这个过程的进行是课程改进的依据，也可以更好地促进课程的实施和发展。生物课程评价包括对学生学业的评价、教材的评价、教学的评价等。信度和效度是课程评价的重要标准。当前的生物学课程评价还存在一些问题，需要发展和完善。

【学法指引】

在本章的学习过程中，建议学习者可以依据课程评价的基本理论，理解生物学课程评价的内涵、特点和方法，并以此为基础结合某一具体议题，设计一份课程评价的具体方案。同时能对方案的合理性、可行性进行分析和评价。

第一节　中学生物学课程评价概述

【问题聚焦】

1. 生物学课程评价的含义是什么？
2. 生物学课程评价的目的是什么？
3. 生物学课程评价与教学评价的关系是怎样的？

【案例研讨】

说到课程评价很多人会想到考试和测验，这其实只是课程评价的一部分内容。评价是对生物学课程的功绩和价值进行评判的过程。生物学课程评价是一项复杂的工作，它需要对课程的方方面面进行评判，但具体到某一课程评价项目，其评价内容和方式则由具体的评价目的所决定。课程评价往往也会受到社会历史和环境的影响。

有教师认为，课程评价就是对学生学习的评价，主要的评价方式就是各种考试。所以，课程的评价并不复杂，只需要出考卷考一下学生掌握的生物学知识就可以了。也有教师认为，课程评价应该是依据课程标准，对学生的生物学素养进行考核和评估，评价的方式不仅包括考试，还可以对学生的学习过程等进行评价。还有教师认为，课程评价是课程专家的事，与教师无关，作为教师不需要了解课程评价的内容和方式，但教师需要掌握对学生生物学学习的评价方式。

问题：

1. 你认为课程评价与考试的关系是怎样的？
2. 课程评价是否与教师无关？其目的是什么？

一、生物学课程评价的含义

生物学课程评价是指对生物课程进行价值判断的过程，主要是指生物学课程在促进学生学习方面的成效。课程评价可以提供关于学生学习的反馈数据，将这些数据与预期的成效进行对比，教师也依据评价了解教学以及学生的学习情况，而政策的制定者则通过评价了解政策的运作情况。

目前常见的课程评价可以分为 3 个层次来理解。第一个层次是指对学生个体的表现和达成学习目标的情况进行评价。主要包括以班级为基础的评价、一些大型的评价或考试等。第二个层次是对教师和行政人员的专业表现进行评估。第三个层次是对学校、教育系统以及教育政策的评估。对于生物学学科而言，课程评价往往以第一层次为主，兼顾第二和第三层次。

按照不同的分类标准，生物学课程评价可以分为多种类型。按照评价目的不同，比较常见的评价主要有形成性评价、终结性评价、诊断性评价等。形成性评价主要是在日常教学过程中使用，其目的在于通过各种活动了解学生的学习进展并以此为依据支持日常的教学活动。形成性评价可以是课堂中的一些嵌入式的评估，或是学完某一单元之后的小测验。这些评价为教师了解学生提供了丰富的信息，也使得教师下一阶段的教学更具针对性。

而终结性评价主要在某一个学习进程或阶段结束后使用，其目的在于甄别和选拔，如期末测试等。现在，有关终结性评价的内涵得到了扩展，终结性评价不仅包括期末测试，也包括其他可用于判断学生水平的测试，如课堂中的形成性评估和单元测试，这些都提供了关于学生成长和水平的有力证据，这些信息同样可以用于终结性评价。

诊断性评价用于确定学生对生物学科知识的掌握和理解。简单的诊断性评价可以通过让学生完成工作表上的问题或是一些测量来完成，但是如果要深入了解学生的情况以及学生之间存在何种差异时，教师有必要采取多种评价手段。经验丰富的教师可以使用课堂讨论，非正式观察学生完成的任务单和小检测，以及简短的访谈来判断学生掌握了什么，并判断下一步可做些什么来促进学生的学习。

除了上述几种类型的评价外，生物学课程评价还包括对现行生物学教材的评价、对教师教学行为的评价和对学校在课程实施方面的评价等。

二、评价的目的

生物学课程评价的目的有两个：确定生物学课程的功绩和价值。① 功绩是课程的内在属性。它是隐含的，固有的，独立于任何应用程序且独立于环境而存在的课程的内在优点。价值是课程的外在属性，它是外显的，变化的。课程价值的体现需要在一定的环境中，且针对特定的人群。

因此，生物课程的功绩和优点可以是：建立在生物学教学论的研究基础之上，反映了生物学的最新发展成果，聚焦生物学大概念等。而课程的价值则体现于：帮助学生理解生命现象，对于将来从事与生物学相关的学生而言，可以打下良好的基础，帮助学生发展科学理性思维等。因此，生物学课程的评价即包括对课程本身特点的评价，也包括对学生学习的评价。

基于上述目的，课程评价主要关注两个方面的问题：计划课程、项目、活动和学习机会等方面的发展和组织是否能产生预期的效果？如何更好地改进课程？因此，生物学课程评价可以包括对计划课程本身的评价、对课程实施过程的评价和对课程实施结果的评价等方面。其中，对课程实施结果的评价是对课程价值判断的重要方面，评价需要以现行的课程标准为依据。

① GUBA E G, LINCOLN Y S. Effective evaluation：improving the usefulness of evaluation results through responsive and naturalistic approaches[M]. San Francisco：Jossey-Bass，1981.

三、厘清课程目标是课程评价的前提

生物学课程的评价与课程、教学都有着非常紧密的关系。不同的课程目标下往往有着不同的评价方式。长期以来受精英教育理念的影响,在传统的生物学课程中课程的目标并非为了了解生物学进而成为具备生物学素养的公民,而是为了掌握生物学知识,为将来成为专业的生物学人才做准备。为了达成这个目标,生物课程关注的是生物知识本身的系统性和完整性,而忽略了与学习者的生活环境,以及学习者与其将来生活的关系。教材尽可能地将系统的生物学知识囊括进来,呈现浓缩的生物学知识体系。生物学知识被看成多年研究的积累,它们是不变的、正确的、毋庸置疑的。

在传统的生物学课程体系中,课程目标关注的重点是生物学知识。评价教学的成效主要就是通过学生掌握的生物学知识的数量和质量来反映,而评价的结果反过来会成为衡量教学效果的指标,进而强化了只注重知识传递的教学。在过去的 20 多年间,中学生物学教学的目标发生了转变。当前生物学课程目标主要包括:概念——包含学习者理解和掌握的知识和技能;认知——学生的推理和思考能力方面的发展;认识论——学生对科学、科学知识和科学过程的认识和理解;社会化交往——学生通过主题和学科的学习,发展其他的一些能力和态度,如协同工作的能力、对相关社会科学议题的看法等。

作为科学的分支学科,生物学一方面承担着提高公民科学素养,尤其是生物学素养的重任,即学生需要掌握必要的生物学知识、技能以及其他的一些素养为将来的生活做准备。另一方面生物学课程也需要为将来有志于从事生物学及其相关学科的学生提供充足的学习机会。所以,学校的生物学课程需要设置足够的深度和广度,以便于他们后续的学习能建立在良好的基础之上。所以,目前的高中生物课程设置必修课程、选择性必修课程和选修课程 3 种类型,以满足不同类型学生的需求。课程内容的选择往往更多地从学生的角度出发,更多地选择贴近学生生活的内容。希望学生在学习的过程中不仅能掌握生物学知识,也能提升理性、批评、质疑的品质和能力,同时能树立良好的价值观。

在课程实施方面,传统生物学教学中教师在教授生物学知识的时候往往采取权威的方式来向学生"传授"正确的知识,学生几乎没有讨论和解释,以及主动参与思考的空间。在这种情形下,学生往往会认为生物学知识就是一些关于客观世界的无须怀疑的、正确的知识,而他们的学习目标就是记住这些正确的知识。除了书本上的相关内容外,很少有学生能够对生活中的生物学现象(如食物腐败是由微生物引起的等)进行自己的探索和论证,而这些探索和论证能

力对于学生理解生物学和科学的知识体系是如何构建的，以及独自面对将来的生活却是很重要的。

为了达成新课程的目标，新课程在实施方面建议教师在教学的时候允许学生更多地通过科学实践，如探究、解释、论证等方式来学习生物学。这样的课程为学生的参与提供了更多的空间，也便于学生理解生物学科学和技术是如何影响社会发展的。评价正是对这些已经制定和实施的课程在多大程度上能实现预期结果的过程。所以，课程评价需要与相应的课程目标、内容和实施方式相匹配，通过评价检验课程目标落实的情况，发现课程的优点与不足，检验教学的成效等。课程评价与课程目标相一致，是课程评价的首要原则。

在传统的生物学教学中，教学的主要目的是传递生物学知识，所以传统课程的评价就是对传统的生物学的教和学进行评价，它关注的仅仅是学生获得的知识。随着课改的推进，生物学教学的目标由单一的生物学知识的获取转向多个维度，生物学的教学方式也由传统的被动式学习转向自主、合作、探究的学习，那么生物学课程评价也随之发生改变。

虽然这些方面在不同的课程之间或是课程的不同内容之间会有差别，但是，任何对课程进行的评价都需要关注上述的这些课程目标。然而，由于实践中的种种限制因素，如缺乏有关评价的专业知识、教师在评价中发挥的空间有限等，当需要在有限的时间内同时测量大量学生时，评价中往往会存在严重的偏差。简单地说，评估学生理解和掌握的知识比衡量他们的认知能力或他们的认识论信仰往往要容易得多。至于社会目标，在教学实践中针对此目标的测量几乎被所有科学课程所忽视。因此，即使所有这些目标都是课程的重要组成部分，但由于评价的特殊作用，使得只有可衡量的目标是重要的。评价的结果使课程目标窄化。换而言之，期望通过一次活动来对课程目标的全部内容进行评价是相对困难的。

四、评价与教学息息相关

【案例研讨】

《普通高中生物学课程标准(2017 年版)》中"核心素养"和"大概念"的提出，引发了许多新的教学思考。其中评价作为教学过程中关键的一步，有人认为评价要围绕核心素养的达成，同时要关注对大概念的理解，评价内容应是高中生物学学科核心素养的 4 个方面：生命观念、科学探究、科学思维、社会责任。评价方式也应当多样，包括学生成长过程中的评价、阶段性测验、课堂行为评价，以及应用实践评价等。此外，评价的功能不单单只是单纯的甄别选拔，还应当发挥评价的诊断和调节作用。

问题：

1. 你是否赞成以上观点呢？说明你的理由。

2. 如果你是一名高中生物学教师，你将运用哪些方式来对学生进行评价？

建构主义是影响生物学教学的重要理论。按照建构主义理论的观点，生物学知识是由学生自己建构的，教师需要从学生已有的经验出发，创设学习的情境和引导学习者主动参与到观察、分类、实验、建模、比较、讨论和论证等活动中，发展技能和认知。

生物学教学和评价之间相互影响。在教学中，教师往往可以通过与学生的一些互动和小测验来了解学生的学习情况并及时调整教学策略，这些互动和小测验也就是之前所说的形成性评价。通过这些形成性评价，教师可以对学生的学习做出专业判断，并以此为基础对下一阶段的教学做出相应的调整和设计。在生物学课程中，评价尤为重要。如果教师在教学中关注的是教而非学生的学，那么教师的教学行为往往会落在知识的传递上而非支持学生的学习或概念转变。在这种情况下，评估就会变成一种对知识进行回想的过程，而非测量学生在理解知识的基础上进行综合、分析和解释。当评价的焦点是需要学生进行回想时，教师会认为这种对知识的记忆和回想是很重要的，那么他们的生物学教学则会更加注重知识的传递。如果评价除了对学生掌握的知识进行评价外，还对其科学思维和社会责任等方面进行评价，那么这样的评价行为则会反过来影响教师的教学。

【学以致用】

在传统的生物学教学中，学生往往用被动的、接受式的方式来学习，在学习完成之后，学生可以复述课堂上所学的内容，但是他们之前所拥有的迷思概念或前概念并未改变，他们也并未意识到自身概念存在不足。在课后的考试中，如果考试的内容需要学生回忆其所学的知识，那么他们往往可以顺利地通过考试，但是如果考试的内容需要学生思考并运用所学的知识，他们往往会不知道怎么答题。

为了督促学生更好地掌握教材的内容，生物学考试中有的题目是将教材中的某一句话作为选项，请学生判断正误。为了应对这样的考试，生物学教师们会鼓励学生尽可能地背诵和牢记书本内容，以回答这类考题。

你是否赞同用这样的方式来设计生物学考试试题？有人认为如果仅仅对课

堂教学进行评价而不做出相应的改革，那么建构主义的教学就会很难落实，对此你怎么看？

第二节　中学生物学课程评价的内容、方法和标准

【问题聚焦】

1. 生物学课程评价的内容有哪些？
2. 生物课程评价的过程与方法是怎样的？
3. 生物学课程评价的标准是什么？

【案例研讨】

评估的过程，从本质上看，就是判断课程和教学计划在多大程度上实现了教育目标的过程。但是教育目标在本质上讲是对人类进行改变，也就是说，目标旨在让学生的行为模式产生期望值的改变，那么评价就是这样一种过程，即判断这些行为实际上产生了多大程度的变化。

——《课程与教学的基本原理》（泰勒，1950）

泰勒的课程评价模式因其理性、系统和易操作而备受关注。泰勒认为课程评价可以由一些基本的程序或步骤构成，如：

(1)确定包含具体行为的目标。这些目标往往由两方面构成：学习内容和学生的行为。

(2)确定学生实现目标所隐含的情境。

(3)选择、调整和建构合适的评价工具，确定工具的客观性、效度和性度。

(4)使用工具获得总结性或者评估性的结果。

(5)为了评估变化的程度，可以用几种工具对不同的阶段进行评估。

(6)分析结果以确定课程的优点和缺点，并尝试对这些特定的优势和劣势产生的原因进行解释。

(7)依据结果对课程进行必要的修改。

问题：

1. 按照泰勒对课程评价的描述和课程评价的程序，你认为课程评价的施行需要关注什么？

2. 课程评价往往遵循一定的步骤和方法，你能否依据泰勒的评价模式，

就具体的某一目标设计一份课程评价方案？

课程评价的实质是确定预期课程目标与实际结果的吻合程度。生物学课程评价是指运用系统的方法，对生物学课程的目标、过程和产物等方面进行资料收集，并做出价值判断的过程。生物学课程的改革与评价息息相关。

一、生物学课程评价内容

按照不同的课程评价的内容，课程评价可以分为广义的课程评价和狭义的课程评价。广义的课程评价主要包括课程目标、课程内容的选择和组织、课程实施的评价以及学业评价等。狭义的课程评价主要关注的是教师日常工作中最为常见的评价内容，包括学生学业评价、教材评价和教学评价等。

(一)对学生学业的评价

对学生学业的评价是生物学课程评价的重要内容。生物学课程的评价内容与生物学课程标准中的课程目标紧密相关。提高学生的生物核心素养既是生物学课程的宗旨所在，也是生物课程目标的主要体现。生物学核心素养包括了生命观念、科学思维、科学探究和社会责任4个维度。这4个维度是生物学课程对学生学习的预设。

1. 对生命观念的评价

依据生物学课程标准，生命观念有着丰富的内涵。生命观念包括了对生物学概念的理解以及在此基础上建构的生命观念，如结构与功能观、进化与适应观、稳态与平衡观、物质与能量观等；能基于对生命观的认识来理解生命现象，并用以指导实践探索和解决实际问题等。由此可见，新课程标准不仅要求学生掌握生物学知识，更要求学生能运用知识来认识和探索生命现象。因此，在评价时，需要对学生的必备知识、理解和运用知识的能力等方面进行评价。

2. 对科学思维的评价

科学思维是生物学学习的重要目标。课程标准对科学思维的概念和内涵都做了解释，是评价科学思维的重要指引。但课程标准的介绍相对比较概括，在对科学思维进行评价之前，需要深入了解科学思维到底包含什么、具体的内涵和特点是什么等内容。一般而言，科学思维包括科学推理、科学论证、建模等，而不同的科学思维有不同的评价方法。了解科学思维的具体内容和特点，依据其特点设计评价内容是常见的科学思维评价模式。

【学以致用】

表 7-1 是关于科学推理的检索列表①，阅读列表并回答问题。

表 7-1　关于科学推理的检索表

(1) 所有科学推理都有一个目的。
- 能清楚地陈述你的目的。
- 能从相关的目的中区分你推理的目的。
- 定期检查以确保你仍然聚焦在目标上。
- 选择重要而现实的科学目的

(2) 所有推理都是为了回答某些科学问题，或解决一些科学难题。
- 能明确而准确地陈述问题。
- 以多种方式表达问题，以阐明其含义和范围。
- 将问题分解为子问题。
- 区分具有确定答案的问题和需要考虑多个观点的问题

(3) 所有科学推理均基于假设。
- 清楚你的假设并确定它们是否合理。
- 考虑假设如何影响你的观点

(4) 所有的科学推理都源自一些观点。
- 确定你的观点。
- 知悉其他观点的优势和弱点。
- 在评估所有科学观点时保持公正

(5) 所有科学推理均基于数据、信息和证据。
- 关注可用数据支持的主张。
- 搜索支持和反对你立场的信息。
- 确保与问题相关的信息能清晰、准确地使用。
- 确保你已收集到充足的信息。

(6) 所有的科学推理都是基于科学概念和思想来表达的。
- 确定关键的科学概念并清楚地解释它们。
- 考虑替代的概念或替代的定义。
- 确保精确使用概念

---

① PAUL R，ELDER L. The thinker's guide to scientific thinking：based on critical thinking concepts & principles[M]. Tomales：Foundation for Critical Thinking Press，2015.

(7)所有科学推理都需要进行推论或解释，这是得出结论与赋予科学数据意义的基础。 • 推断证据所暗示的内容。 • 检查不同推断间的一致性。 • 确定推论背后的假设	
(8)所有的科学推理都会具有一定的含义或产生一些影响。 • 追踪推理所带来的影响和后果。 • 寻找消极和积极的影响。 • 考虑所有可能的后果	

问题：

请依据表 7-1，就"细胞膜的流动镶嵌模型"这一内容，设计两道评价学生推理能力的测试题。

3. 对科学探究的评价

科学探究是生物学学科核心素养目标之一，也是学生学习生物学的重要方式。学生在科学探究中诊断问题、确定变量、设计实验、搜寻信息、构建模型、相互讨论、发展结论。对于学生学习而言，探究的过程与结果同样重要。所以，对科学探究的评估亦是如此，既包括对提出问题、假设、实验设计、方案实施以及过程中的交流讨论等进行评估，也包括对学生探究的结果进行评估。对探究评估的方式是多样的，如正式或非正式的观察、讨论、提问、对行为和能力的测评、自我评估和反思等。在对科学探究进行评估之前，教师需要做到以下几个方面。①

首先，制订评价计划。因为探究的评估往往伴随着探究的进行而进行，所以需要在探究进行之前就制订评价计划，明确评价的目的、内容和方式，并在探究的实施过程中，努力缩小既定目标与教学实践之间的差距。

其次，明确评价标准。评价的标准可以在探究活动开始之前告知学生。当学生得知评价标准时，会将自己在探究过程中的行为与评价标准进行比较，进

---

① Alberta Learning. Focus on inquiry：a teacher's guide to implementing inquiry based learning[EB/OL]. (2007-11-30)[2019-02-08]. http://education. alberta. ca/media/313361/focusoninquiry. pdf.

而改进自己的探究。

再次，评价的持续性。对探究的评价应贯穿整个学习过程并持续一段时间。通过评价提供的信息，以展示和反馈学生在整个课程中的学习。

对学生科学探究的评价可以对探究教学提供具体、及时的反馈，也为后续的教学改进提供了证据，并能帮助学生自我监控学习的进度。同时，当学生参与到探究评价中时，也可以提升其同伴互评和自我评估的技能。

4. 对社会责任的评价

社会责任是生物学核心素养的重要组成部分，有着丰富的内涵。对社会责任的评价不仅包括相关的态度，也包括相应的行为和能力，主要关注点是学生是否具有关注社会事务的意识，面对个人和社会事务时能否做出理性的解释和批评，以及是否具有一定的担当和能力。换而言之，社会责任不仅包括学生对某些议题的态度，也包括其对相关议题的理解、意识、技能以及相关的行为。对社会责任的评价方式是多种多样的，既可以结合考试题目进行评价，也可以用量表进行评价。

(二)对教材的评价

教材评价是指对现行生物学教科书及其他的教师用书，以及配套的影像资料和网络资源等进行评价。其中，教科书在课程中的地位最为重要，所以教材评价的主要关注点往往是教科书。对教科书评价维度的确定是基于对教材的认知和定位，各个维度的设立既是对教材质量的重要反映，也体现了不同国家和地区对教材的不同要求。一般来说，教材评价包含 6 个基本维度[1]，具体内容如下。

1. 知识维度

教材是知识的载体也是学生学习的媒介。教材一方面高度浓缩和概括了人类的知识体系，另一方面又要以恰当的方式选取、组织和汇集这些知识。就此维度而言，一般需要考虑的议题有：生物学教科书中的内容是否表述科学、准确；生物学教材内容是否反映生物学学科的基本结构和发展水平；教材内容的组织是否与学生的生活经验关系密切；教材的设计是否有利于学生的综合发展等。

---

① 高凌飚. 教材评价维度与标准[J]. 教育发展研究，2007(6)：8-12.

2. 思想文化内涵维度

生物学教材是对学生进行思想教育和提高学生涵养的重要工具，因此教材要展现高尚的道德情操和良好的文化涵养。科学与人文相结合也是生物学教学的一个重要特点，所以教材在设计和编写上，应注意选择和呈现丰富的文化内涵。此维度需要考虑的议题是：生物学教材所体现的辩证唯物主义世界观，教材中体现的价值观、人生观和道德观，教材对生物学家的探索、坚持、理性和创造等方面的组织，生物学教材对学生人文精神和科学精神的培养，以及教材对我国优秀传统文化的传承等。

3. 心理发展规律维度

教材的主要使用者是学生，教材的编写者在编写教材时，需要考虑学生的心理发展规律，遵从学生的心理特点和认知发展规律，用其容易接受的方式来组织教材。此维度需要考虑：教材内容的组织、活动的安排、插图的选择、栏目的设置等。良好的教材可以更好地激发学生的求知欲，调动学生的学习积极性以及推动学生进行深度学习。

4. 编制水平维度

编制水平维度是指教材的文字编写、插图的制作水平、插图与内容的匹配程度、呈现形式的丰富程度、排版设计以及教材的印刷工艺等。制作精美的教材往往可以更好地吸引学生，提高教材的使用效果。

5. 可行性维度

可行性是指教材是否与其使用的环境和教学资源等条件相匹配。教材的效果需要在使用中体现，而使用时的环境、教师的使用方式以及学生的水平都会影响教材的使用。所以教材编写者需要考虑学生的整体水平、教师的水平、教学资源、教学环节等，在综合考虑的基础上编写教材，以确保实现更好的教学效果。

6. 特色与导向性维度

虽然教师是用教材教而非教教材，但不可否认的是，生物学教材在课程中有重要的影响力，对学生的影响尤为深刻。教材的特色不仅仅体现在上述的各个维度中，同时又会通过对教材的综合而凸显出来。同时，教材是课程标准理念和目标的重要落脚点。生物学教材需要体现生物学课程标准的先进理念，也要落实课程标准的具体要求，在此基础上，突出教材的特色。

【案例研讨】

有同学想对英国某个版本的生物学教材进行评价和分析。他从教材的编写体例、图片和示意图、栏目设计、内容编排 4 个角度对该版本的教材进行了评价。以图片和示意图这个角度为例，他首先总结出教材中大概每节包含 20 幅左右的图片，并分析了图片的特点（典型性、清晰度高、具有时效性、制作精美等）。之后，他介绍了教材中的一些图片，如睡莲叶子、酶的底物、细胞周期等，最后列举了教材中的一些表格和折线图。通过上述分析，该同学得出结论，认为英国生物学课程中渗透了数学和统计学的知识和要求。

问题：

1. 在该同学的研究中，其研究结论的得出是否严谨？

2. 你认为该同学对教材的评价和分析方法是否恰当？如有不恰当该如何改进？

(三)对教学的评价

教学是课程实施和落实的重要方面，也是课程评价的重要内容。教学活动不仅指生物课堂教学，还包括实地参观、野外考察等方面。评价的方法一般是观察法，即采用一定的方法并基于某些既定的标准对教学活动进行观察。具体过程如下：确定评价目标、确定观察内容、制订观察标准、实施观察、交流讨论。观察标准是教学评价的基础。不同的评价目标，观察标准往往不同。如果是对教学活动的全部进行评价，那么教学观察的标准往往是比较全面的；如果是对某一方面的教学活动进行评价，如课堂教学语言，那么观察标准就围绕课堂教学语言来制订。

值得一提的是，课堂观察的标准也需要体现生物学课程标准的理念和精神，因为课堂是课程实施的落脚点，课堂教学的成功与否直接关系到课程标准的内容能否成功得到落实和体现。常见的课堂教学评价表往往包含课堂教学的方方面面，如教学目标设置是否合理，教学内容是否准确，教学过程是否能够突出重难点、教学效果等。表 7-2 是某师范大学附属中学课堂教学评价表。

表 7-2 课堂教学评价表示例

××师范大学附属中学教师课堂教学评价表

教师姓名：_____　　学科：_____　　课题：_____

时间：___月___日　星期_____　　班级：_____　　节次：_____

评价项目	评价指标	分值
教学目标与设计 （10分）	符合课程标准的要求	
	符合学生认知规律和实际（适切性）	
	教学设计符合实践教学民主的理念	
	教案结构规范，内容明了，设计美观	
教学内容（15分）	无科学性错误，重点突出，难点破解	
	学科内容适合于学生的发展水平，接受性好	
	关注新旧知识，联系学生生活及科技发展前沿	
	灵活处理和挖掘教材，注意知识的整体建构	
教学过程（30分）	创设情境，环节过渡自然，突出教学重点和难点	
	问题设置合理、高效，引导学生自主探究	
	注重学生思维能力培养	
	教师讲解、学生自主学习、师生交流各环节结构合理	
	多媒体辅助教学切实有效	
教学效果（15分）	实现三维目标	
	教学民主，氛围宽松、融洽	
教师素养（10分）	举止大方，情绪饱满、热情	
	表达清晰，语言准确、简洁	
	板书结构设计合理，美观，条理清晰	
	具有调控、应变能力，恰当处理教学中出现的问题	
教学特色（10分）	教学个性明显、有魅力，感染学生	
学生信息反馈 （10分）	大多数学生对教学感兴趣	
	大多数学生在学习过程中能主动参与	
	大多数学生有收获的体验	

续表

综合 评价	
	总分＿＿＿＿＿

评课人签名：＿＿＿＿＿＿＿＿＿

××师范大学附属中学

上述课堂教学评价表可以比较全面地对课堂教学情况进行评价，但总体而言，评价栏目的设置比较粗放，分值的确定往往依据评价者的"感觉"。所以依据此评价表为授课者提供的意见和建议也是比较笼统的。随着研究的推进，更为细致的课堂教学评价方式也逐渐发展起来。与早期的评价相比，这些评价往往关注课堂教学的某个或某几个方面，通过对课堂教学的事实记录，提供课堂教学评价的证据。

如华东师范大学的崔允漷教授开发了课堂观察的 LICC 模式，此模式包含了学生学习(learning)、教师教学(instruction)、课程性质(curriculum)与课堂文化(culture)4 个维度，每个维度由 5 个视角组成，每个视角由 3～5 个观察点，一共 68 个观察点构成。[①] 具体操作程序如下。课前会议：确定观察点，明确任务，准备观察工具；课中观察：收集数据资料，从不同的视角及观察点进行记录；课后会议：总结与分享、分析反馈，研讨诊断，提供改进意见。基于 LICC 模式的课堂观察可以对课堂进行细致深入的分析，也具有较好的系统性，LICC 的分析结果可以为授课教师提供细致而又有针对性的建议。但是，LICC 观点多，每次听课需要多人合作完成，所以往往会陷入操作性不够强的困境。

二、生物学课程评价的过程与方法

(一)评价过程

课程评价过程与规范的研究过程相似。由目的出发，通过细化评价问题，分析评价所需的资料。然后在对文献进行梳理的基础上，进行评价设计，包括确定要收集的数据内容、类型、方式等。之后再按照计划进行数据的收集和分

---

① 崔允漷. 论指向教学改进的课堂观察 LICC 范式[J]. 教育测量与评价：理论版，2010(3)：4-8.

析、整理，并完成报告。在完成报告之后，对此次评价进行反思、总结和评价，分析存在的问题、需要改进的举措以及总结成果的经验。① 具体过程如下。

(1)确定评价目的；

(2)依据评价问题，描述所需资料；

(3)进行相关文献的探讨；

(4)进行评价设计；

(5)依照设计收集所分析的资料；

(6)整理、分析和解释资料；

(7)完成评价报告，并加以推广、反馈；

(8)实施评价。

(二)评价方法

生物学课程评价信息的收集方法多种多样。其中信息类型包括个人或团体的观点、测试、内容或文本分析、专家建议等。每个方面又可以包含若干种收集的方法。针对不同的评价目的和评价内容，可以选择不同的评价方法。② 具体方法如表 7-3 所示。

表 7-3　生物学课程的评价方法

不同方面	具体方法
收集意见	问卷调查；访谈；焦点小组访谈；部门会谈
测试	纸笔测验；验证实验；前后测试；监测控制组；表现性评价；检索表
内容分析	学生和教师用的期刊；概念图；各种测试和作业
咨询专家	访客；外邀专家；内部专家
查询档案	课程纲要；课程评价；日志
记录现实	课堂观察；封闭性、量化取向的观察；对教学做隐蔽录像

(三)课程评价的信息提供者

课程评价需要收集丰富的信息，所以课程评价可以面向广大与课程有关的

---

① 黄政杰. 课程评鉴[M]. 台北：师大书苑，1990.

② GLATTHORN A A，BOSCHEE F，WHITEHEAD B M，et al. Curriculum leadership：strategies for development and implementation[M]. Thousand Oaks，CA：SAGE publications，2018.

人员收集信息。首先，学生是课程评价信息的主要来源。其中，既可以包括在读的学生，也可以包括已经毕业的学生。其次，学校的生物学教师、生物实验管理员以及其他的教职工。再次，其他的具有一定资质的专业团体。如高师院校的教师、教科室、教育行政部门等。最后，还可以包括一些外部人员，如家长以及其他与教育部门有关联的人员等。

三、生物学课程评价标准

（一）信度

随着生物学课程改革的深入，生物学课程评价也同样在不断地改革和发展。生物学课程评价的一个重要标准是信度，它是指测量数据的可靠程度，即可靠性。信度也是评价结果在多大程度上可以被接受和评估目的能否准确实现的一个重要指标。如果评估是可靠的，那么短时间内在另一个场合进行测试应该获得相同的结果，但这种情况在实践中几乎不可能实现。在实践中，更为可行的是对当前测评的误差进行评估。对于任何总体较大的只能进行抽样的测试而言，不同的抽样会产生不同的结果，从而产生"抽样误差"。

（二）效度

生物学课程评价的另一标准是效度。效度是指评价在多大程度上表达了测试的指征，即测试对其设计的初衷反映程度，这是反映测试结果有多大程度用途的一个重要指标。[①] 然而，评估往往被设计为关注若干不同的议题，因此效度就成为一个复杂的、包含多方面的标准。它反映了评估结果与生物学课程目标之间的精准度。

通常效度的确定依据是由评价结果与评价的行为或学习成果的对应程度来定义。由于使用的信息不同，效度也有各种类型。例如，内容效度是指评估覆盖所教授的主题领域的充分程度，并且通常基于该主题中的专家的判断。然而，内容效度不能用以判定通过探究式学习的学习效果是否比其他学习的学习效果更好。构建效度是一个更广泛的概念，反映了特定主题领域的全部学习成果。值得一提的是，高效度的评估会聚焦与评估的特定目的相关的学生学习，但仅限于这些方面进行抽样，不相关的方面不需要包括到评估中，否则效度会降低。

效度不仅反映了实际评价与预期评价之间的符合程度，而且还是对基于评价结果所做的推理及其结论的可接受性的保证。高效度的评价可以确保评估结

---

① 钟启泉. 课程论[M]. 北京：教育科学出版社，2015.

果，以及基于评估结果的推理是合理且可以接受的。

但在任何评价中，信度和效度可同时提高的程度是有限的。[①] 在测试时，为了提高信度，往往优先选择那些标记一致的或是可以由机器标记测试的方式，如用于评估事实知识或使用封闭式题目，而非基于知识运用的更开放式任务的项目。但这样不可避免地降低了测试的效度，即测试所涵盖的内容与测试目标的一致性。常见的提高效度的方法是尝试通过扩大项目范围来提高有效性，例如设计更多的开放式的问题，但这又有可能会使信度降低。因此，设计评价时，需要在信度和效度之间权衡。

【学以致用】

学生对探究过程的自我评价是科学探究评价的一种重要方式，下面是学生的自我评价标准指引。

- 我提的问题是开放性的，且需要深度思考而不是简单回忆就可以回答的。
- 我从多种途径和角度收集信息。
- 我对资源的信度和效度进行了分析。
- 我能基于证据对观点进行清晰的解释和论证。
- 我能恰当地针对特定听众清晰地陈述我的结果。
- 我对探究过程的各个阶段进行反思，以便使自己学得更好。

问题：

请依据上述评价标准指引，针对探究过程中信息的收集，设计一份供学生使用的自我评价表。

第三节　我国中学生物学课程评价的问题与展望

【问题聚焦】

1. 当前生物学课程评价存在一些什么问题？
2. 针对存在的问题，生物学课程评价该如何发展和改进？

---

① HARLEN W. Assessment and inquiry-based science education：issues in policy and practice[M]. Trieste，Italy：Global Network of Science Academies，2013.

【案例研讨】

评估有着悠久的历史。学者古巴和林肯①指出，中国古代的皇帝在很久以前就开始关注文官的考试专业能力。而在美国，对学校课程的评估则可以追溯到 1892 年的十人委员会，他们着手制定了全国初中适用的"评价的标准"。在这 100 年间，随着教育的改革、教育研究的深入，以及公众对教育关注度的不断增长，课程评价产生了较大的变化，课程评价的理念和思想不断更新，不同的学者依据不同的标准对课程评价的发展进行了不同的划分。例如美国评价专家古巴和林肯将课程评价分为测验和测量时期、描述时期和判断时期 3 个阶段，并提出"第四代评价"思想——建构时期。测验和测量时期认为课程评价即测量，强调测验常模及相对评价；描述时期以泰勒的课程评价思想为主导，认为评价过程是将教育结果与预定的教育目标相对照的过程，关键在于确定清晰、具体、可操作的行为目标；判断时期认为评价的本质是"判断"，主要关注一个问题，即对已经确定的目标是否需要评价以及价值判断；建构时期将评价视为评价者与被评价者"协商"进行的共同的心理构建构成，受多元化价值理论的支配，其评价的基本方法是质性研究法②。

问题：

生物学课程评价与生物学课程发展息息相关，生物学课程的发展需要更为全面和深入的课程评价。依据课程评价的原理和方法，你认为当前生物学课程发展存在哪些问题？将来发展的方向又是如何？

生物学课程评价与生物学课程、生物学教学理论相互交织，相互影响。成功的课程改革不仅需要生物学教学发生转变，课程的评价也应取得相应的发展，否则课程改革很难取得成功。在过去的十余年间，生物学课程评价取得了一定的发展和进步，但也还存在一些不可回避的问题。

一、当前生物学课程评价存在的一些问题

1. 片面的课程评价不能准确地反映课程的真实情况

在生物学课程目标和课程实施都经历快速变革的时期，生物学课程改革的评价却相对滞后。这主要体现在课程评价不能准确地反映生物学课程真实追求

---

① GUBA E, LINCOLN Y. Effective evaluation[M]. San Francisco：Jossey-Bass，1981.

② 卢文祥. 初中生物教学评价[M]. 哈尔滨：东北师范大学出版社，2005.

的目标。造成此现象的原因是多方面的，其原因之一是将课程评价窄化为对学生学习的评价。

生物学课程评价的意义重大，课程评价的范围广泛，如果只是关注学生的学习显然将其内涵狭隘化了。近些年来，对教材的评价和对课堂的评价也逐渐涌现，这是课程评价的良好发展。但更多的研究是单项的研究，未能将生物学课程的评价进行系统化的推进。将课程评价的范围扩大，更科学地运用质化、量化的方法进行生物学课程评价，使其走上科学化的道路并发挥更大的作用是将来努力的方向。

2. 对学生的评价过于关注知识的回忆

课程评价与课堂教学和学生发展息息相关。虽然高中生物课程标准将生物学核心素养列为生物学课程目标，但当下多数的生物学考试中，考试的形式往往以选择题或者是只需填少数文字的简答题为主。这些题目的答案比较唯一，更多的是考查学生对知识的记忆程度，而完成这样的试题往往是回忆、理解等低级认知行为。考试的内容更多的是关注知识，与生物学核心素养的课程目标之间存在偏差，也影响了评价的效度。

在生物学教学中，如果教师的教学严重依赖于信息的传递和单向交流，缺乏多种教学方法，且学生参与的评估往往是以回忆占主导地位的总结性评估时，生物学课程就难以实现发展学生的高阶思维技能的目的。这对于一部分学生，尤其是学习能力较强的学生而言，生物学的吸引力会降低。众所周知，通过记忆获取的知识往往是肤浅的，对于大多数将来未能从事与生物学相关的职业的学生而言，随着时间的推移，生物学就只剩下一些知识的碎片。

3. 评价主体过于单一

在生物学课程改革中，课程评价的主体相对单一。当下生物学课程的评价主要是由教育行政部门召集专家等自上而下地进行评价，这样的评价具有高效性和权威性。但由于受一些因素的影响，这样的评价收集到的信息不一定能反映生物学课程的真实情况，且评价的结果往往不能及时有效地促进课程的发展和实施。

评价主体由单一走向多元是生物学课程评价改革的一个重要方面，这既包括邀请多元主体参与到课程评价中，构建课程评价共同体，也包括评价对象的多元化。通过多元的评价、分析，达成共识，真正实现以评价促发展的目的。

4. 缺乏对课程评价的元评价

元评价是指对评价本身的评价，通过对评价的监控，可以确保评价的规范性、科学性，也是评价结果是否可靠的最后保障。课程评价是一个持续性的过程，它贯穿于课程实施的整个过程之中，并不以某一评价活动的结束为终点，而是一个持续性的评价反思活动。但当下生物学课程的评价往往以评价报告的完成为活动的终点，缺乏对课程评价的元评价，这是造成课程评价发展滞缓的原因之一。缺乏元评价的课程评价，其评价结果的可靠性得不到确保。

元评价既可以是自我评价，也可以邀请专家进行评价，但无论哪种评价，元评价都需要关注一些内容并基于一定的标准。元评价可以包括对评价设计、评价实施和评价报告的评价，而评价标准则依据评价内容和评价目的的不同而不同。

【案例研讨】

学者瑞玛(Remr，2009)设计了一份针对课程评价过程中收集数据的质量评价表①，具体内容如表 7-4 所示。

表 7-4　质量评价表

参数	具体描述
相关性	数据可以利用的程度
准确性	数据无差错且准确的程度
时效性	依据评估目的提供和更新数据的程度
可得性	数据获得的容易程度
可比性	数据在多大程度上可以比较（数据之间或者是沿时间发展的发展）
一致性	数据以相同格式保存的程度
完整性	数据的完整程度

问题：

1. 数据的质量会对评价结果产生什么样的影响？

2. 在评价的过程中如何确保收集的数据是高质量的？

二、生物学课程评价展望

课程的评价会随时代的发展、研究的引领而得到不断的深化和提高。生物学课程评价对于生物学课程的发展和完善意义重大，课程评价也直接影响了学

---

① 　REMR J. Možnosti a limity využití principu meta-evaluace ve spole č ensko-vědním výzkumu[M]. Praha：FSV UK，2009.

生的学习。当生物学课程的目标、内容和实施等方面都在不断完善的同时，课程的评价也亟须提高和改进。

首先，课程评价应走向全面性、系统性。课程评价内涵丰富，既包含对课程内在功绩的分析和判断，也包含对课程价值的评判，两者缺一不可。对学生学业的评价也应该与生物学课程的目标和内容相匹配，不仅评价学生在达成课程目标方面的程度，也评判学生的学习成就，并以课程评价影响教和学。

其次，以研究的方式进行理性的评价。生物学课程的评价过程与一般的教育研究方法相似。课程评价的结果是否能够被公众所接受，是否能够影响生物学课程的发展和改革，其中的关键因素在于课程评价是否基于理性，评价方法是否科学和严谨，评价报告是否公正可靠。以研究的角度推进生物学课程评价，一方面可以避免评价的经验化和表面化，另一方面也可以避免少走弯路，在研究的基础上使课程评价向纵深发展。

最后，课程评价的持续性和广泛性。课程评价可以在课程的设计阶段、实施阶段和完成阶段进行，而课程评价旨在为课程的改革和完善提供依据。所以持续性的课程评价可以为课程发展提供持续的支持。同时，生物学课程评价也可以在更大范围，更多的研究对象和更全面的研究者参与的情况下进行，这样可以提高研究的效度。同时，通过评价鼓励更多的教师参与到课程改革中，也激励老师们走向专业发展的道路。生物学课程评价领域呼唤更多的团体、教师和研究者能够继续对这一领域进行深入的探索和研究，发展一系列可靠有效的评价方法和策略来改变当下评价中存在的问题和困境。

【学以致用】

某教师在教授完一学期的生物学课程之后，想知道学生的科学思维的发展和变化。他从网上挑选了一些题目汇编成一份试卷，作为测量的工具来衡量学生的科学思维。结果，他发现学生整体得分较高，相比之下，平常成绩好的学生在这次测评中成绩比较突出。因此，他认为这个学期的生物学教学对于提高学生的科学思维是有效的，尤其是对成绩好的同学效果更明显一些。

问题：

1. 你觉得该教师的评价方法对吗？为什么？
2. 请设计一份评价学生提问能力的评价方案。

【拓展延伸】

国际文凭组织 IBO 为全世界所有学生开设了一门生物学 IB 课程，该课程属于实验科学类。IB 课程的最终成绩会影响学生的大学申请，IB 课程评价不单一化、简单化。IBO 对该课程的评价方式是内部评估和外界考核相结合，内部评估是质性评价，是由任课老师进行评价，重视学生的学习全过程，教师按照评价标准进行评价，以档案袋方式为主，内部评估占学生最终成绩的 20%～50%。生物学 IB 课程中内部评估的 5 项要素包括能动性、探索、分析、评价、表达。能动性是学生在实验研究中的参与程度；探索是学生科学研究的开展情况；分析是学生对实验数据进行科学合理的分析；评价是对学生研究问题得出的结论进行评价；表达是指学生对自己最终得出观点的表述是否科学、完整、简洁。通过对这 5 个要素进行评价，可以更好地评价学生的能力和表现。

问题：

请分析 IB 生物课程的评价方式及其评价内容的特点。

第八章　中学生物学校本课程的设计与开发

【学习目标】

学习本章内容后，你应该能够：

- 简述我国三级课程管理体制；
- 认同校本课程的价值；
- 简述泰勒原理的理论基础和基本内容；
- 阐明中学生物学校本课程设计与开发的基本流程；
- 在开展中学生物学校本课程前，根据要求进行前端分析确定校本课程目标；
- 有选择、有依据地选择和组织中学生物学校本课程内容；
- 实施校本课程中能够开展多样化的评价方式。

【内容概要】

校本课程是三级课程中的重要组成部分，对师生、学校和课程的发展及文化的传承有重要意义。根据泰勒原理演化而来的课程开发模式——"目标模式"，对中学生物学校本课程的设计与开发较为适宜，其以课程目标的确立为导向，从确定目标到选择内容、组织内容、课程实施、评价结果，形成了一个较为完整、步骤明确、符合客观规律的开发程序。

【学法指引】

关注"聚焦问题"，结合相关理论基础和案例对中学生物学校本课程设计与开发的流程进行具体的分析，将理论与实践相结合，科学掌握中学生物学校本课程的设计、开发与实施等。通过本章的"拓展延伸"栏目，读者可以结合所学内容对本章的学习效果进行自我评估。

第一节　校本课程开发的概述

【问题聚焦】

1. 我国现行的课程管理体制是怎样的？
2. 为什么要进行中学生物学校本课程开发？
3. 中学生物学校本课程开发的主要理论基础是什么？

【案例研讨】

某中学正在进行生物学校本课程编写的研讨，王老师讲到泰勒原理是校本课程开发的重要理论基础时，引发了讨论：

教师1：泰勒原理早就过时了，我们应该引进更新的课程理论。

教师2：我不同意。泰勒原理为我们开发校本课程提供了一条主线，我觉得它很有参考价值。

教师3：我们可以摸着石头过河，试一试就知道行不行了。

问题：

你认为泰勒原理过时了吗？应该怎样认识泰勒原理？

一、三级课程管理体制

教育部于2001年颁布的《基础教育课程改革纲要（试行）》规定："改变课程管理过于集中的状况，实行国家、地方、学校三级课程管理，增强课程对地方、学校及学生的适应性。"这代表着我国在课程管理领域的一次重大变革。三级课程管理的课程形态有国家课程、地方课程和校本课程，三种课程形态的管理和开发主体不同。国家教育管理机构制定国家课程标准，省级教育行政部门依据国家课程管理政策和本地实际情况，制订本省（自治区、直辖市）实施国家课程的计划，规划地方课程，报教育部备案并组织实施。经教育部批准，省级教育行政部门可单独制订本省（自治区、直辖市）范围内使用的课程计划和课程标准。学校在执行国家课程和地方课程的同时，应视当地社会、经济发展的具体情况，结合本校的传统和优势、学生的兴趣和需要，开发或选用适合本校的课程。各级教育行政部门要对课程的实施和开发进行指导和监督，学校有权力和责任反映在实施国家课程和地方课程中所遇到的问题。

(一)国家课程

通过国家统一开发和管理、依据国家行政力量在全国范围内推行的课程叫作国家课程。国家课程由政府组织专家学者统一开发，接着在全国范围内实施，它是未来公民接受基础教育后能够达到基本素质要求的保障，也是国家意志的体现。在官方课程文件中，国家课程以课程标准、教学大纲、教科书等来体现。国家课程最重要的职责在于确保所有学习者学习的权利，是实现教育公平的重要保障，是基础教育阶段学校课程体系的主体部分。学习者通过学校教育，培养自己的文化素养。同时，它的课程性质与地位决定了它的关注共性和普适性。因此，国家课程要保障所有学龄儿童都有受教育的权利，可以通过获得知识、发展能力和道德情感，成长为一个积极的具有责任感的社会成员。

(二)地方课程

地方课程又称地方本位课程，是指地方教育行政部门根据国家课程政策，以国家课程标准为基础，在一定的教育思想和课程观念的指导下，根据当地经济、政治、文化的发展水平及其对人才的特殊要求，充分利用地方课程资源而开发、设计和实施的课程。它是不同地方对国家课程的补充，反映了地方和社区对学生素质发展的基本要求，体现地方的风土人情和教育特色，是传承地方文化、传播地方知识的重要手段，具有鲜明的地域色彩。虽然国家课程强调的是"普适性"，但事实上由于我国长期实行高度统一的课程制度，国家课程是很难满足全国不同地区、不同学校、不同学生的需要的，这也在一定程度上反映出了国家课程与各地社会发展的差异性与多样性之间存在一定的矛盾。地方课程可以弥补国家课程在地方教育情境的缺陷，从而帮助地方实现教育功能。

(三)校本课程

校本课程是"以学校为本""以学校为基础"，通过分析学生需求及学校内外部因素，面向本校师生的、师生共同参与的一类包含设计、实施、评价的课程。[①] 1973年，爱尔兰阿尔斯特大学召开的一次关于国际课程的讨论会上，菲吕马克和麦克米伦首次提出校本课程的概念。这是世界教育史上校本课程第一次以专业名词的形式出现在教育领域的世界大众的视野中。在这个名词被提出之后，世界各地的学者开始从不同角度进一步对校本课程的概念进行界定。然而，校本课程一词进入我国教育领域的视野是在20世纪90年代，

---

① 邵玉茹，黄其明. 浅析美国的校本课程开发[J]. 现代教学，2014(Z3)：144-145.

我国学者们纷纷投入到校本课程的研究，不同研究者对于校本课程概念的界定有着不同的表述。我国校本课程的体现形式有两种：广义的校本课程指为满足具体学校的发展需求和学习者的学习需求，充分利用当地和学校的课程资源，由学校自主研制和实施的多样性的、可供学生选择的课程，它列属国家课程之外；狭义的校本课程指国家课程的校本化实施，即学校和教师通过选择、改编、整合、补充、拓展等方式，对国家课程和地方课程进行再加工，使之更好地达到学校和学习者的需要。校本课程广义上的定义不仅明确了学校具有自主权决定要教什么知识的问题，而且明确了学校在自身实际情况的基础上可以对所提出的校本课程进行教材的编写，绝不仅仅只是依赖统一的教科书。狭义上的定义更注重教育部门给予学校一定或部分的自主权。

二、校本课程开发

关于校本课程开发的定义，最早可追溯到 1973 年。1973 年 7 月，在爱尔兰阿尔斯特大学，经合组织（OECD）所辖机构"教育研究革新中心"召开了一场关于"校本课程开发"的国际研讨会。在这个会议上，菲吕马克和麦克米伦最先对校本课程开发进行了界定。[①] 在此次会议之后，国内外的众多学者对校本课程开发的定义做出了自己的见解。但在实践过程中，很少或几乎没有任何一所学校是完全按照广义定义进行校本课程开发的，更多的学校体现了狭义的定义。2000 年，崔允漷教授出版了《校本课程开发：理论与实践》一书，明确提出校本课程开发是学校根据本校的教育哲学，通过与外部力量的合作，采用选择、改编、新编教学材料或设计学习活动的方式，并在校内实施以及建立内部评价机制的各种专业活动。[②] 2016 年 9 月，《中国学生发展核心素养》研究成果正式发布，核心素养理念很快深入人心。2017 年 9 月，中共中央办公厅、国务院办公厅印发《关于深化教育体制机制改革的意见》，明确指出："要注重培养支撑终身发展、适应时代要求的关键能力。在培养学生基础知识和基本技能的过程中，强化学生关键能力培养。"核心素养、关键能力无疑已经成为当前基础教育改革的焦点。如何适应新一轮课改要求，在校本课程开发中有效地渗透和落实核心素养理念，提升学生成长和全面发展所必需的关键能力，从而完成立德树人首要目标，成了亟待解决的教学管理问题。

20 世纪 70 年代以来，英国、澳大利亚等国开始流行与国家课程开发相对应的校本课程开发，各国政府曾先后把全部或部分课程编制权下放给基层地方

---

① 余晨丽. 美国校本课程开发简介[J]. 现代教学，2009(9)：74-76.

② 崔允漷. 校本课程开发：理论与实践[M]. 北京：教育科学出版社，2001.

或学校，从而使学校及教师在课程编制方面有了较多的自主权。这股逐渐形成的世界潮流被称为"校本课程运动"。由于各国的政治制度和教育传统背景不同，校本课程开发在各国的发展路径也不尽相同。90 年代以后，我国也开始逐渐兴起校本课程开发。我国的校本课程开发是我国中小学多年来实施的活动课、选修课和兴趣小组，为我国的校本课程开发提供了良好的基础。校本课程体现了本土化，既能体现各地方学校的办学宗旨、资源优势和学习者需求，又能与国家课程、地方课程紧密结合，具有多样性和可选择性。随着各项改革的深化和经济社会的发展进步，我国校本课程的开发迎来了前所未有的机遇。教育部 2001 年 6 月制定的《国家基础教育课程改革指导纲要（试行）》更为明确地指出，"为保障和促进课程对不同地区、学校、学生的要求，实行国家、地方和学校三级课程管理"，对学校的课程权责做了详细的规定。在上述政策的引导下，教育部在全国部分地区建立了课程研究中心，主持校本课程的开发与实验。从此，我国校本课程的实施有了一定的政策保障，校本课程开发开始进入了国家课程政策的范畴。首先，社会政治生活的民主化与经济文化的多元化发展，对学校课程的需求日益多样化和个性化；地方和学校的课程决策自主权进一步加大，这为校本课程开发提供了巨大的需求可能、政策支持和发展空间。其次，近年来的课程改革为校本课程的开发奠定了基础。[①] 最后，我国课程与教材改革的发展形势也对校本课程开发提出了迫切的要求。因此，这些都表明校本课程开发在我国是可行的。

　　在新课程改革背景下，校本课程开发有着许多现实意义。它可以弥补国家课程发展的不足，还能满足地方和学校及学生的需求；它有助于促进教育民主化发展，同时有助于推动中国内地素质教育改革的深化，促进全民教育及全方位的教育的实现；有利于教师的专业化发展；推动学校更好地适应市场需求，彰显自身特色，同时有利于促进教育者之间的合作与交流。当前，我国校本课程的开发实践，已经取得了一定的成绩，积累了一定的经验，个别学校形成了较为成熟、完备的课程开发机制与模式，一些学校通过校本课程开发促进了学生和教师的发展，形成了学校特色。崔允漷等人对我国中小学校本课程开发总体情况做了调研，选取了浙江、江苏、上海等地的 10 所中小学，研究结果发现：90％的学校在不同程度上进行了校本课程开发，67.8％的校长及教学行政人员认为校本课程开发对学生发展有好处，近 60％的教师积极参与校本课程

---

① 吴刚平. 校本课程开发的定性思考[J]. 课程·教材·教法，2000(7)：1-5.

的开发；同时也发现，有 40.5％ 的教师对校本课程的态度是消极的或者毫不关心。[①] 因此，校本课程开发的必要性具体表现在以下 4 方面。

(一)师生层面

教育部在《关于全面深化课程改革落实立德树人根本任务的意见》中指出，深化课程改革、落实立德树人根本任务具有重大意义。深化课程改革要做到"以人为本"，这就要求要充分尊重每一个人的个性特点，做到学生个性化发展。那么，校本课程在开发时要注重充分结合每一个学校的优势，利用本土化资源有针对性地开发多样化课程，提高学生的学习兴趣，拓展学生学习面的宽度，促进有意义学习的发生，促进学生学科核心素养的有效达成。校本课程开发也要体现一定的人文意义，学生可以成为课程的开发者、参与者，充分发挥其潜能，这有利于学生综合能力的提高；其次，校本课程的明确性、多样性和灵活性也将利于学生更好地学习，让学生在学习中逐渐达成核心素养，使学生主体性发挥到最大化。

同时，还要求全面提高育人水平，让每个学生都能成为有用之才。课程改革要基于中国基本国情，面向全体学生，促进全面发展。随着经济的高速发展，社会需要越来越多的掌握某种或多种知识、技能的通用型、标准化人才，以此来适应经济文化的多元化发展。因此，国家课程虽然在形式上保障了面向全体学生，以利于实现国家的教育目标。但是，随着知识经济时代的到来，社会分工越来越细，培养创造力、重视质量、发展个性成为知识经济时代的新要求。因此，专业化、创造性就成为未来社会对人才的基本要求，而培养专业化、创造性人才的目标仅仅依靠国家统一课程难以实现，个性化的校本课程发挥着不可替代的作用。

教师是学校的基本组成部分，也是教学活动必不可少的角色。课程的有效实施需要借助教师教学经验的运作和学生课堂知识的建构。在校本课程开发过程中，教师担任着重要的角色，也是校本课程开发的主要力量。相关研究与大量的教师培训实践活动证明了个性化教师更利于个性化校本课程开发，而个性化校本课程开发同样也促进教师个性化的形成，两者相辅相成。教师在参与校本课程开发的过程中，其研究经历也是解决问题、不断反思和主动改进的有意义的学习，可以有效地促进教师个性化专业素质的养成，使教师更好地在教

[①]　崔允漷. 我国校本课程开发现状调研报告[J]. 全球教育展望，2002(5)：6-11.

学中展开针对性教学，并关注学生核心素养的达成。

(二)对课程发展的价值

1. 实现国家课程的高效转化，弥补国家统一课程的弊端

我国长期以来执行着国家统一课程管理政策，在《国家基础教育课程改革纲要(试行)》拉开的新一轮课程改革的序幕中，三级课程管理已然成为亮点，在对基础教育课程改革与发展中起到了主要的促进和推动作用。我国地大物博，幅员辽阔，各地区发展不平衡，分别体现在社会、经济、文化、民族等方面。由于历史原因形成的民风民俗、生活习惯的巨大差异，国家课程根本不能完全满足每一个地区教育的实际需求。随着当今社会科技的飞速发展，我们的知识也要日益更新，校本课程的灵活性就在一定程度上弥补了国家课程编制周期和修订期间隔较长的缺陷，实现了国家课程的有益补充与转化。校本课程开发是一个持续的、动态的、逐步完善的过程，教师和学校可以根据教育教学的实际情况变化，经常性修订课程，以提高课程在学校教育教学中的适应性，使学生得到更好的发展。

2. 顺应世界课程管理发展趋势，构建我国课程管理新模式

一个国家基础教育的课程管理体制分为中央集权和地方集权，同时也在一定程度上反映了国家的政治体制。中央集权制国家的教育系统资源与权利的组织、再分配是由国家权力机构统筹掌握的，参与课程决策的主要参与者是代表利益国家的教育部门，课程开发也是由国家教育权力机构组织专家决策，采取自上而下的推广模式，同时也控制着学校课程。而地方分权制国家，则是赋权于地方课程管理，地方又赋予了学校和教师课程自主权。因此，校本课程开发在一定程度上可以起到优化教育权力、重新配置资源的作用，更有助于实现教育意图和目的。

20世纪80年代末，世界上大多数国家都取消了国家统一课程开发和校本课程开发的单一管理模式。中华人民共和国成立以来，国家教育部一直掌握着整个教育系统资源和权利的组织与分配，同时也控制着学校的所有课程。但是后来随着"试行国家课程、地方课程、学校课程"一系列政策的出台，也出现了一些新的问题：在课程体制向分级管理体制过渡的进程中，如何确保顺利实现，我们应该如何处理与分配三级管理主体的关系。基于我国实际国情，构建符合我国国情的三级课程管理框架和课程管理模式显得极为重要。

（三）对学校发展的价值

1. 彰显学校本土化特色，扩展办学空间

教师和学生的发展离不开学校，三者相辅相成。学校的环境和条件制约着师生的发展，师生的发展又反过来促进学校的发展。因此，学生的成长、教师的发展实际上就是学校的发展，学校特色就是通过教师和学生来达成的。在校本课程开发中，要求结合学校特色，促进教师和学生的个性化发展，教师与学生个性化发展形成的过程也是学校逐渐彰显自己特色的过程。如果一所学校，没有自己的特色那就没有了生气与活力，自然就不会有明显的教学优势。因此，学校特色的形成也就是校本课程开发的自然追求。

以往，由于国家长期处于中央集权课程管理体制下，学校通常只是一个循规蹈矩的执行者，没有自由探索与创造的空间可言，这往往导致绝大多数中小学千篇一律，教学模式单一。校本课程开发有利于彰显学校本土化特色，学校可以结合自身实际办学情况，基于当地独特的文化历史背景，充分利用学校教学优势，调动社会资源，依托学校教育人员，从而使学生进行有意义的学习。校本课程开发不但在一定程度上提高了课程的适应性，同时也使学校的教育活动变得更加丰富与灵活。相较于国家课程而言，校本课程更容易形成自己的办学特色。

（四）传承地方文化，领悟文化内涵

国家文化引领地方文化，地方文化集成国家文化，两者互动生成，内在统一。传承地方文化，领悟其文化内涵，对于国家乃至地区的发展有着重要的价值。在国家课程开发过程中，我们可以见到教材编写者在教材编写过程中根据课程改革目标的设置，有意识地选择有价值的地方文化融入国家审定的教材之中，从而强调地方文化的传承，地方政府也毫不例外。校本课程开发是传承地方文化的重要途径。在校本课程开发过程中，教师及学校针对学生的实际发展需要，筛选当地重要文化，继而传承于学校课程整体规划之中。这一过程十分灵活，它既可以单独作为地方文化课程，又可以融入国家课程或者地方课程的校本转化之中。一些学校取得了很好的效果，比如可以借助国家设定的综合实践活动课程时间，让学生通过主题探究的形式吸收地方文化，从而感受文化底蕴。教师也可以在国家规定的学科课程实施过程中，开展多样化教学活动，比如通过课堂教学的情境导入、课中教学的案例分析、课外的拓展延伸等来适当向学生介绍地方文化。此种形式的开展，一举两得，既带动了课堂气氛，让学科课程从静态变为动态，利于学生对知识的内化与运用，又使得地方文化在教

学过程中得到传承，增强学生的责任感与自豪感。

目前我国中学生物学课程仍然是以学科为中心、知识为中心的课程设计。课程的知识体系是以学科体系为基础，考虑的是学科的完整性和系统性，但是没有充分考虑到学生学习的特点和学生发展的需要。课程的实施注重书本知识，忽略实践能力。课程往往要求学生掌握的知识量大，事实多，但多是一些低层次认知的要求，并不能有效发展学生高层次的思维能力。实验室、专题研究活动和实践的时间在整个课程中的占比小，学生主动性不够。课程没有能够体现科学的探究本质。纸笔测验单一的考核方式也导致了生物学课程对学生科学态度、科学精神、科学的世界观培养不够。这些问题制约着我国生物学教育水平的提高，也在一定程度上不利于学生生物学学科核心素养的达成。目前，校本课程开发在全国仍处于发展不均衡的状态。校本课程主要集中于少部分重点中学，如上海大同中学、南师大附中等。尽管在课程改革的实践层面上，以上这些学校都进行了具有"校本"意义的课程开发，取得了阶段性的研究成果，但作为一种理念与模式，校本课程开发在我国仍处在初始阶段。尤其对于生物学科来说，要开发出有特色、成体系的校本课程还需不断地探索，同时也有一系列的实际问题和困难等着我们解决，比如在很长的一段时间内我们都会面临概念含混、群体参与度不高、受评价制度钳制和发展失衡等一系列问题，解决这些问题也是我们今后要持续研究的课题。因此，就我国当下的新课程改革而言，校本课程开发有着广阔的空间，只有相互适应取向的校本课程开发才能使得面向全国的课程改革方案更好地适应不同的地方和学校。

三、校本课程开发的理论基础——泰勒原理

(一)泰勒原理的理论基础

1. 科学管理理论

泰勒提出的"课程原理"深受20世纪初诞生的科学管理理论的影响。泰勒是美国古典管理学家、科学管理思想的创始人。他在工厂的经历使他了解工人们普遍怠工的原因，他感到缺乏有效的管理手段是制约生产率提高的重要因素。为此，泰勒开始探索科学的管理方法和理论。他从"车床前的工人"开始，重点研究企业内部具体工作的效率。在他的管理生涯中，他不断在工厂实地进行试验，系统地研究和分析工人的操作方法和动作所花费的时间，逐渐形成其管理体系——科学管理。1911年，泰勒出版了《科学管理原理》，指出管理是

一门建立在明确的法规、条文和原则之上的科学。泰勒认为①，科学管理的根本目的是谋求最高的工作效率，最高的工作效率是雇主和雇员达到共同富裕的基础，达到最高工作效率的重要手段是用科学化的、标准化的管理方法代替经验管理。科学管理理论冲破了传统的落后的经验管理方法，将科学引进管理领域，并且创立了一套具体的科学管理方法来代替单凭个人经验进行作业和管理的旧方法。而且，由于采用了科学的管理方法和科学的操作程序，生产效率成倍提高，推动了生产的发展，适应了资本主义经济在这个时期的发展需要。

当然，科学管理理论也有其局限性：它将工人假设为"经济人"，重视物质技术因素，忽视人及社会因素；它将工人看成机器的附属品，看成提高劳动生产效率的工具，因此在生产过程中强调严格服从，没有看到工人的主观能动性及心理社会因素在生产中的作用，认为人们只看重经济利益，根本没有责任心和进取心。科学管理理论体现出对工具理性的追求，而这一点也影响了"泰勒原理"，成为后来学者批判"泰勒原理"的一个靶子。

泰勒的科学管理理论影响了美国的工业化进程，也对泰勒提出自己的课程原理产生了重要影响。科学管理理论告诉人们，课程应该关注社会任务，并且以功利价值为导向。在《课程与教学的基本原理》中，泰勒提出的 4 个问题恰恰是在课程开发中追求效率和功利价值的体现，而且，4 个步骤构成了课程开发的基本程序，体现出浓厚的控制与效率色彩，而这也是受到科学管理理论影响的体现。

2. 行为主义心理学

行为主义心理学是美国现代心理学的主要流派之一，也是对西方心理学影响最大的流派之一，代表人物有华生、斯金纳等。1903 年，华生完成了他的博士学位论文《动物教育：白鼠的心理发展》。接着，他留在芝加哥大学主持动物心理实验室的研究工作。1908 年，华生离开芝加哥大学，前往约翰霍普金斯大学任教授，在该大学任教期间他发展了行为主义心理学体系。1913 年，华生在美国的《心理学评论》杂志上发表了一篇题为《一个行为主义者眼中的心理学》的论文，这篇论文乃是行为主义心理学正式成立的一个宣言。1914 年，他又出版了《行为：比较心理学导论》一书，标志着他的行为主义心理学理论体系已初具规模。在第一次世界大战期间，华生中断了其心理学的研究，1919年，他的《行为主义心理学》一书出版，这部书是华生的代表作。他在这部书中

---

① 弗雷德里克・温斯洛・泰勒. 科学管理原理[M]. 北京：北京大学出版社，2013.

系统地表述了他的行为主义心理学的理论体系。

行为主义者认为，心理学不应该研究意识，只应该研究行为。所谓行为，就是有机体用以适应环境变化的各种身体反应的组合。例如，华生宣称心理学家应该像物理学家那样去使用意识，即只把它看作关于客观事物的经验，而不看作关于心理活动的经验。他认为，心理学研究行为的任务就在于查明刺激与反应之间的规律性关系，这样就能根据刺激推知反应，根据反应推知刺激，达到预测和控制行为的目的。

行为主义者认为，学习是刺激与反应之间的联结。他们的基本假设是：行为是学习者对环境刺激所做出的反应。他们把环境看成刺激，把与之伴随的有机体行为看作反应，认为所有行为都是习得的。行为主义学习理论应用在学校教育实践上，就是要求教师掌握塑造和矫正学生行为的方法，为学生创设一种环境，在最大程度上强化学生的合适行为、消除学生的不合适行为。例如，斯金纳认为，心理学所关心的是可以观察到的外表的行为，而不是行为的内部机制。他认为，心理学必须在自然科学的范围内进行研究，其任务就是确定实验者控制的刺激与有机体反应之间的函数关系。当然他不仅考虑到刺激与反应之间的关系，也考虑到那些改变刺激与反应的关系的条件。在研究方法上，行为主义主张采用客观的实验方法，而不使用内省法。

行为主义心理学对泰勒的课程思想产生了深刻的影响。在阐述其理论时，泰勒经常运用该心理学来描述自己的主张。例如：在阐述课程目标时，泰勒就主张确立"行为目标"，即可以观测、可以控制的外显的目标；在课程实施方面，泰勒强调在学生做出学习的反应之后予以积极的反馈。

（二）泰勒原理的基本内容

泰勒原理是在 19 世纪末 20 世纪初一系列社会思潮的基础上提出来的，同时是对当时的课程开发方法的提炼和提升。在泰勒研究课程的年代，行为主义心理学大行其道，科学管理的思想成为改变人们思维方式和行动方式的利器。受其影响，早期的课程研究者提出了一些有效开发课程的方法，如"工作分析""经验分析"等。这些方法一方面为泰勒提出自己的原理积累了素材，另一方面启发了泰勒去研制一种更科学、更有效的方法，甚至构建一种普遍适用的模式。美国在 20 世纪 30 年代经济大萧条背景下推行课程改革运动，泰勒积极参与其中，特别是作为评价组的组长亲历了著名的"八年研究"，这又为泰勒原理的提出奠定了坚实的实践基础。泰勒原理开宗明义，要求任何学校开发课程，都必须回答 4 个问题。其中第一个就是："学校应该达到怎样的教育目的？"以此为导向，再去选择经验、组织经验进而评价结果。由于这一模式以确定课程目标为前提，因而又被称为课程开发的"目标模式"。由于这一模式便于操作、简洁明了，很受课程开发者的青睐，所以直到今天仍然被人们广泛使用。

在《课程与教学的基本原理》中，泰勒开宗明义，提出了开发学校课程必须回答的 4 个问题①：

(1)学校应该达到怎样的教育目的？

(2)为达到这些教育目的，应该提供什么样的教育经验？

(3)怎样有效组织这些教育经验？

(4)我们如何确定这些教育目的正在实现？

这 4 个问题描述了一个理性化的、逻辑的、分析的课程编制方法。首先，泰勒原理是一种理性化的课程开发模式。泰勒所提出的 4 个问题致力于寻求课程开发的理性的、合乎逻辑的原理，这一原理可以普遍适用于任何教育情境。经过探究和思考，泰勒找到了这一原理。从确定目标、选择经验、组织经验到评价结果，这是一个线性的、步骤明确的课程开发程序，符合客观的理性原则。其次，泰勒原理追求课程开发程序的"普遍适用性"。可以说，泰勒原理关注的是学校教育的"共性"，这一点从课程目标的确立中可以明显看出来。泰勒提出了确立课程目标的 3 个维度，即社会的需要、学生的需要和学科知识。这 3 个来源显然是在普遍意义上提出来的，不可能关注学生的个别差异性。可见，泰勒原理最终关注的是预期的课程产品，在这里，学生是顾客，课程开发就是一个商品生产的流程，生产出产品(课程材料)后交给消费者(学生)使用。最后，泰勒原理在价值取向上体现了科技理性所秉持的工具理性。工具理性的基本特征就是控制和效率，而泰勒原理正是确立了一个高效率的、容易控制的课程开发过程，通过该过程达到一个预先确定的目的。在这里，课程目的完全是预设的，不是随着学生经验的展开而生成的；学生是接受教育的客体，而不是学习的主体；课程开发是一个客观的、价值中立的过程，而没有人的价值判断。显然，在这个原理的背后隐藏的仍然是传统的工具理性。

当然，泰勒原理所体现的工具理性是那个时代所特有的价值观在课程领域的反映，它不可能超越时代精神特征和社会发展的现状。尽管如此，泰勒原理所代表的科学主义课程开发还是存在一些缺陷：学校教育具有情境性，课程开发也是一个复杂的过程，片面追求所谓的"程序"和"普适性"，导致不可避免地忽视一些有意义的教育经验；课程目标更多的是在教师和学生主动

---

① 弗雷德里克·温斯洛·泰勒. 课程与教学的基本原理[M]. 北京：人民教育出版社，1994.

建构知识、形成意义的过程中产生的，而不是预设的，仅仅关注预设的、可观测的行为目标，将忽视那些非预期的、不可观测的目标；泰勒原理追求客观的课程产品，它只追求达到目的的手段，而对目的本身的价值和意义缺少追问。

尽管如此，在今天我们学习和研究泰勒原理仍然具有重要的意义。

其一，有利于把握现代课程发展和演变的轨迹，了解课程理论的发展脉络，进而学会探究课程问题、发现课程规律。尽管泰勒原理已经提出了半个多世纪，但它的起因、内容以及发展的命运都值得我们去深思，尤其是它所反映出的一些规律性的问题，恰恰为我们理解和把握课程问题的本质提供了启发。

其二，有利于掌握课程开发的技术，指导实践。课程是学校教育的基本要素之一，课程设计和开发的能力是学校教师应该具备的基本素养。这涉及对课程问题的深入理解，以及一些基本的课程开发技术。泰勒原理作为一种比较精细的课程开发模式，可以为我们在学校教育的实践中开发课程提供具体的指导。

其三，有利于提高洞察力，提升专业理解。教育是一种育人的事业，它需要人们对教育问题和现象做出价值上的解读和基本的判断，这要求教育工作者形成自己对教育的理解，使自己达到一定的专业高度。尤其对于中小学教师而言，课程理论知识可以丰富他们对教育教学的理解，使其从课程的角度而不仅仅是从教学的角度看待问题和教育事件，从而获得深邃的专业洞察力。

四、校本课程开发的"目标模式"

在课程开发领域，最主要的模式就是"目标模式"。该模式以泰勒原理为理论基础，以课程目标的确立为导向，从确定目标到选择内容、组织内容、评价结果，形成一个完整的流程。

(一)"目标模式"的含义

"目标模式"是 20 世纪初开始的课程开发科学化运动的产物。它以实用主义哲学为指导思想，深受行为主义心理学的影响，将目标作为课程开发的基础和核心，强调先确定课程的目标，再以精确表述的目标为依据进行评价。它是课程开发研究领域最具权威性的理论形态，也是教育实践中运用最为广泛的实践模式，目前在许多国家已广泛用于课程的开发和教材的编写。"目标模式"的基本过程如图 8-1 所示。

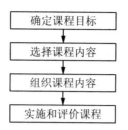

图 8-1　课程开发目标模式的基本过程

(二)课程开发的基本过程

所谓"课程开发",是指完成一项课程计划的整个过程,它包括确定课程目标、选择和组织课程内容、实施和评价课程这几个阶段。下面对这几个阶段进行简要分析。

1. 确定课程目标

所谓课程目标,就是通过课程方案的实施而达到的预期的学习结果。在课程设计中,课程目标往往被描述为学习者经过一段时间的学习后应该达到的状态,或应该取得的学习结果。对学习结果的描述一般都用行为动词,如"理解""掌握""学会""记住"等。确定课程目标是课程开发的第一步,它指引着课程开发的方向,因此对于课程开发具有重要意义。

2. 选择课程内容

课程内容是指构成课程的基本要素,主要有各门学科知识、学习者要掌握的各种教育经验以及活动形式等。课程的教育价值在很大程度上是通过课程内容得以体现的,或者说,课程内容反映了教育者为学习者提供了怎样的发展机会。选择课程内容就是根据人们对学校教育目的的理解,结合课程目标,从学科知识、当代社会生活经验或学习者的经验中选择知识和经验的过程。这些知识和经验构成了课程的基本要素,是课程内容的基本载体。课程内容的选择是为学生提供怎样的发展机会的问题,是课程论研究的重要课题。

3. 组织课程内容

开发课程并不是将知识和经验选择出来堆在一起就行了,而是必须根据一定的原则和方式对这些内容进行组织。课程内容的组织是指在一定教育观的指导下,将所选择的各种课程内容妥善组织成课程结构,以有效实现课程目标。如何组织课程内容体现了不同的价值取向,最终导向不同的课程形态,如学科课程与经验课程、分科课程与综合课程等。组织课程内容的基本方式有两种:一是垂直组织,就是将课程内容按纵向发展的序列组织起来;二是水平组织,就是将课程内容按横向关系组织起来。

4. 实施课程

课程开发的过程也包含了课程的实施。所谓课程实施，就是将设计好的课程方案付诸实践的过程。课程实施是一个行动的过程，通过这个过程将观念形态的课程转化为学生所能接受的课程，从而实现课程内在的教育意义。课程实施有不同的操作方式，即不同的取向，主要包括 3 种：①忠实取向，即忠实地实现课程计划，将课程内容予以呈现；②相互适应取向，即根据具体的教育情境调整和改变预定的课程计划，从而使课程、教师与学生相互适应；③课程创生取向，即在具体教育情境中师生共同创生新的教育经验。

5. 评价课程

所谓课程评价，就是根据既定的课程价值观或课程目标，通过系统地收集信息并予以分析、解释，从而对课程方案及其效果进行价值判断的过程。一般来说，课程评价包括两方面：课程方案的评价和学习结果的评价。其中，探讨最多的是学生学习结果的评价。课程评价在课程开发的整个过程中处于最后一个环节，发挥着重要的功能。

(三)目标模式与中学生物学校本课程开发

1. 目标模式的特色

目标模式具有合乎逻辑性，合乎科学精神，合乎政治的、经济的、教育的要求等特点。此模式适用于 3 种情况：①学生学习的结果可预先详述，并可通过行为加以表现；②学习的内容是非真假相当明确；③学生学习结果十分客观。其特色如下。

(1)折中的课程立场。

目标模式包括精粹主义的学科学术传统取向、经验主义的学生取向、社会主义的社会取向和科技主义的技术取向，是承续过去课程学者的遗绪，统合 20 世纪上半叶的课程设计原则，并融入个人的丰富经验和独到见解，加以归纳整理组成的体系。因此，如果单以社会、学生、学科专家建议作为目标的唯一来源，可能有其难以完全避免的缺点，所以不应全然依靠其中之一，如能采取折中与调和的立场，将可以避免部分不必要的争议，减少外来的批评。

(2)合理性的慎思探讨架构。

目标模式，特别是泰勒的目标模式指出课程目标的三大来源与两道过滤网，包容了许多传统观点与不同意识形态及理论假设，迎合了不同学派的论点，提出了明确的架构，所以能广受欢迎。而且，其卓越的合理架构，非常巧妙地妥协于各种敌对偏激的主张与论调之间，回避了这些偏激主张常犯的错误，因此，有其不朽之处。此外，其明确目标的建立，不仅有助于教师选择学习经验、安排适当的学习活动以利教学的进行，更为教育评价提供了一个合理的基础。这一模式统合了当时各种教育学派和思想，其所建立的模式单纯且易于了解，统括课程设计的重要因素，故迄今为止泰勒所建立的概念架构仍被广泛利用。

（3）系统性的课程设计步骤。

目标模式课程设计以逻辑、系统理性的步骤描述课程设计的程序，避免哲学与政治偏见，而且言之有物，以简单容易理解的实例说明基本过程，精简程度优于他人艰涩隐晦的著作。这一模式内容丰富，见解独到，组织严明，而且目标与手段间的联系非常严密，是合逻辑的、合科学的、合理性的活动。

此外，虽有许多学者将目标模式视为线性程序模式，但实际上目标模式是一种概念模式，它并非坚持要遵守一系列的线性步骤，如此可使其模式变得较具弹性。

2. 使用目标模式进行中学生物学校本课程开发的理由

（1）符合目标模式的适用条件。

不同于文学和艺术，生物学是一门实验科学，其课程内容一般有固定的答案和明确的结果。因此，中学生物学校本课程的学习结果可通过"行为条件＋行为描述"的形式进行表述。

（2）为课程开发提供引导。

《普通高中生物学课程标准（2017年版）》提出，学生在修满课程必修学分的基础上，可依据兴趣和学习志向选择必修和选修课程。这表明进行中学生物学校本课程开发将是每个学校都要进行的工作，而目标模式有简便易行的课程开发和实施流程，降低了课程开发的难度。

【学以致用】

阅读《普通高中生物学课程标准（2017年版）》，结合本节内容尝试写出生物学校本课程的课程目标。

第二节　校本课程案例分析

【问题聚焦】

1. 中学生物学校本课程开发的基本流程包括哪些步骤？
2. 如何将中学生物学校本课程开发的相关理论与实践相结合？

【案例研讨】

某中学要求各年级组设计一门生物学的校本课程，王老师所在的高二年级生物教研组正在积极筹备中，以下是一次教研组会议中教师们的讨论内容：

教师 1：现在到处都在倡导开设中学生物学校本课程，也不知道我们能开哪方面的课？

教师 2：我们这儿好像环境挺好的，我们可以开展与此相关的校本课程，但是具体该教什么、怎么教都是个大问题、大工程。

教师 3：对呀，而且这将会花费我们很多的精力，也不知道可不可行，最终效果如何？

在该案例中，教师们所提及的是学校、老师在开设中学生物学校本课程时经常遇到的问题。从课程目标的制订，到内容的选择和组织，再到课程的实施与评价，其中充满了各种棘手问题，这些问题就是本节将要重点讲述的内容。

泰勒原理为我们理解和把握校本课程问题的本质提供了启示，由泰勒原理所演化来的"目标模式"，作为一种比较精细的课程开发模式，可以为我们在学校教育的实践中开发课程提供具体的指导。该模式以课程目标的确立为导向，从确定目标到选择内容、组织内容、课程实施、评价结果，形成了一个较为完整的、步骤明确、符合客观规律的开发程序。[①]

一、确定校本课程目标

确定校本课程目标，这既是我们中学生物学校本课程开发的起点，也是校本课程的最终追求。因此，制订准确的校本课程目标对整个中学生物学校本课程的设计、开发和实施等都至关重要。那么我们又该如何精确、有效地制订校本课程目标呢？首先，我们需要进行前端分析，紧接着对所设计的生物学校本

---

① 杨明全. 课程论[M]. 北京：中国人民大学出版社，2016.

课程进行宏观概述，进而再确定其具体目标。

(一)前端分析

前端分析包括对学习者的分析、对相关生物学学科课程标准[《义务教育生物学课程标准(2011 年版)》和《普通高中生物学课程标准(2017 年版)》]的分析、对学校资源的分析等。

1. 对学习者的分析

课程开发者需要对学习者进行全面深刻的研究，明确掌握学习者的需要以及特点。

首先，我们要全面挖掘学生的发展需要，不仅要关注到学生今日此地的需要，同时也要考虑到学生他日异地的需求。学生发展的需要是多层次、多方面的。除了个人层次的自身最基本的需要外，还需要从国家层面、社会层面、学校层面等来看待学生的发展需要。

那么从国家层面来说，国家的宏观教育目标指明了国家需要培养什么样的人才，因此要以此为依据制定符合国家对于学生发展要求的课程目标。从社会层面来说，应该顺应时代发展的潮流，根据正确的社会主流价值观来探索学生的需求，并把学生的需求投射到未来，预见这些需求在社会生活中的用途，如此既符合现代教育教学质量观、人才观，也让课程开发适应社会发展和个人发展的需要。比如，当今涌现出许多颇具时代色彩的教育理念，如素质教育、生命教育、环境教育等，这些都是基于对当代校外生活的研究，让课程内容联系实际，对生活经验和社会问题进行梳理，有助于学生与社会的接轨。从学校层面来说，由于国家课程和地方课程无法触及本校学生的需求，因此不同学校通过设置不同的育人理念来做出必要的回应与补充，而学校的育人理念则是对本校学生的期许，也是学生发展需要的一个方面，不同学校的教育哲学对学校的办学个性、培养什么样的学生都给出了清晰的定位，有效地诠释了不同学校教育宗旨和校园文化，因此，对学生发展需要的分析也应该结合其所在学校的具体环境。

其次，对学生特点的分析要到位。初中阶段的学生大部分为 12～15 岁的青少年，该阶段是前期中等教育阶段，也是培养核心素养的第三关键教育阶段。初中学生正值青春期，处在身心发展、自我探索与人际互动面临转变与调适的阶段，需要完整提升其各维度的素养，因此课程开发者要有较新的教育思维与较强的实践能力。而高中阶段的学生大部分为 15～18 岁的青年，该阶段是后期中等教育阶段，也是培养核心素养的第四关键教育阶段，还是十二年基础教育的最后一个阶段，此阶段教育应着重提供学生学习衔接、身心发展及生涯定向所需具备的素养，同时要让此阶段的学生具备独立自主能力，提供终身学习者及世界公民所需的各项核心素养。①

除此之外，还需要对学生学习生物学的情况进行分析。如了解学生对于生物学的喜爱程度、对生物学的期望、意见以及本校关于生物学课程的开展情况和各项学业指标等，从而更好地设计和开发出符合本校学生实际情况的生物学校本课程。

具体的分析过程为：首先确定分析对象，即确定本校校本课程所面对的学生群体；紧接着确定分析方法，比如问卷调查法、测验法、访谈法、观察法等；再拟订具体的分析计划，进而开展分析工作，最后撰写分析结果的报告。

2. 对相关生物学学科课程标准的分析

在强调发展学生核心素养的大背景之下，课程改革与学校的校本课程发展进入新的阶段，学校更进一步获得了更大的课程开发自主权，学校课程也更加开放，各学科内部的传统界限可以重新加以鉴界。校本课程的发展方向与教师教学实践从原来关注学科转为关注学生学习经验，更加注重学生核心素养的培养，因此更关注学生的学习体验及实践，学生的学习重点及学习经验也在发生变化。但这并不意味着可以随意开发中学生物学校本课程，这就需要我们对相关生物学学科课程标准进行分析。可以说，课程标准集齐了多方的智慧，其中既包括学习者的需要，也包括学科专家对于该学科的理解，而学科专家的对学科的认识和见解更为专业，所以在课程设计与开发时，应准确运用并真正理解其内涵。因此分析《义务教育生物学课程标准(2011 年版)》《普通高中生物学课程标准(2017 年版)》也是课程开发前端分析中的一项重要内容，为后续中学生物学校本课程设计和开发提供了方向性；而对于相关生物学学科的课程标准的分析则是课程开发者用有目的的方式让学生与生物学学科核心素养之间产生联结。

生物学学科核心素养并非一项单独存在的内容，其必须细化为相应教育阶段核心素养、学习领域、学习重点等，并与相关的课程内容紧密联结。除此之外，还可以从课程标准中的教学建议、评价建议中借鉴可用之处，为课程开发、设计以及实施等奠定基础，提供可靠、宝贵的建议。

3. 对学校资源的分析

学校资源在很大程度上决定了其课程目标的可行性，因此在确定校本课程目标前，需要对学校资源进行全方位的分析，为后续课程的设计、开发和实施

---

① 蔡清田，张咏梅. 核心素养与课程设计[M]. 北京：北京师范大学出版社，2018.

等提供有效的保障。学校所拥有的资源是丰富的，因此课程开发者要善于挖掘学校资源来帮助校本课程的设计、开发和实施，可以将学校资源笼统地分为校内资源和校外资源。针对校内资源的分析可以涵盖学校的方方面面，如可以从建校历史和校风、教风、学风等学校的文化氛围入手，还需要解读学校的育人方针与办学思想，了解学校的行政运作机制、管理制度、财务状况、基础设施配套、师资水平、生源情况、现行中学生物学课程的特点、教学质量、特色生物学社团等。

而校外课程资源则更为广泛，包括教育政策资源、物质资源、文化资源、人力资源等。

首先，关于教育政策资源主要是指政府及其教育行政部门出台的有关教育方面的政策。例如，各级政府出台的中长期教育改革与发展规划纲要、各级政府教育行政部门年度教育工作重点、各级政府重要教育会议文件等，因此在梳理这类教育政策资源时要重点把握其中的政策侧重点，为校本课程开发方向提供政策导向，亦可为未来争取教育行政部门的支持奠定基础。当然也有一些非教育政策资源虽然是由政府及其非教育行政部门出台的，但其中不乏与学校校本课程开发相关的资源，因此在梳理这类非教育政策资源时要重点选择与学校周边、可能发展的校本课程方向有关的资源，了解政府在经济发展、文化设施等方面的布局和发展重点。例如，政府规划在学校周边建设与生物学相关的生态或农作物的产业园区和科技馆等，那么学校可以在未来校本课程发展上考虑相关的科技课程以及探究课程等。

物质资源主要是指学校周边的自然环境物质资源和社会环境物质资源，它是以具体事物的形态存在的，并可以被纳入生物学校本课程开发所使用的资源。其中自然环境物质资源主要包括山川河海、矿产、动物、植物、天气气候等，具体如环境与特点、动物类型与特性、植被分布与种类、气候条件，都可以作为中学生物学校本课程开发中的课程资源。除此之外，还有更为丰富的社会环境物质资源，包括博物馆、图书馆、少年宫、文化馆、文化站、科技馆、公园、纪念馆等场所，延伸出去还可包括景点、园区、企业、事业单位、街道、社区等，这类校外的文化教育类场所其自身就包含有教育功能，学校可以借助这类场所开展科学探究类的中学生物学校本课程。

文化资源主要是指学校所处的社区、城市、省份所具有的独特的文化资源。一方面，文化作为一种无形资源是与所处地的社会组织、经济体系、居住形式、行为系统、语言系统相融合的。文化资源与物质资源是密不可分的，包括博物馆、文化馆在内的文化场所都能集中反映地方文化资源。另一方面，文化资源又体现在日常生活之中，是渗透在其中的价值观念、生活习惯、语言行为等，需要提炼挖掘才能开发出来。具体到存在类型上，文化资源主要包括：衣食住行方面的生活文化、婚姻家庭和人生礼仪文化、民间传承文化、信仰崇拜文化、节日文化等。学校所处区域的文化既是历经不同时代积淀出来的，也是在多元文化互动中生成的，能够成为校本课程的独特宝贵资源。由于其涵盖范围广，与生活联系紧密，因此可以与多个学习领域、多个学科搭建联系。

人力资源主要是指学校所在区域中具有专长的校外人才和有一定影响的群众组织，一方面可作为校外教师加入校本课程开发和实施过程中，另一方面可在具体校本课程实施中参与相关校内外活动。其人员来源多元化，大致包括 4 类：一是学生家长，如农村的家长在农作物栽培、家禽饲养、树木种植、牧渔等方面有丰富的经验，可以支持相关的生物学方面的校本课程；二是政府、企事业单位人员，地方党政领导人，博物馆、少年宫、工厂、公司等方面的人员，他们可从政策、场地、组织协调、专业性方面提供支持；三是专家学者，其中教育方面的专家可以对校本课程开发本身进行指导，对于课程设置、内容安排、实施评价都可提供专业意见，其他生物学方面的专家学者可就开发的具体课程内容进行对口支持，或者以课外辅导员的身份来参与校本课程实施；四是民间社团和群众组织以及一些非政府组织、民间社团，他们都能成为校本课程开发的重要人力资源。①

因此，在确定校本课程目标的前端分析中，首先要因地制宜，不仅要有效地针对学生开展，还要遵循地方文化、资源、环境等差异，体现出学校特色，充分发挥学校所在地区及校内的课程资源优势。其次要注重生成，让学生也参与到校本课程的开发中来，增加师生的互动，有助于课程资源的生成和创造、资源意识和开发能力的提升；紧接着还要突出重点，有所侧重地甄别出最合适的资源并优先综合运用于校本课程；除此之外，还要优化系统，将课程资源分门别类。只有在此基础上构建合理的校本课程目标，才能更好地控制校本课程开发的成本、提高资源的利用率，也有利于学校选取最佳的课程内容来达到理想的教育效果。因此，应将学习者、实际生活和理论研究结合起来，结合"学生如何才能成为国家未来所需的人才""学生如何才能立足于社会并成为有社会责任感的公民""如何使学生达到学校的培养目标""如何让学生成为更好的自己"等一系列问题，综合考虑学生所应具备的素养，明智地为拟定校本课程目标奠定基础，提供参考依据。

---

① 李臣之. 校本课程开发[M]. 北京：北京师范大学出版社，2015.

（二）概述总体目标

完成前端分析（即对学习者的分析、解读课程标准以及资源分析等）后，在对所设计的校本课程形成总体理解的基础上，制订与国家课程目标相呼应、和学校的现实需求相依托、和学科课程目标相符的中学生物学校本课程目标。该目标意味着经过一定阶段的学习，学生在品德、智力、素养等方面所应达到的程度。我们首先应该从宏观角度对课程的价值和教育意义进行描述。虽然中学生物学校本课程目标的概述可能会显得较为笼统，但仍要全面、适当且清晰。所谓"全面"，指的是课程目标包含了各个不同领域，即认知、情感和动作三个领域，同时还要能够涵盖中学生物学课程标准所提出的四项学科核心素养，即生命观念、科学思维、科学探究、社会责任，因此课程开发者要全方位关注中学学生各个层次心智技能的养成，兼顾外显的行动和内在的思维、情感；"适当"是指目标定位的准确性和合理性，避免预设标准过高或过低，行为主体必须是学生，目标所规定的行为必须可评估、可把握；而"清晰"则是指目标要尽量具体、明确，在拟定了总体目标的基础上再制订具体的阶段性目标。

（三）制订具体目标

校本课程目标在已有的概括化的陈述方式上，结合中学生物学学科知识的特点、学习者的身心发展特点以及与时代相结合的特点，使其更加具体化、科学化、行为化、系统化，体现一定的逻辑性，才能发挥导向作用。把课程目标具体落实贯彻到每一节课中，让学生实现全面发展。每一堂课的课程目标是教师在认真研究课程标准、教材和学生的基础上提出来的。采用一些行为动词来表达学生应该如何去做，这样可以更好地说明学生的学习结果。

原来课程改革所提倡的"三维"目标，即知识与技能、过程与方法、情感态度与价值观；而如今中学生物学课程标准则将其进化为"四维"，即生命观念、科学思维、科学探究、社会责任。这4个维度是从不同方面考虑了学生的全面发展后确定的，四者之间不是独立的，而是一个整体，彼此融会贯通。中学生物学课程表中也通过一些操作性较强的动词来进一步刻画各个不同类型和水平的目标。另外，由于学生需要掌握各种各样的知识和技能，校本课程不可能对此做出面面俱到的要求，在拟定课程目标的时候应该在各个水平层次之间设置合理的梯度，根据循序渐进的原则列举不同实现程度的课程目标，以满足学生的差异性需求。不同于知识和技能目标，关于体验性目标的设定不一定严格地进行层次区分，一般会较为强调学生的经历以及感受等，强调学生通过参与课程而获得某种特别的情感体验。总之，课程开发者应尝试多用些表示主动的、外显性的行为动词，增强目标的可观测性，为后期的校本课程评价提供明确的尺度。

下面以青海省某中学开发的"校园植物鉴别·赏析"生物学校本课程为例，介绍校本课程目标的制订。在设计与开发前，可采取问卷调查法和访谈法相结合的方式，了解所在中学高中生物学校本课程开发与实践的基本情况。首先，可通过访谈学校主管教学的领导、生物组教研组长、生物组教师等人员，了解他们对开发生物学校本课程的主观态度以及开发和实施生物学校本课程的能力素质；接着，以问卷调查的方式研究学生对生物学校本课程的主观态度、课程需求、教学活动期望以及课程评价方式的期望等。通过调查结果对学生课程需求、学生综合发展水平、教师综合素质、学校能动资源等做出具体的分析，同时结合《普通高中生物学课程标准（2017年版）》，明确将生命观念、科学思维、科学探究、社会责任的生物学学科核心素养融入生物学校本课程当中，最终确立了"校园植物鉴别·赏析"的校本课程总目标：①树立结构与功能相适应、生物与环境和谐共处的正确生命观念；②利用科学思维方式，发现现实生活中的生物学问题，并进行科学探究，对生物现象进行合理解释；③利用本地资源展开科学实践，试图解决现实生活中发现的生物科学问题，提升学生社会责任感。

接下来，结合生物学学科特点以及学生身心发展特点等，将校本课程的总目标具体化。例如，结合总目标①可以细化为"通过了解植物的结构，强化结构与功能相适应的观念，分析生物与所处环境的状况，了解环境与生物相适应的观念；通过理解生物营养物质的吸收和生长情况，明确物质循环与能量流动相伴而生的观念"等。总目标②则可细化为"对于生活在高原地区的植物种类进行科学的结构分析，确定生物分布现象的科学解释；通过植物书签制作的实践过程，摸索科学研究的具体方法，体会科学探究的过程"等。总目标③可进一步细化为"通过对校园生物的亲密接触与了解，感受学习环境的亲切，更加爱护校园环境；通过对校园植物的了解，明确环境对于生物生长发育的重要性，提升保护生态环境的重要意识"等。① 如上的具体目标凸显了地方特色，又增强了课程目标的可操作性。

二、选择校本课程内容

以确定好的课程目标为依据指导课程开发编制，有目的地从人类知识和经

---

① 瓦常慧. 高中生物学校本课程"校园植物鉴别·赏析"的开发与实践——以青海湟川中学为例[D]. 武汉：华中师范大学，2018.

验体系中选择出有利于学生成长、社会发展、课程目标达成的内容。其关系到课程目标的达成和人才培养的成效。因此要格外考虑到课程目标、学科发展，考虑到现实背景，如国情、生活、社会、政治等。总的来说，校本课程的内容来源有三大类，即教材或学科知识、社会生活经验以及学习者经验。

首先，从中学生物学教材或生物学学科知识中选择相应的校本课程内容。中学生物学教材实质上是理论化、系统化了的生物学知识，是人类以及相关生物学专业学者等长期积累的、对相关理论提纯和分类后呈现出来的知识，是一些关于自然、社会和人的基础知识，主要包括生物学学科的基本事实、概念、原理等。它有助于师生明确教与学的内容，使教与学有据可依、有章可循。

其次，从社会生活经验中选择中学生物学的校本课程内容。社会生活经验包括了社会知识、自然知识及技能等，其强调学习活动、集体经验、生活经验等。如福州市某中学实施的生物校本课程"生物与生活"，选择了生活中常见的食物（面包、酒、曲奇饼、蛋挞等）作为主要内容，旨在让学生通过亲自动手制作，体验制作美食带来的美感，实现从生活经验中获取有关的科学知识。[①] 将社会生活中的生物学知识经验视为一种生活工具，旨在引导学生通过学习相关生物学知识改造社会生活，由当前生活指向未来，构建出更新、更合理的社会生活。

最后，还可以从学习者经验中选择合适的中学生物学校本课程。学习者经验是学习者与外部环境之间的相互作用，可以为学习者提供有效的学习情境。学生已有的认知结构和情感特征对课程内容起着支配作用，而从学习者经验中选择的学习活动及其体验，注重学生自我意识的提升与自身解放方面的追求。可以引导学生利用已有的知识和经验，根据自己的需要和目标，主动探索知识的发生与发展，共同开发课程，形成个性丰富的、人性化的课程，同时也促进学生反思性学习和研究性学习。

以上关于选择校本课程内容的各个来源是不可单独分开的，中学生物学校本课程的内容要生活化、综合化，要确保均衡性。总的来说，结合学生对中学生物学的学习兴趣和需要，充分调动教师的积极性和主动性，才能赋予中学生物学校本课程新的意义与内容。除此之外，还要考虑以下 5 个原则，即方向性原则、协调性原则、适切性原则、可行性原则以及有效性原则。

第一，方向性原则。在选择中学生物学校本课程内容时，要把握好大方

---

① 林森芳. 福州市区高中生物校本课程开发现状调查研究[D]. 福州：福建师范大学，2016.

向，即符合国家教育方针、教育目的及培养目标的基本要求，顺应教育改革和课程发展趋势，符合校本课程开发目标取向和价值定位，以实现全体学生全面、和谐地成长作为课程内容取舍的基本依据。

第二，协调性原则。在选择课程内容时，要处理好学科、学生、社会之间的关系。结合学校以及生物学学科发展的实际，抓住校本课程开发中的矛盾，将学生需要、社会需要与学科知识作为一个整体来考虑，使中学生物学校本课程内容能够彰显该课程的价值。以学生的经验为核心整合学科知识以及社会生活实践。具体而言，根据学习者的需要、兴趣、已有经验等来选取知识，所选择的知识不再是一种目标，而是一种手段，一种服务于学习者探究问题的工具。因此，可让学习者通过亲自选择知识来探究问题，还可以挖掘学习者的潜力，个体的差异问题也会迎刃而解。此外，让学习者参与知识选择的过程，这样，他们解决问题的能力等也会得到充分的发展。

第三，适切性原则。要考虑学生身心发展的需要和现有水平，应该运用科学合理的方法来诊断学生发展需求和该校本课程目标，整体把握中学生物学课程系统中各项内容之间的关系，根据学生的身心发展特点和现实水平及未来发展的可能性，合理选取相关生物学内容。

第四，可行性原则。要根据实际的校园、生物学科情况，因地制宜，充分利用学校内外现有的各类资源，调动师生的积极性，以合理的投入取得良好的效果，促进师生共同成长及学校办学水平的提升。如由于长白山地区的区位特征、动植物资源种类、特有的垂直分布植被类型、濒危物种资源等，该地区中学充分利用本地区特有的生物课程资源，结合教材具体章节开发了"以学生发展为主体"的具有地方特色的生物学校本课程。①

第五，有效性原则。即有效果、有效率、有效益3个方面，也称"三有"。有效果是指所选取的生物学内容付诸实践后能够顺利达到课程目标；有效率是指对相关内容的选择组织要处理好投入与产出的关系，避免分兵作战、封闭开发、交叉开发、重开发轻使用等，以合理的时间、精力、资源等的投入取得预期的成效；有效益是指内容的选择满足学生成长发展的实际需要，为全体学生的健康成长创造良好的条件，与此同时，也要促进学校生物学教师的专业素养与学校文化建设或特色创建的统一。

总而言之，无论是何种教材观，选取怎样的材料作为课程内容，都要紧扣

---

① 于浩然. 高中生物教学中地方课程资源开发与利用的实践研究[D]. 长春：东北师范大学，2008.

教育目的、培养目标的要求，处理好生物学学科、学生、社会之间的关系。选取生物学知识作为校本课程内容，要充分考虑所选生物学知识对学生个人的发展价值和对社会的发展价值，既要贴近社会生活，又要符合学生的身心发展现状；选取相关的生物学社会问题作为课程内容，也要考虑学生的现有知识经验水平，并围绕具体的社会问题，在解决问题的过程中，运用生物学知识，不断拓展知识的学习；选取学生活动为课程内容，要考虑学校内学生开展的活动对其参与社会生活的意义，以及实践活动与知识学习的关联。要坚持以学生发展为本的指导思想，以此为判断课程内容重要性、优先性标准，并考虑课程的容量和教育周期，优先选取更重要的内容作为课程内容。

三、组织校本课程内容

中学生物学校本课程内容经过一系列的选择后，将其按照一定的顺序编排成知识和经验体系，使之产生合力，达到最大累积效应，以使课程内容之间保持一定的纵向和横向联系，为课程实施及教学活动的展开设置好相应的内容单位和活动进程。关于内容的组织方式可分为多种，主要有纵向组织与横向组织、逻辑顺序与心理顺序、直线式和螺旋式。

（一）纵向组织与横向组织

纵向组织与横向组织是主要的课程内容的组织方式。纵向组织是指按先后顺序对课程内容进行排列，大多数从已知到未知、从具体到抽象、从简至繁，这种组织方式有利于学生掌握知识，符合学生的认知心理。其又可以分为按时序来组织、按远近来组织、按难度来组织或按关系来组织。按时序来组织是指以发生的时间先后顺序来组织，一定程度上代表着因果关系，注重知识的积累效应，如"探索生命的奥秘"生物学校本课程的整体知识结构以探索生命的发展进程为主线，按照"生命的起源→生物的进化→现代生物研究的进展"这一时间先后顺序进行组织编排；[①] 按远近来组织则是指按知识与学生关系的远近来组织，学生往往对身边的事物比较熟悉，因此中学生物学校本课程的学习往往从学校草坪、花坛、社区公园等身边事物开始，再延伸至学生不熟悉的地方，如森林、江河等；按难度来组织是指按相关生物学知识的难易程度来组织，即由简单到复杂，这通常出于生物学知识本身的逻辑结构与学生经验背景的考虑；按关系来组织是指相关知识内容的关系，可以由部分到整体，或者由整体到部分，如先概括整体学习的生物学内容和经验，提供给学生一个整体的理解，然

---

① 苗晓霞. 高中生物校本课程开发的实践与思考[D]. 长春：东北师范大学，2005.

后再开始进行各部分的学习。这与如今强调培养生物学学科核心素养的校本课程正好相符，其可以以生物学学科核心素养为依据设置不同的学习单元。但是纵向组织易把生物学各部分知识割裂开来，导致学生在实际中不能把所学的知识联系起来解决实际的生物学问题。

横向组织是指打破生物学学科的界限和传统的知识体系，各门学科知识横向联系起来，形成一个有机整体，反映了客观世界的整体性。运用此种组织方式要把生物学知识应用于日益丰富多样的情景中，使相关生物学知识日益扩大应用的广度和活动范围，而且要求把该部分生物学知识置入越来越大的整体中，不仅局限于"生物学学科"。这就有可能引进传统生物学学科领域中没有的内容和组织形式，需要采用跨学科的方法。这样一来，课程内容的横向联系往往会打破内容之间的传统界限，而以综合课程的形式将相关课程内容有机整合。这种组织方式对课程内容的选择不再固守生物学学科本身的逻辑，而是注重相关知识的关联与照应，尽力避免知识学习中不必要的交叉重复。如现在提倡的STS课程，即科学-技术-社会课程，指向于科学、技术与社会交互作用的课程体系，其针对科学技术盲目发展所带来的自然环境的破坏和社会生活的异化，强调科学技术的价值负载，认为自然环境、人造环境、社会环境是交互作用的。相应地，科学技术与社会之间也是交互作用的，学生必须将个人经验与科学、技术、社会彼此之间交互作用的动态系统有机结合起来，才能获得适合时代需要的发展。如黑龙江省某中学的生物学教师与化学教师共同探讨，开发了"潜伏在身边的污染源"校本课程，该课程开设的目的是为了弥补高中课程结构最大的不足——单一化、封闭化、范围窄，因此按照社会需求和学生发展的要求将有关学科加以整合，从而扩大学生的知识视野，培养跨学科思维能力等。[1] 总而言之，横向组织课程内容有利于提升学生的综合能力、全面解决生物学问题的能力，但也容易使学生的思维混乱。

(二)逻辑顺序与心理顺序

逻辑顺序是指按照生物学学科本身的体系和内在的逻辑组织校本课程内容，强调生物学学科固有的逻辑顺序和知识结构，目的是带给学生系统化的知识，突出了生物学学科中心思想，但其尚未考虑到学习者的思维习惯、兴趣和经验背景。而心理顺序则是按照学习者的心理发展特点组织课程内容，符合心理发展特点，符合认知活动的顺序，以学生为中心，但是容易忽视学科的内在逻辑顺序。

---

① 苗晓霞. 高中生物校本课程开发的实践与思考[D]. 长春：东北师范大学，2005.

(三)直线式和螺旋式

直线式是指按照直线形式进行组织编排,使前后出现的内容基本上不重复,较为完整地反映生物学学科的逻辑体系,效率较高,但并不十分符合学生的心理发展特点,可能会发生内容出现顺序不符合学生的发展阶段的情况。而螺旋式是指在不同学习阶段,使相关生物学内容重复出现,并逐渐扩大其广度和深度,后面的内容是对前面内容的扩展和加深,使之呈螺旋式上升。这种组织方式更符合学生的认知发展规律,使学生对生物学课程内容的理解逐步加深。但它存在一定的问题,可能会造成课程内容的臃肿和不必要的重复。

从以上的分析可以看出,任何一种单一的组织方式都有失偏颇。因此,在组织课程内容时要多方面考虑,多方案综合,多种方法和形式配合使用,要在了解整个中学生物学课程体系的基础上,更好地把握和组织教学内容,使其多元化且具有一定的弹性,允许师生自主发挥,支持生物学教师课程研发与创新及适合每个学生的身心发展。

四、实施校本课程

处理完课程内容后,需要将既定的课程内容以及计划付诸实践、推向学生,将课程内容转化为学生知识结构的内在组成部分,进而转化为现实的教育效果。这涉及具体的教育教学情境,对确定的校本课程目标的实现有着重要影响。

课程实施从课程论的角度看,更多的是考虑提供怎样的机会以使学生增长经验、获得知识、发展情意、完善人格。其中,课堂教学是实施课程计划的主要渠道,是实现学校教育活动的过程和方式,强调特定的教学目标的实现以及教学过程和教学手段有效性的问题。教师将生物学校本课程落实到实际生物学课堂的教学层面,这一行动的过程是将事先预设好的理论化的课程计划转化为学生所接受的现实的课程形态,进而转化为学生的学习结果,从而实现所开发的中学生物学校本课程内在的教育意义,改变学生个体关乎生物的知识、行为和态度。这是达成预期课程目标的手段,它影响着课程的推行,左右着课程目标的落实。

教学实施是对中国学生核心素养中的文化基础、自主发展、社会参与三大维度的实践,教学实施要能转变传统以来偏重教师讲述、学生被动听讲的单向教学模式,转而根据生物学学科核心素养、学习内容、学习表现与学生差异性需求,选用多元且适合的教学模式与策略,激发学生的学习动机;学生应学习与同伴合作并成为主动的学习者。教师备课时应分析学生的学习经验、教材性质与教学目标，并规划多元适性的教学活动，为学生提供学习、观察、探索、提问、反思、讨论、创作与问题解决的机会，以增强学生对知识的理解和运用。教师应依据生物学学科核心素养、课程目标或学生表现，选用适合的教学模式，并就生物学中不同领域特性，采用经实践检验有效的教学方法或教学策略，或针对不同性质的学习内容，如事实、概念、原理、技能和态度等，设计有效的教学活动，并适时融入合适的生物学资源与方法，以增强学生的学习动机，激发学生思考与发挥想象，延伸与应用所学的生物学内容，提高学生学习生物学的成效，使学生具备自主学习和终身学习能力。教师应引导学生学会如何学习，掌握动机策略，以及生物学特定的学习策略、思考策略和元认知策略等。如在四川剑门关中学的"剑门豆腐文化"生物学校本课程实施当中，教师采用了讲授法、演示法、讨论法、实地观察法和实验法等多种教学方法让学生了解了豆腐的"前世今生"、鲜豆腐和腐乳的制作过程、剑门风景区的旅游文化，激发了学生的学习兴趣，切实将生物学理论运用到实际生活当中；通过辩论赛、小组合作上台展示、动手制作鲜豆腐和腐乳等环节培养了学生良好的科学思维、团结合作精神、与人沟通交流的能力、实验操作技能、语言表达能力、自主学习能力等。①

五、评价校本课程

评价校本课程是对校本课程开发和实施的效果进行评估的过程，即确定课程设计与课程实施实际达到课程目标的程度，以提供改进的反馈意见，更好地促进学生的发展。根据某种标准，以一定的方法对课程设计、实施及其结果等进行描述和价值判断，确定课程设计与教学实施是否实现课程目标，既包括对课程本身的评价，也包括对学生学习结果的评价。对课程本身的评价是对课程方案本身进行描述和价值判断，评价焦点放在课程目标、内容等方面，包括目标的核实性、教学内容和教学方法的适切性等；对学生学习结果的评价则是在课程实施之后对学生所实现的预期目标的程度进行鉴定，反映课程实施的效果，总体包括质性评价和量化评价，主要考查学生在学业上的进步。

(一)对中学生物学校本课程本身的评价

对中学生物学校本课程本身的评价包括对校本课程开发情境与目标的评价、对校本课程的设计方案评价、对校本课程的实施过程评价，以及对校本课程的实施效果评价。

---

① 李晗. 高中生物学"校本课程"的开发与实践[D]. 重庆：重庆师范大学，2018.

　　第一，对校本课程开发情境与目标的评价。因为校本课程是基于学校自身的办学理念、学校特色而开设的，每所学校有不同的实际情况、不同的价值追求，所以对课程开发情境的评价可以借鉴 SWOTS 分析，即优势（strength）、劣势（weakness）、机遇（opportunity）、潜在危机（threats）、应对策略（strategy）。对中学生物学校本课程开发的背景评价重在评价课程开发的情景（条件、现实资源等）、学生需求、生物学教师及学校发展的基础与需要。而对校本课程目标的评价可以考虑以下维度：

　　（1）校本课程目标与国家教育方针政策以及生物学课程标准的关系；

　　（2）学校教育哲学、价值追求在校本课程目标中的体现程度；

　　（3）校本课程目标与所在地区政治、经济、文化发展的协调程度以及对资源的利用程度；

　　（4）校本课程目标与家长对学生发展期望及学生发展需求与学习兴趣的一致性程度；

　　（5）学校教师、学生对课程目标的认同感；

　　（6）校本课程目标在学段、生物学领域的协同度；

　　（7）校本课程目标是否清晰可行，可观测；

　　（8）校本课程目标的表述是否有层次性，能适应不同学生的不同的学习需求。

　　第二，对校本课程的设计方案评价。其主要目的是诊断该方案是否成熟可行，从而对校本课程做出鉴别与选择，为课程改进提供信息，为学生的课程选择作出前期的质量监督。其可通过设计相关的评价量表来进行评价，也可以通过对开发校本课程的生物学教师进行访谈，使其进一步厘清整个生物学课程开发的思路，及时对课程方案进行调整。

　　第三，对校本课程的实施过程评价。其包括教师的自我反思、同行评价以及学生评价。教师自我反思是生物学教师在整个中学生物学校本课程实施过程中，面对出现的教学问题，对课程内容的选择、课程内容的组织形式、教学方式方法、校本课程与国家必修课程的关系、教师在校本课程开发实施中的角色定位等进行的反思，并在反思后不断对该校本课程进行重构与改进。由此，使得开设的校本课程也日趋完善。同行评价主要是通过教学观摩及课后的讨论与交流等形式对校本课程的实施进行评价。同行评价主要有 3 个阶段：召开观摩课的预备会议，进行课堂、课后讨论与交流。在预备会议中要确定观察的重点、选择观察方法，使观察双方达成理解。在观课期间，要根据预备会议中达成的步骤来收集信息。观察活动可针对学生或教师，也可以是综合的或突出地观察某一重点。在观课后的交流研讨环节，观课者提供观察信息，提出建议。在学生评价中，学生作为对教师实施课程最直接的感受者，也是校本课程最直接的评价者，因此其对校本课程的评价也是对校本课程最初的、最直观有效的评价。学生对课程实施的评价信息可以通过召开座谈会、访谈和问卷调查等形式来获取。

第四，对校本课程的实施效果评价。其可以作为该门课程建设的总结和回顾。校本课程实施效果评价可以是总体评价，也可从学生学习成效、生物学教师专业发展、生物学学科教育成果、学校的特色发展等方面来考察评价。其中，学生的学习成效包括学生学业质量提升及综合素质的提高，这与学生对校本课程的实施过程评价类似。而对于中学生物学校本课程开发，除了学生的发展，生物学教师也应在其中增进课程意识，获得对生物学更深的理解，提升生物学技能。因此，对生物学教师专业发展的自我意识与自我反思也应是中学生物学校本课程实施效果评价的重要组成部分。中学生物学校本课程的开发还应该能促进学校的特色发展，促进学校个性化、多样化办学。因此，对校本课程实施效果的评价也可以从该层面入手。综合上述的多个评价内容，青海省某中学"校园植物鉴别·赏析"校本课程开发实施后，对任课教师进行了教师评价量表的调查，制订了相应的评价量表(表 8-1)，以便促进生物学校本课程的后续发展。①

表 8-1　校园植物鉴别·赏析课程实施评价量表

评价项目	评价等级			具体描述 （优势和不足）
	优良	一般	待改进	
课程目标的制订				
课程内容的选择				
课程内容的组织				
课程内容实施效果				
课程的学生评价				
学生发展的促进				
教师发展的提升				
学校领导的支持度				
总体评价				

① 瓦常慧. 高中生物学校本课程"校园植物鉴别·赏析"的开发与实践——以青海湟川中学为例[D]. 武汉：华中师范大学，2018.

(二)对学生学习结果的评价

通过对学生学习结果的评价，可以发现课程方案的优势与缺陷，达到评价课程方案本身以及该方案实施的效果的目的。该评价可以确定学生是否具备相关的生物学学科核心素养，并确定学生的达成程度，同时还要明确不是单一地对学生进行评价，还要对课程计划本身及其实施情况进行评价，这样才能全面深入地评价课程，从而对课程及其实施进行改进。由于中学生物学校本课程具有情境性、动态性、灵活性的特性，所以质性评价(如表现性评价、档案袋评价和动态评价等)较为符合当前学生评价改革的基本方向，也契合中学生物学校本课程特点，因此具有较高的可行性和推广运用价值。

对学生学习结果的评价可以分为量化评价和质性评价。

1. 量化评价

量化评价是指对学生的学业成绩进行数量化的描述，以纸笔测验为主要形式进行标准测验和常模测验。这种方式有助于进行统计和分析，通过在纸上呈现一些标准化题目，让学生给予书面回答，可以把复杂的教育现象简化为简单的数据。该方式较为常见、易操作、便捷，但评价范围狭窄，仅强调学生学习结果，而对学生获得知识的过程、方法及学生知识结构的变化则无法测评，更不适合对学生的情感、态度、价值观等非学业素质的测评，也不适合用于评价学生的综合素质；而且其主要以纸笔测验为主，最终只能分数衡量学生的学习情况。这种量化的方法只关注学生对知识和技能的识记、理解和简单运用的情况，而对学生综合运用知识技能的能力，以及在真实世界中运用生物学知识创造性地解决实际问题的能力不够重视，且不能保证对客观性的承诺，更重要的是丢失了教育中最有意义和最根本的内容；尽管它在一定程度上发挥了评价的鉴别和选拔功能，但在一定程度上也给学生的心理、情绪带来了负面的影响。

2. 质性评价

质性评价正好可以弥补量化评价的不足，其主要包括表现性评价、动态评价等。表现性评价是力图通过自然的调查，全面、充分地描述和解释学生学习的各种特征，全面反映该校本课程设计和实施的真实情况，以阐明该校本课程的意义，关注真实情境下的校本课程现象。表现性评价主要是让学生通过完成实际任务来表现学生自身的生物学知识和技能，从而对其表现出来的成就水平进行评价。它要求学生展示自己的学习活动或者展示自己能够利用知识和技能来完成一些实际的任务，其目的就是让学生在真实的情境中展示其成就水平。例如，可以让学生独立设计一个生物学实验，收集课外有关生物学的资料得出某些创新性理论等。

与传统的纸笔测验相比，表现性评价的测验情境更加接近于真实生活。在具体的测试方式上，表现性评价不再借助客观化的标准试题，而是采用了更丰富的测试手段，如实验报告、生物实验设计和操作、资料收集和模型展示等，强调在具体、真实或者模拟生活的情境中让学生完成特定的生物学任务或问题，再由教师对学生的操作表现和学习成果进行评判，或者还可以采用学生互评的方式，具有实践性、过程性、发展性和整体性等特点。它对学生来说是一项真实的实践活动，学生围绕学习任务展开，其结果是学生创造的一些有形的产品或表现活动，以此反映出学生的思考过程。但这种评价过程复杂且耗时较长，同时这种评价方式对教师的要求更高，因此教师需要把握表现性评价的内涵及操作规范。

表现性评价的基本流程如下。第一，先确定表现性评价目标。在开展表现性评价之前，生物学教师必须依据校本课程目标、生物学课程标准以及相关生物学内容来决定表现性评价目标，并对确定的表现性评价目标进行分析。如分为知识目标、能力目标、情感目标，或分为生命观念、科学思维、科学探究、社会责任等不同素养目标。要根据课程性质及学生特点有所侧重，如可以选择实验操作技能作为实验类课程的评价目标；可以选择批判探究技能作为前沿科技类课程的评价目标。第二，设计表现型评价任务，即确定在评价过程中要求学生完成的具体任务，限定任务的条件等。第三，研制表现型评价量表，对学生的作品、成果等做出维度分析，制订一套标准，对不同等级做出明确的规定和说明，对不同的行为特质或层面予以操作性定义。如在"植物标本欣赏与制作"校本课程中，教师结合具体的教学过程设立了相应的评价量表（表8-2）。第四，建立在系统观察和证据充分的基础上进行表现性评价。呈现前面设计好的表现性评价任务等，用评价量表开展评价，还要明确评价条件和评价主体。其中，评价条件包括学生完成任务的时间、参考资料、借助设备等要求；评价主体包括教师、学生、集体、家长等①。如在"剑门豆腐文化"生物学校本课程中，教师根据该校本课程在知识目标上对学生的要求，编制了期末测试卷。此外，教师还设计了能力目标评定表和情感目标评定表，评定的内容主要包括自学能力、实验操作技能、语言表达能力、传承家乡文化、对生物的兴趣等方面的达成情况，评定方式包括学生自评、组内成员互评、教师评价等。②

① 李臣之. 校本课程开发[M]. 北京：北京师范大学出版社，2015.
② 李晗. 高中生物学"校本课程"的开发与实践[D]. 重庆：重庆师范大学，2018.

表 8-2 "植物标本欣赏与制作"表现性评价量表

评价项目		具体说明
操作过程	标本的获取 (20分)	标本来源是否合法、获取方式是否科学、是否人道等
	标本的制作 (20分)	制作顺序是否合理、制作方法是否科学、熟练程度等
	标本的保存 (20分)	保存方法是否得当、保存效果如何等
小组合作情况	参与制作的情况 (10分)	小组合作制作标本的工作量多少、过程中与同学间能否互帮互助等
	参与讨论的情况 (10分)	从前期规划到最后展示汇报中参与讨论的多少、能否有理有据地说出自己的想法、所提意见的参考价值大小等
班级展示活动	参与积极性 (10分)	是否主动布置活动现场、是否积极参展、对他人作品的评价情况等
	获评情况 (10分)	获得师生点赞数、师生指出的不足之处等

质性评价的另一种方式为动态评价，较常使用于教学研究中。其流程较为固定，主要为准备—前测—介入干预—后测 4 个步骤，较易操作。

总的来说，不同的评价方式适用于不同的评价对象和评价目的，相互之间能够形成互补关系，从而更好地实现评价任务。学生是学习的主体，校本课程的开发应关注学生的学习成效，重视学生是否学会，而非以完成进度为目标。为了了解学生的学习过程与成效，教师应使用多元的学习评价方式，并依据学习评价的结果，提供不同需求的学习辅导。教师应依据实际课程需求设计学习评价工具。评价的内容应考虑学生身心的发展、个别差异、文化差异及生物学学科核心素养内涵，并兼顾认知、技能、情感等不同层面的学习表现。教师应依据生物学学科及活动的性质，采用多元形式，避免偏重纸笔测验，应提供量化数据与质性描述，协助学生与家长了解学生学习中学生物学的学习情况。

【学以致用】

1. 某中学拟开展"认识校园植物"校本课程，进行前端分析，确定该校本课程目标。

2. 在"认识校园植物"校本课程中有一节课为"校园中的'蔷薇科'",请设计本节课的表现性评价量表。

【拓展延伸】

根据本章内容,结合所处地区的特色,开发与设计一门中学生物学校本课程,形成一份计划书。

参考文献

[1]保罗·埃根，唐·考查克．教育心理学[M]．6 版．郑日昌，译．北京：北京大学出版社，2009.

[2]陈维霞，陈娴．中学物理教师科学本质观的调查研究与思考[J]．物理教师，2014，35(6)：66-68.

[3]陈佑清．教学论新编[M]．北京：人民教育出版社，2011.

[4]褚宏启．核心素养的概念与本质[J]．华东师范大学学报(教育科学版)，2016(1)：1-23.

[5]丛立新．课程论理论基础的心理学转向——从学习心理学到发展心理学[J]．北京师范大学学报(人文社会科学版)，2000(4)：25-31.

[6]邓阳，王后雄．科学教育的新篇章：美国《下一代科学教育标准》及其启示[J]．教育科学研究，2014(5)：69-74.

[7]福建省普通高中生物课程实施指导意见(试行)[EB/OL]．https://wenku.baidu.com/view/1c679a4b82c4bb4cf7ec4afe04a1b0717ed5b313.html.

[8]教育部基础教育课程教材专家工作委员会．《义务教育生物学课程标准(2011 年版)》解读[M]．北京：北京师范大学出版社，2012.

[9]康琪．将科学本质教育落实到科学课堂实践中——基于美国新一代科学教育标准中科学本质的启示[J]．当代教育科学，2016(24)：52-55＋60.

[10]Westbury I，Wilkof N J．科学、课程与通识教育——施瓦布选集[M]．郭元祥，乔翠兰，译．北京：中国轻工业出版社，2008.

[11]李其柱．《初中生物学课程标准》的特点和对教学的启示[J]．生物学教学，2001，26(7)：12-13.

[12]李业富．经验的重构——杜威教育学与心理学[M]．上海：华东师范大学出版社，2017.

[13]历晶，郑长龙，何鹏．美国《下一代科学教育标准》中的科学本质教育[J]．现代中小学教育，2015，31(8)：104-107.

[14]梁永平．理科教师的科学本质观对科学教育的影响[J]．山西师大学报(社会科学版)，2006(1)：119-121.

[15]林国栋．生物学课程与教学论[M]．北京：科学出版社，2013.

[16]刘恩山，赵占良．迎接新世纪的挑战 推进生物教学改革——高中生

物教学大纲(试验修订版)的特点及其理念[J]. 课程·教材·教法，2000(8)：18-23.

[17]刘兴然. 美国《新一代科学教育标准》的编制框架与特点[J]. 外国教育研究，2014，41(5)：115-122.

[18]曲鹤，王晶莹. 我国《初中科学课标》和美国 NGSS 内容对比探析[J]. 江苏第二师范学院学报，2016，32(11)：12-16.

[19]孙宏安. 中美《科学课程(教育)标准》比较[J]. 比较教育研究，2003(10)：45-50.

[20]魏善春. 基于过程哲学的课程建构：理念、价值与实施[J]. 南京师范大学学报(社会科学版)，2016(3)：96-104.

[21]吴志华，王伟. 生物课程与教学论[M]. 2 版. 北京：北京师范大学出版社，2018.

[22]谢艳琳. 美国《科学教育框架》与我国《初中科学课标》的比较研究[J]. 基础教育研究，2014(13)：28-30.

[23]辛涛，姜宇，刘霞. 我国义务教育阶段学生核心素养模型的构建[J]. 北京师范大学学报(社会科学版)，2013(1)：5-11.

[24]俞如旺，胡孟慧. 我国百年生物学课程标准或教学大纲蕴含核心素养的梳理与启示[J]. 教育理论与实践，2017，37(1)：40-43.

[25]钟启泉. 从学习科学看"有效学习"的本质与课题[J]. 全球教育展望，2019(1)：23-42.

[26]周丽威. 建国以来我国高中生物学教材的发展[J]. 生物学教学，2007(4)：7-9.

[27]朱超华. 新课程视角下教师课程能力的缺失与重建[J]. 课程·教材·教法，2004(6)：13-16.

[28]DOLL W E. A post-modern perspective on curriculum[M]. New York：Teachers College Press，1993.

[29]GUBA E G，LINCOLO Y S. Effective evaluation：improving the usefulness of evaluation results through responsive and naturalistic approaches[M]. San Francisco：Jossey-Bass，1981.

[30]YAGER R E. A vision for what science education should be like for the first 25 years of a new millennium[J]. School Science and Mathematics，2000(100)：327-341.